新编21世纪高等职业教育精品教材
公共基础课系列

IT强国

主编
王新庆

副主编
韩培庆　陈利军　刘丽萍　刘凯燕

参编
梁文闻　郭　昂　张　鹏
秦晓梅　封帅博　刘碧微

U0911624

中国人民大学出版社
· 北京 ·

图书在版编目（CIP）数据

IT 强国/王新庆主编．--北京：中国人民大学出版社，2022.4
新编 21 世纪高等职业教育精品教材．公共基础课系列
ISBN 978-7-300-30528-8

Ⅰ.①I… Ⅱ.①王… Ⅲ.①IT 产业-中国-高等职业教育-教材 Ⅳ.①F492

中国版本图书馆 CIP 数据核字（2022）第 059373 号

新编 21 世纪高等职业教育精品教材·公共基础课系列
IT 强国
主　编　王新庆
副主编　韩培庆　陈利军　刘丽萍　刘凯燕
参　编　梁文闻　郭　昂　张　鹏　秦晓梅　封帅博　刘碧微
IT Qiangguo

出版发行	中国人民大学出版社		
社　址	北京中关村大街 31 号	邮政编码	100080
电　话	010－62511242（总编室）		010－62511770（质管部）
	010－82501766（邮购部）		010－62514148（门市部）
	010－62515195（发行公司）		010－62515275（盗版举报）
网　址	http://www.crup.com.cn		
经　销	新华书店		
印　刷	唐山玺诚印务有限公司		
规　格	185mm×260mm　16 开本	版　次	2022 年 4 月第 1 版
印　张	13.5 插页 1	印　次	2022 年 4 月第 1 次印刷
字　数	260 000	定　价	36.00 元

版权所有　侵权必究　　　印装差错　负责调换

前言

PREFACE

党的十八大以来，以习近平同志为核心的党中央放眼未来、顺应大势，作出建设数字中国的战略决策。新一代信息技术与政府改革、经济发展、社会民生、人民生活深度融合，我国全面迈进数字化发展的新阶段。日新月异的信息革命与中华民族伟大复兴进程历史性交汇，赋予IT人更加特殊的使命。2020年，教育部印发《高等学校课程思政建设指导纲要》指出：全面推进课程思政建设是落实立德树人根本任务的战略举措。要寓价值观引导于知识传授和能力培养之中，帮助学生塑造正确的世界观、人生观、价值观。要紧紧抓住教师队伍“主力军”、课程建设“主战场”、课堂教学“主渠道”，让所有高校、所有教师、所有课程都承担好育人责任，守好一段渠、种好责任田，使各类课程与思政课程同向同行，将显性教育与隐性教育相统一，形成协同效应，构建全员全程全方位育人大格局。

在此背景下，为了加强高职院校“课程思政”建设，将“课程思政”建设理念融入课程中，我们设计了符合高职高专学生的“中国故事”系列课程思政教材。《IT强国》这本教材的目的是通过介绍中国古代IT技术的辉煌成就、新中国IT技术的飞速发展，讲好中国的IT故事，让学生了解中国先人的智慧，深刻理解并感受现代中国人的奋力拼搏、努力进取的时代精神，从而坚定在党的领导下，中国IT强国未来的发展信心，着重突出培育学生的科学精神、探索创新精神，明确人类共同发展进步的历史担当，从而推动实现思政课程和课程思政的互联互通。

从编写组一线教师多年的教学目标和经验来看，我们深刻体会到，育人之道，立德为本。思想政治工作是贯穿育人体系的红线，知识的探索和掌握不是教育最重要的问题，德行的成长才是最高的学问。

如果培养出一些“长着中国脸、不是中国心”的人，培养出一批有才无德的人，那将是教育的根本失败。因此我们要牢固树立系统思维，坚持以思想政治教育引领知识技能教育，加快构建互促并重、相互融合的双轨育人体系，更好地把坚定理想信念、厚植爱国主义情怀、加强品德修养、增长知识见识、培养奋斗精神、增强综合素质统筹起来。

大学是学生确立人生志向、形成价值判断的重要阶段。要充分发挥课堂教学的主渠道作用，进一步深化思政课改革创新，将德育内容细化落实到各学科教学之中，不断增强思政课的亲和力、针对性。特别是要坚持灌输性和启发性相统一，充分运用时政资源，通过中外对比、古今对比，引导学生发现问题、分析问题、思考问题，在不断启发中让学生水到渠成地得出结论。

当代的大学生都是网络原住民，他们获取信息大多依赖网络路径，但往往却因信息庞杂而缺乏甄别能力。信息技术已经使大学生的生活方式、学习习惯发生了巨大变化，日常生活"机不离手"，学习知识的行为已经变得网络化、碎片化、随机化，传统的教学模式面临强烈的冲击和挑战。当前教师需要注意到，大学生的学习方式呈现多元化，教师队伍需要针对新时代大学生学习群体行为偏好作出及时的调整和改变。

"教与学"的现状和存在的问题迫切要求高校提出应对措施，积极探索面向未来的教育教学新模式。信息化时代的学生特征和学习习惯，正在倒逼大学通过深化教学改革来提升学生专业能力，引领大学生的思想和行为。

基于上述事实，不论从学生角度还是学校、教师角度，通过教育教学实现"育心明德"都势在必行。新时代的大学教学，既要关注学生的个性特征，尊重教学规律，了解学生的思维方式和行为习惯，用科学、健康的思想学识与积极、有启发的教学行为去感染、熏陶、引导学生，更要立足大学"立德树人"的根本使命，通过开展深度的教学改革，改变大学落后于时代发展的现状，以信息化为支撑，将思想引领与专业教育统一起来，在塑造学生专业能力的同时，培育学生的道德素质，从而为学生的终身发展奠定良好基础。

在近几年的教学实践中，我们提出了"德慧技融合"的发展思路，树立传道授业的教育理念，强调科学合理的教学规划与教学设计。所谓德，指的是价值引领。具体指在对学生进行专业知识的传授过程中，正向引导学生需求，帮助学生构建价值体系，树立正确的价值观、人生观和世界观，将思政精神有机地融入课程专业知识的教授和解惑过程，通过"润物细无声"的信息传递，避免学生对于传统僵化说教方式的反感与抵触，真正做到教书育人。所谓慧，是在教学过程中更加注重智慧的启迪，而不止是教授知识。面对纷繁复杂的信息社会，教师注重采用马克思主义的立场和观点去启迪学生观察与了解客观世界，采用学科特有的视角切入本专业的学习。《IT 强国》正是这样一本教材，它梳理了从古至今的信息与知识嬗递的脉络，从历史的角度告诉学生当今信息社会的发展脉络，从而避免了学专业就一头扎进琐碎的知识中难以自拔，而是宏观地了解本专业的源头活水，从而更增进当代大学生了解中国的计算机与信息技术在中华民族伟大复兴的历史进程中的独特使命与价值，更增强大学生的责任与担当意识。所谓技，就是侧重让学生在具备宏观思维下掌握一技之长。对于高职高专的学校而言，能培养出符合当下社会需要的人才，为地方经济做好人才有效输出尤为关键，计算机与信息技术可以说成为每个大学生都应具备的基本技能。因此，如何在有限的学习时间内，掌握为职业所需要的一定的技能，是培养职业技能的学校和希望学有所长的学生的共同心愿。然而庄子有言，"吾生也有涯，而知也无涯，以有涯随无涯，殆已"。这句话的意思是：生命是有限的，而知识是无限的，以有限的生命仅仅追随无限的知识，这注定是一场“无限游戏”。那么对于大学生而言，真正的“技”在何处呢？我们认为，真正的“技”在于学习能力，这是以不变应万变的“技”。因此本书侧重于让大学生理解纷繁复杂的计算机知识的形成过程与体系，体会蕴含在其中的人类的创新思想，理解知识所对应的场景，从而让学生在学习过程中掌握“知识迁移”的能力，敢于面对未知世界，敢于用已知的有限应对未知的未来，真正把敢于挑战、接受新知的能力深深扎根在心中。

本书有以下四个突出点。其一，趣味性。教材立足学生视角，注重学习体验，将生动幽默的经典故事、异彩纷呈的视频内容与特点鲜明的案例分析相融合，让授课知识模块化、形象化，努力调动学生的积极性。其二，统一性。教材通过整合碎片化知识，构建完整的理论知识体系，规范学生的认知偏差，引导学生正确看待问题，体现知识体系和正面价值导向的统一性。其三，便捷性。在课程开发和应用的过程中，无论是线上视频的学习时段，还是配套教材的编著内容，都要具备模块化学习的特点，既可以系统、全面学习，又可以碎片化、目标化学习，让学习者感到自然、方便、快捷，这符合当代学子的学习习惯。其四，普适性。教材从适应更广泛、对象更多元的角度出发，为学生传递具有通用价值、影响范围更广的科学知识和实践体系，体现素质教育精神。

今天的中国如何紧紧抓住新一轮科技革命有利时机，把握我国发展的重要战略机遇期，把互联网技术创新的后发优势、技术应用的领先优势和大市场优势转化为数字经济的发展优势？本书旨在告诉同学们，要实现中华民族的伟大复兴，重中之重，是突破核心技术。“数字中国建设离不开信息技术的创新发展，自主创新是确保数字中国可持续发展的必由之路。”中国工程院院士倪光南说，坚持自力更生突破核心技术，将产学研相结合，我国技术创新完全可能实现从“跟跑”到“领跑”的飞跃；以人为本，坚持信息惠民、便民、利民。数字中国建设是要向着增进人民福祉的方向不断前行的。2020 年，国家博物馆入藏三件特殊藏品：阿里巴巴研发的健康码系统等三个“第一行代码”。作为数以万计藏品中的最新面孔，国家博物馆首次收藏的这些代码，标记了抗击新冠肺炎疫情的历史时刻。一串串抽象代码背后，是中国数字抗疫的力量。在迎战疫情的非常时期和复工复产的关键阶段，防疫健康码、餐饮疫情安心卡、云上政务服务等数字新招迭出，让“隔而不离”和大规模的社会协作成为可能。党的十八大以来，以习近平同志为核心的党中央放眼未来、顺应大势，作出建设数字中国的战略决策。随着数字中国建设的深入实践，“推动信息化更好造福社会、造福人民”的美好愿景，正成为惠及方方面面、人人日常体验的生动现实。

贯彻落实立德树人根本任务，培养学生民族自信心与自豪感。党的十九大报告指出，“建设教育强国是中华民族伟大复兴的基础工程”，“要全面贯彻党的教育方针，落实立德树人根本任务”，明确了新时代建设教育强国的新使命、新要求与新部署。为实现中华民族伟大复兴，中国正坚定不移地贯彻科教兴国战略和创新驱动发展战略，坚定不移地走科技强国之路。而近年来随着科技的强势兴起，2G 跟随、3G 突破、4G 同步，到了 5G，我国整体研发水平已位居全球第一梯队。通过自古至今的 IT 强国发展之路，让学生感受到中国 IT 进程的辉煌成就，增进学生的民族自信心与自豪感。

本书分为三章。第一章回顾了古代中国科技的巨大成就和发展特点，重点介绍了古代信息技术的领头羊：语言和文字、造纸和印刷、狼烟和信鸽、邮驿和镖局、算筹和算盘。第二章分析了近代中国的科技落后于西方的原因，特别讲述了新中国的奋起直追、向科学进军的国家战略和艰难条件下的斐然成就，包括第一颗人造地球卫星“东方红一号”、汉字信息处理与印刷革命、第一台巨型计算机“银河-Ⅰ”等重点工程。第三章浓墨重彩地讲述了中国IT的强国未来，尤其是IT技术在超级计算机、量子通信技术、人工智能技术、移动通信等领域的飞速发展，以及IT产业与坚强智能电网等支柱产业的融合发展，最后指出IT强国的发展之路与面临的问题和挑战。

本书站位高、立意远，从技术的视角追古思今，从思政的方位挖掘工匠精神、文化自信、爱国情愫，适用于高等职业院校的各专业学生，也可用于青少年的课外阅读。

总之，本书坚持“德慧技融合”的教育理念，以信息技术为支撑，建构设计新型教学体系，努力使“育心明德”贯穿教育教学的全过程，引领学生的学习需求和价值导向。通过系统设计，本书打造出适用于信息技术的“课程思政”新模式。

本书由王新庆担任主编，陈利军撰写前言，刘丽萍编写第一章第一节，梁文闻编写第一章第二节，郭昂编写第二章第一节和第二节，刘凯燕编写第二章第三节，秦晓梅编写第二章第四节，张鹏编写第三章第一节，封帅博编写第三章第二节，刘碧微编写第三章第三节，韩培庆编写第三章第四节。全书由王新庆统稿。

由于本书是“中国故事”系列课程思政教材的第一部，写作时间比较仓促，编者水平有限，难免存在瑕疵，敬请各位专家和读者就教材的完善提出宝贵意见。

编　者

2022年3月

目 录

CONTENTS

第一章　中国 IT 的曾经辉煌 …… 1
第一节　古代中国科技的巨大成就 …… 2
第二节　古代信息技术的领头羊 …… 12

第二章　中国 IT 的奋起直追 …… 39
第一节　西方的技术革命 …… 40
第二节　近代中国科技的状况 …… 51
第三节　新中国的奋起直追 …… 66
第四节　信息技术的飞速发展 …… 90

第三章　中国 IT 的强国未来 …… 105
第一节　IT 技术的飞速发展 …… 106
第二节　IT 产业的蓬勃发展 …… 158
第三节　IT 生活的丰富多彩 …… 179
第四节　IT 强国的发展之路 …… 198

参考文献 …… 210

第一章

中国 IT 的曾经辉煌

党的十八大以来，习近平总书记多次强调要传承和弘扬中华优秀传统文化。中华优秀传统文化博大精深、源远流长，是中华民族不断发展壮大的精神命脉，是我们最深厚的文化软实力，是中国特色社会主义植根的沃土，是我们在世界文化激荡中站稳脚跟的根基。

据《世界自然科学大事年表》记载，明代以前，世界上重要的创造发明和重大的科学成就大约 300 项，其中中国大约 175 项，占总数的 57%以上。中国古代科技长期处于领先地位。我国古代的科技成就主要体现在天文、数学、化学、医药等方面的科学知识上，对世界发展有着重要意义。中国古代科技所取得的成就是值得我们为之骄傲的。

第一节 古代中国科技的巨大成就

一、中国古代科技的辉煌成就

从公元前1世纪到公元16世纪，中国的科学技术一直处于世界领先地位，主要表现在指南针、造纸术、印刷术、火药、陶瓷、青铜器、航海、农业等各个方面。在古代，中国科技一直处于领先地位。

中国古代重要科技的发明创造占领各个领域，下面分别对古代中国科技的巨大成就——指南针、火药、造纸术、印刷术、青铜器、地动仪、农业等进行简单的介绍。

（一）四大发明

1. 指南针

我们现在直接使用手机导航到达目的地。在古代，我们如何来辨别东南西北呢？那就是指南针。对于指南针，大家一点也不陌生。指南针被誉为影响世界的中国“四大发明”之一，为航海事业发展提供了导航。虽然西方人很早就发现了磁石互相吸引、排斥和吸铁现象，但中国是最早发明指南针的国家。最早的指南针名字并不叫作指南针，而是叫作司南。司南是用天然磁石琢磨制成的最早的磁性指向器，利用磁石的指向性来辨别方向，最早出现在战国时期。

司南从战国时期就是非常重要的，有了司南，后面才出现了罗盘、指南针等。罗盘最开始的时候是旱罗盘，旱罗盘最早出现在南宋，安装天然磁石和铁针，用支架支撑来指向南方。之后出现了水罗盘。司南为中国古人在行走道路上提供和找准方向。罗盘如图1-1所示。

图1-1 罗盘

指南针发展经历了四个阶段，分别是司南、古代罗盘、指南鱼、指南针。

第一个阶段是司南。早在2 000多年前的汉朝（公元前206年—公元220年），能工巧匠把磁石打磨雕凿成一个勺形，放在青铜制成的光滑如镜的底盘上，再铸上方向性的刻纹。这个磁勺在底盘上停止转动时，勺柄指的方向就是正南，勺口指的方向就是正北。这就是我国祖先发明的世界上最早的指示方向的仪器，叫作司南。

第二个阶段是古代罗盘。古人在司南的基础上制作了古代罗盘。这时的罗盘已很像现在使用的指南针了，它具有指示方向的磁针和显示方位的刻度盘。把罗盘装在船上，可以为人们航海指引方向。

第三个阶段是指南鱼。大约在北宋初年，由于军事和航海等需要和材料与工艺技术的发展，古人先后利用人造的磁铁片和磁铁针以及人工磁化方法制成了在性能和使用上比司南更先进的指南鱼。

第四个阶段是指南针。在指南鱼发明后不久，古人又发明了一种意义更重大、制法更简单、使用更方便和用途更广泛的指南针。最早是北宋的著名政治家和科学家沈括在其著作《梦溪笔谈》中记述的，大意是利用天然磁石磨铁针，受磨的铁针就能指向南方。该著作还记述了指南针并不完全指南，而是略微东。这就是磁偏角现象。

人物简介

沈括

沈括（1031—1095 年），字存中，号梦溪丈人，汉族，杭州钱塘县（今浙江杭州）人，北宋官员、科学家。

2. 火药

我们都知道液态炸药是由诺贝尔发明的，但在这之前，中国的古人就已经发明了一种黑色或棕色的粉末状炸药，我们称之为火药。火药是中国的“四大发明”之一。火药最早出现在 1 000 多年前的隋唐时期，是中国古代炼丹家在炼制丹药的过程中发明的，被称为“着火的药”，除了战争使用外，还一度被当作药类使用。火药有一定的危险性，从古代开始使用火药的时候都要有一定的防御措施。中国古代的火药是以硝石、硫黄和木炭（或其他易碳化的有机物）按照一定比例组成的混合物。因为点火之后迅速爆炸，并生成黑色的烟焰，所以西方称之为黑火药。

现存最早的关于火药的记载来自唐代著名的医学家、药物学家孙思邈。据孙思邈记载，将硫黄和硝石一起进行烧炼，如将木炭也放进去可能会发生爆炸。在唐代晚期，火药已经成为炼丹家们送给军事家们战胜敌人的法宝。我国是世界上最早使用火药武器的国家，在唐代末期，第一次使用名字叫作“发机飞火”的武器。到了北宋时期，使用火药制成的武器开始在军事上较多使用，如火药箭、火球、神火飞鸦等。到了宋代，为了抵抗北方金国的进攻，朝廷多次使用火药、火器等取得了战争的胜利。公元 1126 年，在著名的开封保卫战中，在李纲的带领下，宋守军让金兵尝尽不少苦头，死伤惨重，当时使用的是一种叫作“霹雳炮”的爆炸性火药武器。进入南宋时期，用火药所制成的爆炸性火器不管是陆战还是水战，都是强有力的武器。

现在保存在中国历史博物馆的一门公元1332年铸造的铜质火炮，是目前发现的全世界最早的火炮。

到了13世纪中叶，西征的蒙古大军把从宋朝学到的制造火药和火药武器的方法传播到了阿拉伯国家。大约到了13世纪末，欧洲人才通过阿拉伯人的著作了解到火药的制作方法，后来同当年的金军一样，吃尽了阿拉伯人的火药武器的苦头，最后终于学会了爆炸性火药武器的制造方法，但是这时距中国人发明火药已经800～900年了。

中国的火药推进了世界历史的进程。恩格斯曾高度评价中国在火药发明中的首创作用。火药的发明大大推进了历史发展的进程。火药在很多方面有所应用，特别是在军事方面。

人物简介

孙思邈

孙思邈，京兆华原（今陕西省铜川市耀州区）人，相传为楚大夫屈原的后人，唐代医药学家、道士，被后人尊称为“药王”。唐高宗显庆四年（公元659年），孙思邈完成了世界上第一部国家药典——《唐新本草》。

3. 造纸术

造纸术是中国的“四大发明”之一。目前，我们使用纸张的地方有很多，比如书本、打印资料、笔记本等。纸张是我们在文化传播过程中不可或缺的东西。当然这个功劳属于我们的祖先，因为他们发明了纸，使我们现在在使用纸张的时候如此之方便。传统手工造纸的基本方法是先用植物纤维制成纸浆，再以帘模滤水，使纤维交叠其上形成薄片，继而揭下晾干成纸。中国传统的造纸技术主要分为浇纸法和抄纸法。浇纸法是将纸浆直接浇入帘模成型，故而产品表面粗糙，纤维分布不均。抄纸法则是在纸浆中加入纸药，和水搅拌，令纸浆悬浮后，再以帘模入水，抄出纸张，因此产品表面较为光滑，往往有帘纹，纤维分布均匀。两种方法各有自己的特点，先后出现，迄今都在使用。造纸过程如图1-2所示。

西汉时期，中国已经有了比较粗糙的麻制纤维纸，但这种纸表面并不平滑，不适合书写。后来，东汉时期的蔡伦改进了原先的造纸术，使用成本更低的原材料制作出质地更好的蔡侯纸。蔡侯纸平整细腻，便于书写。到了东晋时期，纸张已经完全普及全国，甚至传播到了周边的其他国家，从而改变了中国人用竹简、布帛等书写的习惯，也为书本的出现提供了基础。

图1-2　造纸过程

纸的发展，经历了以下几个阶段：

（1）蔡伦的弟子孔丹进一步改良，造出了宣纸，成为千余年来最适合于书画的纸张。

（2）东汉造纸术在我国推广后，造纸术在原料和设备方面不断革新，出现了帘床纸模，可以反复捞出成千上万张湿纸，纸得以大量地生产出来。

（3）在魏晋时，已经有人用黄叶汁将纸染成黄色，各种颜色的纸从此出现了。

（4）在唐、宋之际，出现了暗纹纸。

（5）宋代以后，除了书写、绘画用的纸外，还有装饰用的壁纸、剪纸等，也很美观，销于国内外。

（6）清代以后，机器造纸兴起，中国传统造纸的手工业退出了历史的舞台。

人物简介

蔡伦

蔡伦（约62—121年），字敬仲，东汉桂阳郡（今湖南耒阳）人。汉明帝永平末年，蔡伦入宫给事。章和二年（公元88年），蔡伦因有功于太后而升为中常侍，又以位尊九卿之身兼任尚方令。蔡伦总结以往人们的造纸经验革新造纸工艺，改进了造纸术，终于制成了“蔡侯纸”。元兴元年（公元105年），蔡伦奏报朝廷，汉和帝下令推广他的造纸法。建光元年（公元121年），蔡伦因权力斗争而自杀身亡。

4. 印刷术

印刷术是中国的“四大发明”之一。在古代，很多内容都是需要由人来手写的，从而保存下来。当然如果只是靠手抄写书籍，困难重重。在手抄书籍过程中，不免会出现费时、费力的问题，还容易出现纰漏和错误。

文化的发展和传播还离不开文字。在印刷术发明之前，文化的传播主要靠手抄书籍，这给文化传播带来了重重阻碍。中国古人有刻章的习惯，由此联想，为什么不把书籍内容刻在木板上呢？如果需要这本书，在木板上涂墨，印到纸上不就可以了吗？这就产生了雕版印刷。雕版印刷是将文字和图像反刻在一块木板或其他质料的板上，然后在这块木板上加墨覆纸印刷的方法。

但雕版印刷有一定的局限性，如果出现新书，需要重新刻新的木板，这样不仅费木板，更费时费力。当然很快就有人想到了办法来解决这个问题，将字一个个单独分开。汉字的数量是一定的，我们常用的汉字更加有限，如果把每个字都单独雕刻，在印制新书的时候直接寻找对应的字来组成句子就可以了，这就是活字印刷出现的原因。

活字印刷术是印刷史上重大的改革，活字印刷术是预制大量独立活字（阳文反字），组合排版，涂墨覆纸印刷，排版之后，活字可以再行重排。对于报纸、家谱等来说，使用活字印刷比较常见。

印刷术的发展经历了以下几个阶段：

（1）出现在战国（公元前475—前221年）时期的铜印。印染主要是先在木板上刻出花纹的图案，然后使用染料将木板上的图案印在布上，印染技术对雕版印刷有着很大的启示作用。中国的印花板主要是凸纹板和镂空板两种。凸纹板印的代表作主要有1972年湖南长沙马王堆一号汉墓出土的两件印花纱。在纸发明后，这种技术使用在印刷方面，就是雕版印刷品，把之前使用的布改成纸，把染料改成墨。在敦煌石室中就有使用凸纹板和镂空板纸印出来的佛像。

（2）晋代著名炼丹家葛洪在他著的《抱朴子》中提到道家那时已用四寸见方有120个字的大木印了。这已经是一块小型的雕版了。

（3）佛教徒为了使佛经更加生动，常把佛像印在佛经的卷首，这种手工木印比手绘省事得多。

（4）碑石拓印技术对雕版印刷技术的发明有很大的启发作用。初唐时期，在现在的陕西凤翔发现了10个石鼓，它们是公元前8世纪春秋时期秦国的石刻。秦始皇出巡，在重要的地方刻石7次。东汉以后，石碑盛行。

（5）拓片是印刷技术产生的重要条件之一。古人发现在石碑上盖一张微微湿润的纸，用软槌轻打，使纸陷入碑面文字凹下处，待纸干后再用布包上棉花，蘸上墨汁，在纸上轻轻拍打，纸面上就会留下黑底白字，跟石碑一模一样的字迹。这样的方法比手抄简便、可靠，于是拓印就出现了。

（6）到了唐代，出现了雕版印刷术。早期的印刷主要是在民间使用的，多用于印刷佛像、经咒、发愿文以及历书等。

（7）到了宋代，毕昇发明了活字印刷术。

人物简介

毕昇

毕昇（？—约 1051 年），生于淮南路蕲州蕲水县（今湖北省黄冈市英山县），为北宋发明家，活字印刷术的发明者。

（二）农业种植

中国农业的发展历史非常悠久，其中三大标志性成果分别是水稻、茶叶、蚕桑。这三种农作物至今仍然改变着我们的生活。

我们的祖先最先栽培了世界上最重要的粮食作物之一——水稻。水稻是世界上第一大粮食作物，世界上有一半以上的人口是以稻米为主食的。中国是最早栽培水稻的国家之一，早在距今一万年左右，水稻就被古代的中国人种植。

中国栽培水稻的主要依据是：一是中国目前有大量的早期栽培水稻的考古发现，表明中国古代的人们很早就开始利用水稻；二是在中国古代文献里，有很多对野生稻的记载；三是中国稻作的文明历史悠久，中国多数位于北纬 30 度左右，是早期的农耕文明起源区域。

隋唐时期，江南湿地水稻农业逐渐发展，其主要方法是湿地灌溉。从唐代开始一直到宋代，水稻的发展一直很稳定。明代宋应星所著的《天工开物》记载："今天下育民人者，稻居什七"。也就是说，水稻占当时粮食作物总量的 70%，其他的旱地作物如小麦、小米等只占大约三成。

水稻支撑了唐宋以来经济发展所依赖的物质要求，到了明清时期，"湖广熟，天下足"的谚语开始流行。

茶叶对于中国来说非常重要。中国是茶叶的原产地，是世界上最早利用茶叶和人工种植茶树的国家。到了唐代，中国人就对茶树的生长特性、适宜条件等做了总结。

在中国的长江中下游地区，无论是地形、土壤还是气候，都十分适合种植茶树。在茶叶的发展过程中，我们需要记住的一个人是陆羽，他被称为中国的"茶圣""茶仙"。陆羽考察过很多地方，因为交通工具有限，考察时间长。他编写的《茶经》是世界上现存最早、最完整、最全面介绍茶的专著，是介绍茶叶生产的历史、源流、现状、生产技术以及饮茶技艺、茶道原理的综合性论著。

人物简介

宋应星

宋应星（1587 年—?），一生致力于对农业和手工业生产的科学考察和研究，收集了丰富的科学资料。

（三）天文历法

日、月、年、世纪的测量属于天文学历法的范畴。历法实质上是根据地球绕日公转周期和地球绕轴自转周期来测量时间的，这两种运动反映了地球上四季和昼夜的交替，其规律与人类活动密切相关。但由于这两种运动没有成整数倍关系，因此如何照顾四季和昼夜这两种现象，便构成了编制历法的基本任务。

天文历法的发展历程，始于春秋时期，《春秋》中“秋七月，有星孛入于北斗”，为我们留下了世界上公认的关于哈雷彗星的最早记录，比欧洲早 670 多年。历法已经形成自己固定的系统，基本上确立了“十九年七闰”的原则，比欧洲早 160 年。到了西汉时期，武帝时邓平等制定的《太初历》正式把二十四节气定于历法，明确了二十四节气的天文位置。公元前 28 年，西汉关于太阳黑子的记录是世界上最早的有关太阳黑子的记录。到了东汉时期，张衡发明了浑天仪和地动仪（比欧洲早 1 700 多年）。到了元代，元初设立太史局编制新历法。郭守敬改进了简仪和圭表，主持全国范围的天文测量，编《授时历》，确定一年的周期与现行公历年周期相同，但早于现行公历 300 年问世。

地动仪是东汉科学家张衡的伟大发明，地动仪的全称叫作“候风地动仪”，是中国古代用来测报地震的仪器。候风地动仪是世界上第一架用于记录地震的地震仪。公元 132 年，地动仪的出现，说明当时中国人已经认识到，地震是一种从地下传过来的振动，并且可以向远处传播。

《后汉书·张衡传》对地动仪描述如下：“以精铜铸成，员径八尺，合盖隆起，形似酒尊，饰以篆文，山龟鸟兽之形。中有都柱，傍行八道，施关发机。外有八龙，首衔铜丸，下有蟾蜍，张口承之。其牙机巧制，皆隐在尊中，覆盖周密无际。如有地动，尊则振龙，机发吐丸，而蟾蜍衔之。振声激扬，伺者因此觉知。虽一龙发机，而七首不动，寻其方面，乃知震之所在。”地动仪如图 1-3 所示。

图 1-3　地动仪

由上图可以看出，张衡的地动仪用精铜铸成，外形像个酒坛。仪器外部铸着八条龙，对准东、南、西、北和东南、东北、西南、西北 8 个方向。每条龙的龙嘴是活动的，都含着一颗小铜球，好像欲吞欲吐的样子。地上对准龙嘴蹲着 8 个铜蟾蜍，仰着头，张着大嘴来接球。

在地动仪内部，立有一个上粗下细的震摆，它支面小，重心又高，所以稳定性很差。在摆的周围，有 8 根和龙嘴上唇相连的曲杆，如果哪个方向发生了地震，震摆就会倒向哪个方向的曲杆，致使龙嘴张开，铜球就会“铛”的一声落向下方的铜蟾蜍嘴里。

公元 138 年 3 月 1 日，汉帝国的陇西地区发生了地震。距离震中千里之外的洛阳，人们对此毫无知觉，但张衡创制的“候风地动仪”却测到了陇西这一方向发生了地震。

地动仪的出现，节约了地震通报的时间，有利于快速地组织救援，同时也使我们认识到地震、日食、月食等自然现象是可以研究的。地动仪也为 19 世纪末的现代地震学研究起到了重要作用。

人物简介

郭守敬

郭守敬（1231—1316 年），字若思，邢州邢台县（今河北省邢台市信都区）人。元代著名的天文学家、数学家、水利工程专家。著有《推步》《立成》等 14 种天文历法著作。

张衡

张衡（78—139 年），字平子，南阳郡西鄂县（今河南省南阳市石桥镇）人。东汉时期杰出的天文学家、数学家、发明家、地理学家、文学家，蜀郡太守张堪的孙子。

（四）冶炼技术

中国古代采用的冶炼技术主要有以下三种：

第一种是青铜冶铸技术。在中国古代，最开始使用的是自然铜，到了商代早期，出现了使用火法炼制铜锡合金的青铜。青铜的发明是人类文明史上的重大事件之一，它主要克服了纯铜柔软的弱点，并且具有熔点低、铸造性能好等优点，逐渐成为古代铜器中的主要品种，并在车、船、雕刻、金属加工等制造技术和农业、军事及经济社会的发展中提供了很大的帮助。

第二种是古代铸铁技术。对铁器的大量需求，促成了铁范（铸铁金属型）的发明。1953 年，河北兴隆燕国冶铸遗址出土的铁范，曾用来铸造铁斧、锄、镰和车具。

第三种是古代铸钢技术。主要采用的是灌钢法，是古代中国劳动人民发明的一种先进炼钢工艺，是中国早期炼钢技术中一项最突出的成就，由北齐著名冶金家綦毋怀文发明。灌钢法为世界冶炼技术的发展作出了很大的贡献。

对于青铜器来说，它的铸造标志着一个文明的发展。中国青铜器的铸造始于4 000年前的夏代，商代和西周更是青铜器的鼎盛时期。中国的青铜器适用范围非常广泛，刚开始是作为炊具、食器、酒器、水器、乐器、车马饰、兵器、工具等。中国古代青铜器的制作方法大致可以分为以下几个步骤：塑模，翻范，合范，浇筑，打磨与修整。

随着社会的发展，青铜器做的鼎已由最初的炊具逐渐演变成一种礼器。在古代，拥有鼎数量的多少，可以反映地位的高低；拥有鼎的轻重，可以反映权力的大小。例如：天子九鼎，诸侯七鼎，大夫五鼎。当今世界上发现的、现存最大的青铜器是后母戊鼎，也叫司母戊鼎，是1939年3月在河南安阳出土的，重量达到了875千克，是商代青铜器的代表作。

青铜器最开始出现在原始社会后期，在夏代进一步发展，商代是青铜器发展的灿烂时期，西周时青铜器得到了进一步丰富。

青铜器的制作工艺高超，表现在以下几个方面：(1) 当时的工匠可以准确地掌握铜、锡、铅的比例，用来制造不同用途的器具；(2) 在制作的过程中采用泥范铸造法，经过制模、雕刻纹饰、翻制泥范、高温焙烧、浇注液态金属、加工修整等工艺流程制成；(3) 到了商代后期，青铜器铸造业更加成熟，不仅规模大，组织严密，而且分工细致，可以铸造出大型器物。

中国古代科技的成就不止上面列出来的这么多，还有关于数学、地学、交通、工程等方面的成就，中国古代的科技成就为我们现代的学习和研究提供了基础和途径。中国古代的科技成就是古代中国人通过自己的辛勤劳动、日常生活观察，不断总结的智慧结晶，也是我们现在为之自豪的。

中国古代科技发展经历了三次高潮：第一个高潮是在春秋战国时期，墨家、道家等诸子百家开始初步尝试科学知识的抽象；第二个高潮是在隋唐五代时期，南北交汇，中外兼容，中外科技的交流得到了前所未有的发展；第三个高潮是在宋辽金元时期，传统科技发展达到了最高潮，指南针用于航海，火药用于战争，发明活字印刷术等。

二、中国古代科技发展的特点

通过上面介绍的中国古代科技的巨大成就——指南针、火药、造纸术、印刷术、农业种植、天文历法、冶炼技术等各个方面，我们不难发现中国古代科技的发展居于世界前列，一直散发着耀眼的光芒，影响着其他国家。

中国古代科技的发展有以下特点：

（1）古代中国独自创造了很多让世界举世瞩目的科学技术成就。例如，影响着世界的四大发明——指南针、火药、造纸术、印刷术。中国古代科技的成就不仅在首创性、历史连续性上有重大影响，而且在全面、多样性上有重大影响。我国古代人民在与自然界长期斗争中积累的丰富的知识经验，成为古代科技发展的源泉；而中国古代一些著名科学家的个人努力与不懈的探索精神是中国古代科技发展的主观因素。

（2）中国古代科技的内容主要集中于农业、天文历法、医学等方面，这些方面都是需要不断地进行实际操作、不断地应用的。例如，中国古代医药学的特色比较明显，而且延续 2 000 多年，不断地得到充实和提高。中国古代医药学有着自己的体系，描述了如何进行诊断、治疗或预防等。中国古代的农业发展比较早，至少可以追溯到七八千年前。中国传统农业主要表现在比较重视农业，并在耕种技术上面精耕细作。另外，造纸术、印刷术、火药制造等方面都有着自己的独立体系。可以看出，中国古代科技的应用性强，是容易看到成果的。但是应用过程中，我们却忽略了事物在发展过程中的规律性，忽略了发展过程中的探索。中国古代科技具有很强的实用性，服务于生产和巩固统治的需要。古代中国主要是以农业经济为主题，历代统治者重视农业，因此与农业相关的科学技术得到了快速的发展。

（3）在中国古代科技的研究方法上面，重点是对传统著作的整理。中国古代科技的著作大多都是对生产经验的直接记载或者对自然现象的直观描述，具有较强的经验性，由于是对传统著作的整理，直接拿来使用，反而忽视了实验。中国古代科技重视总结实践经验，对于理论概括和抽象不重视。例如，在农学方面，基本上都是对农业生产方面相关经验的直接记载，很少有理论方面的概括和总结；在天文学方面，基本上都是为制定历法服务的，有很多天象方面观测的成果，却很少有关于这个方面的理论探讨；在数学方面，基本上是以计算为主的，注重解释实际问题，但针对数学的理论性研究却十分薄弱。从这些方面可以看出，中国古代在科技方面是重实用、重现象总结而轻规律探究。

（4）古代科学理论的技术化倾向严重，而这些技术不具有开放性，没有转化为普遍的生产力。开放性是很重要的，开放性可以打开知识的大门，对古代科学理论的技术进行研究，更有效地推进理论内容。中国古代使用科技的主要原因是为封建农业经济以及大型工程而服务，缺乏将科技有效地转化为生产力并使科技进一步发展的动力和意识。

（5）中国古代注重社会人文问题的探求，讲究天人合一，尊重自然，重视完善人和自然的关系。中国传统科技对自然的探索往往是同对人、对社会的考察结合在一起的，有着追求人与天、社会与自然和谐统一的思想，主要受中国古代思想中“天人合一”的有机自然主义观的影响。中国古代这种整体和谐的生态宇宙观是一种具有整体性和系统性的思想意识。它一方面使得中国传统科技一开始就站在全面、联系、辩证和发展的高度去推动科技的进步；另一方面，它极易使人对自然的观察发生偏差，忽视天与人、自然与社会之间的区别，不能把自然界当成独立观察的对象。

第二节 古代信息技术的领头羊

一、语言和文字

（一）语言起源

2013年12月30日，习近平总书记在主持中共中央政治局第十二次集体学习时发表讲话指出："要系统梳理传统文化资源，让收藏在禁宫里的文物、陈列在广阔大地上的遗产、书写在古籍里的文字都活起来。"语言文字，既是文化的重要载体，也是文化的基础要素和鲜明标志。闪烁着民族智慧光芒的中华语言文字，记录着中华民族五千多年文明历史所孕育的中华优秀传统文化，书写着党领导人民在革命、建设、改革中创造的革命文化和社会主义先进文化，构筑着中华民族的精神家园。

当前，我们正处于一个信息时代，语言是人类最重要的信息载体，是人类最高级的认知能力，是认知科学的主要研究对象。语言的起源与宇宙的起源、生命的起源和人类的起源并称为四大起源问题。

语言的起源一直是一个未解之谜，从古至今人类一直对语言的起源有着浓厚的兴趣，并提出了多种多样的解释。语言起源的学说包括神授说、手势说、感叹说、摹声说、劳动说、契约说、突变说、渐变说、本能说等。目前，全球的语言大约有7 000多种，围绕这些语言起源的学说很多，但总让人觉得依然是"空中楼阁"，探究简直是"原地踏步"，完全看不到有任何实质性的进展。

从19世纪下半叶开始，语言学家们逐步发现，中国作为地球上人口最多的国家，中国的语言可以描绘出一棵"谱系树"。在这棵谱系树上，汉语、藏语、缅语等有着亲缘关系。目前，汉藏语系母语人口近20亿，约占世界人口的1/4。

中国科学家周海中教授指出："语言演化既是一种社会现象，又是一种自然现象，还是人类心智发展和历史文化演变的结果；由于语言的起源与变化有其内在的原因和外界的影响，从而增加了语言演化问题的复杂性。"

恩格斯认为：劳动创造了人本身，劳动创造了语言。在生存环境迫使下，人类被迫参与群体生活与劳动，于是，群体当中的成员出于交往的需要，就会用某种方式来彼此交流，经过不断的尝试，语言被认为是一种最好的沟通方式而确立下来。

大约在距今 200 万年到 20 万年，出现了直立人。直立人可以制出有规则的、对称的工具。大约在距今 20 万年到 3 万年，出现了智人。南猿颅底基本是平的，跟黑猩猩的几乎没有什么两样，其声道也不具备人类的发音能力。距今 150 万年左右的直立人的颅底开始略显弯曲，这表明其喉的位置已经略微下降，其声道应该能够发出一部分人类语音。直到古智人时期，其颅底的弯曲度才达到现代人的水平，这意味着其声道结构基本形成了现代人的样子，能发出全范围的人类语音，也就是说，能发出任何语言的任何音。因此可以推断，原始语言应当产生于古智人出现之后。

在距今大约 4 万年时期，人类开始迅速进化，在原始的语音系统中出现了命题承载功能，这时期的人类可能有能力对客观世界进行语义描述。命题承载功能的迅速发展可以使人类对在场和不在场的事物进行描述，这实际上就是语言的移植性，这种语言特性可以使人们打破时空的界限描述当前语境之外的事物。这一时期，符号和文化行为大量出现，事物或感情可以通过语言描述得以传递和表达，也促进了社会的延续和发展。

语言与思维的关系是语言学界长期争论的课题。早期人类的生存环境十分恶劣，为了应对自然环境中的各种风险，人类只能选择群居和共同劳动，这样的生存方式迫使社会成员之间产生了社会交往的需要。恩格斯认为，劳动的进步必然促使社会成员更紧密地相互联系起来，彼此间的交流就显得很有必要。通过劳动，人类形成了与劳动相适应的身体与心理结构，人类因劳动而组成社会，因社会劳动而需要人际间的语言交际，语言交际过程促进了语言器官和语言心智的发展。

人类不但能够改变自身适应外在环境条件，而且能够改变外在环境条件以适应自身状况，人类生存与生活需要必然最终促使人类思维能力朝着满足需要的方向发展。恩格斯有这样的论述：劳动的发展必然促使社会成员更紧密地结合起来，因为它使互相帮助和共同协作的场合增多了，并且使每个人都清楚地意识到这种共同协作的好处。这时期的人期待一种沟通工具的出现，于是人类有了对语言的需求，思维能力的出现导致了语言的出现，而语言的出现同样也促进了思维能力的发展，它们之间是相互依存、互相促进的关系。

语言不仅是人类最重要的交际工具，也是人类思维的工具。思维是抽象的符号，这些抽象的符号就是语言。思想无法在没有任何语言材料的基础上进行，抽象思维如此，形象思维也是如此，某些艺术性的形象思维背后同样是语言配合的结果。思维和语言是同时产生的，而且是相互促进、共同发展的。

（二）汉字的起源

在世界文明史上，古老文明都曾创造出属于自己的文字。中国的汉字历史悠久、源远流长，是世界上最古老的文字之一。汉字是世界上使用时间最久、空间最广、人数最多的文字之一，汉字的创制和应用不仅推动了中华文化的发展，而且对世界文化的发展产生了深远的影响。日本、越南、朝鲜等国家的文字都是在汉字的基础上创制的。

中华民族是一个伟大的民族，中华文明也独具特色。在世界上所有的国家里，只有中国的文化在传承中始终没有间断过，也只有“汉字”是世界上唯一从古代一直演变过来而没有间断过的文字形式。古巴比伦楔形文字、古埃及圣书文字、古印度印章文字、美洲玛雅文字和殷墟甲骨文曾被称为世界五大古典文字，但前四种文字都与其所代表的文明一样，淹没在历史长河而先后失传，唯有以甲骨文为代表的汉字体系和中华文明历经数千年依然焕发出勃勃生机。

汉字的发明是我们祖先集体智慧的结晶，汉字一笔一画勾勒出先辈们的筚路蓝缕，一词一字书写着中华五千年的春秋。早在 6 000 年前，原始社会晚期，汉民族先民就在各种器物上刻画符号，目前在半坡遗址等地方已发现刻画符号共有 50 多种。它们整齐规范，并且有一定的规律性，具备简单文字的特征，以后渐渐演变成汉字。

关于汉字的起源，中国古代文献上有种种说法，如“结绳”“八卦”“图画”“书契”等，古书上普遍记载中国最早的汉字是仓颉发明的。《荀子·解蔽》记载：“好书者众矣，而仓颉独传者壹也。”《吕氏春秋》记载：“奚仲作车，仓颉作书。”相传仓颉是黄帝的史官，是古代整理文字的代表人物之一。《说文解字》记载：仓颉是黄帝时期造字的史官，被尊为“造字圣人”。史学家徐旭认为，文字的出现，应与仓颉有关。那时制定历法需要文字记载，制定神谕也需要行文，因此，仓颉应是颛顼部族人。他“生于斯，葬于斯”，故造书台北边有仓颉陵墓。他所处的年代约为公元前 26 世纪。据此推测，四五千年前，汉字就比较成熟了。汉字的诞生非一人一手之功，是先民们长期积累发展的结果。近代考古发现了 3 600 多年前商代的甲骨文、约 4 000 年前至 7 000 年前的陶文、约 7 000 年前至 10 000 年前具有文字性质的龟骨契刻符号。

在几万年前的原始时代，远古人学会了用语言来表达意思，后来又学会了用手势，但有些事物用语言和手势是难以表达的，于是有人想出了做记号的方法，可记号太多，容易忘记，后来就用图形表达意思，比如“太阳”就画成一个圆圈的形状，“树”就画成树的模样，最早的象形文字就是这样产生的。

考古证实，在商代早期，中国文明已发展到相当高的水平，其主要特征之一就是甲骨文的出现。甲骨文是刻在龟甲和兽骨上的古老文字，是已知的中国最早成体系的成熟文字。从甲骨文的记事文字中，人们已经可以大致了解有关商代政治、经济、文化等各个方面的情况。甲骨文大部分符合象形、会意的造字原则，形声字只占 20%。甲骨文多是由图画文字演变而成的，象形程度高，且一字多体，笔画不定，这说明中国的文字在殷商时期尚未统一。但作为目前所发现的最早的汉字形态，甲骨文为后世的汉字发展奠定了基础。

在中国文字中，各个历史时期所形成的各种字体有着各自鲜明的艺术特征。例如，篆书古朴典雅；隶书静中有动，富有装饰性；草书风驰电掣，结构紧凑；楷书工整秀丽；行书易识好写，实用性强，且风格多样，个性各异。但是在秦统一文字前，中国的汉字，不论从字体还是应用角度而言，都是混乱的。古文从广义而言，包括大篆在内的小篆以前的文字；从狭义而言，则指中国文字史上大篆以前的文字。这里采用狭义的古文概念。古文包含甲骨文与金文，其中，前者被人们视为中国最早的定型文字。汉字经历了甲骨文、铜铭文（金文）、小篆、隶书、楷书等形式，并一直沿用至今。

金文是刻铸在钟鼎等器物上的文字，商周时期出现。与甲骨文相比，金文象形程度更高，显示了更古的文字面貌。金文填实的写法，使形象生动逼真，浑厚自然。大篆又叫作籀文，周太史籀创造，春秋战国时期通行于秦国等地。小篆为适应秦统一中国的形式而形成，由大篆简化而成，使每个字的笔画数固定下来。隶书形成于战国晚期，成熟于汉代，由小篆简化而成，构成了新的笔形系统，字形渐成扁方形。楷书出现于东汉时期，六朝时进一步完善，唐代时成熟，由隶书简化而成，汉字的字形、字体由此就稳定下来，开始确立了它的方块形态，开始有了间架结构，开始确定了“横、竖、撇、点、捺、挑、折”的基本笔画，笔形得到了进一步的规范，各个字的笔画数和笔顺也固定下来了。从此以后，人们又陆续创造了草书、行书等各种各样的字体。草书是汉字的一种字体，特点是结构简省、笔画连绵。草书形成于汉代，是为了书写简便而在隶书基础上演变出来的，有章草、今草、狂草之分。从约公元前 6 200 年前的贾湖遗址的龟甲符号，再到商代的甲骨文、籀文、金文，最后到春秋战国与秦代的籀文、小篆，发展至汉代隶变，产生隶书、草书以及楷书（以及派生的行书），至唐代楷化为今日所用的手写字体标准——正楷，也是今日普遍使用的现代汉字，汉字的发展逐步进入一个较高的层次。而随着汉字的发展，汉字的个数也越来越多，于是出现了一种便于人们查找汉字的工具书，像《说文解字》《康熙字典》等。

《说文解字》，简称《说文》，作者为许慎（约 58—约 147 年），字叔重，汝南召陵（今河南省漯河市召陵区）人，东汉时期著名的经学家、文字学家。学术界称许慎为“许君”，称《说文解字》为“许书”，称其学为“许学”。许慎对汉语文字学作出了杰出贡献，被尊称为“字圣”。许慎历经 30 年编撰了《说文解字》，《说文解字》是世界上第一部字典，是中国第一部系统地分析汉字字形和考究字源的字书。《说文解字》是首部按部首编排的汉语字典，规范了汉字的形、音、义。《说文解字》原书作于汉和帝永元十二年（100 年）到安帝建光元年（121 年）。《说文解字》原文以小篆书写，逐字解释字体来源。全书共分为 540 个部首，收字 9 353 个，另有“重文”（即异体字）1 163 个，共10 516 字。《说文解字》是科学文字学和文献语言学的奠基之作，在中国语言学史上有着极其重要的地位。

1949 年以后，随着新中国的成立，汉字迎来了发展的春天。20 世纪 50 年代初期，中央政府颁布了一系列文字改革的通知，对于一些笔画过于烦琐的汉字进行了大胆简化，使人人都能识汉字、用汉字，这在汉字的发展史上无疑是一个伟大的创举。

简化的汉字减轻了识记负担，提高了书写阅读效率。繁体字具有繁且杂的特点，繁多的笔画、杂乱的读音给人们进行汉字的识别、书写、记忆、应用等带来了诸多不便。汉字简化有助于解除这些困扰。简化后的汉字数量和笔画数都得到减少，而且构字简单明了，降低了汉字学习与应用的难度，节省了汉字书写时间，同时也减轻了汉字记忆的负担，方便人们认读，有助于提高人们阅读效率。

汉字的简化降低了汉字电脑录入难度，提高了汉字显示打印的清晰度。在如今信息化时代背景下，文字注重电子化方式呈现，汉字笔画输入法的创制要求汉字输入能够快捷化、简便化，而繁体字较简体字数量更加庞大，而且笔画数目更为繁多，这无疑给汉字的电脑录入增加了很大的困难，同时，繁杂的构字不仅对于笔画输入法要求更加严格，而且要求操作者对文字的笔顺、笔画等的掌握更加细致，无形之中也会加长汉字录入时间，降低工作效率，而简体字有助于解决这些问题。简化后的汉字构造更加简单，无论是屏幕显示还是纸质打印都更能够满足人们对于高阅读速度的要求，有利于提高效率。

汉字的简化还能助力文化传播，推动我国国际地位上升。繁体字繁杂的书写及多变的读音等，使得汉字学习较为困难，无形中会加重文盲的比重，不利于中华文明的传承。同时，汉语言的难度足以挫伤国际友人学习汉语的热情，这无疑会对中国的经济、文化、外交等各个方面都产生不利影响。而汉字的简化让汉字学习变得简单起来，既有助于扫盲，又有助于教育的普及和发展，还使得“汉语热”能够成为现实，为我国国际地位的保证及上升发挥着不容忽视的重要作用。

二、造纸和印刷

造纸术、印刷术、火药、指南针并称为中国古代科学技术的“四大发明”，在推动中国和全世界文明的发展中起到了巨大作用。就其社会影响而言，恐非任何其他古代发明所能比拟，可以说这是震撼世界的四大发明，将世界史引入新的时代。英国学者培根（Francis Bacon，1561—1626 年）在《新工具》一书中指出造纸术、印刷术、火药、指南针的发明，其明显可见的力量、效能和结果是：已经改变了整个世界的面貌和事物的状态，造纸术表现在学术方面，火药表现在战争方面，指南针表现在航海方面，从这里又引起无数的变化，以致任何帝国、任何宗教、任何名人在人事方面似乎都不及这些机械发明更有力量和影响。中国的"四大发明"中，对古代世界的信息和文化传播影响最大的当属造纸术和印刷术。

（一）造纸

纸本质上是文化用品，千余年间成为全人类通用的书写、印刷材料。中国是纸的发源地，最先受惠于纸的应用。纸本书籍的迅速增加，使中国文教事业空前发展，从中央到地方，各种公私学校兴起，读书识字的人增加，佛教、儒学也以新的势头发展。社会上文学、史学、哲学和科学技术著作与无纸的先秦时代相比，以几何级数激增，历代所遗留下来的以纸为载体的文化典籍，数量上为全球之冠。

纸的最初主要用途是作为新型书写纪事材料和包装材料，尤其第一项用途在人类文明史中起的作用最大。但在纸未出现前，书写纪事材料经历了很长一段时间的历史演变过程。在没有文字以前，人们交流思想主要通过语言、手势，口耳相传，凭记忆行事。后来靠结绳记事，将绳打成大小、形状及数量不同的结，用以代替语言，传递并记录不同事件。

在造纸术发明以前，中国已经有了多种书写材料。商代的甲骨文刻在了经过加工的龟骨和兽骨上，这些材料保存到今天依然清晰可见；商周时期的金文铸刻在青铜器上，具有很高的艺术性。北京故宫博物院藏有秦代时刻有文字的鼓形石墩，上面的石敦文是中国最早的石刻文字；春秋战国一直到汉代曾流行过简朴地用漆或墨汁将文字书写在竹片或木片上，再用皮条和绳子把竹木片连接起来；春秋以后中国还出现了用于书写的丝织品缣帛。

如此众多的书写材料，在当时的信息传播中都曾发挥过重要的作用，但它们或材料有限，或成本昂贵，或使用不易，或携带不便，在信息传播上都有着各自的不足，人们渴望有一种更加实用、有效的材料出现——纸的发明实现了人们的愿望。

对人类文明史作出如此重大贡献的造纸术，是在中国发明的，并逐步传到全球。这已是当今全世界公认的历史事实。最初造纸所用的原料是破麻布，而麻布由大麻及苧麻织成，这两种麻都原产于中国；其次用楮皮，楮（今称构）树也原产于中国。一个国家造纸，原料必须自给自足，而中国所用原料都是本国原产植物，南北各地几乎到处都有，取之不尽。

关于纸的制造，除了原材料、经济社会发展状况等因素外，还需要相应的技术背景。经过我国古代人多方探索和各种试验，人们终于发现用破麻布的植物纤维（麻絮）为原料，通过草木灰水蒸煮、漂洗、捶打，再将纤维悬浮于水内，用多孔罗面或震帘捞起，晒干后形成的薄片，这就是纸，在这里不难看到漂絮技术的重要价值。

古人还发现，只要将纤维提纯并捣得极细，所制成的薄片（纸）的强度增加、颜色洁白，而这是很容易做到的。除漂絮过程的思想激发外，对自然现象的观察也进一步加深了古人产生造纸的联想。例如，当山洪暴发或江河涨水时，都会有久浸于水中的朽化植物、破布等被水冲击，被冲散的植物纤维落到沙滩，滤水后经日晒也能自然形成类似纸的薄片，但强度甚小。然而单靠这一点还不足以产生造纸的念头，因为这种现象在世界各地都可以看到。造纸从本质上说不是对自然现象或自然过程的模拟，而是以人工产生的机械力和化学力作用于植物纤维的产物，因此要从技术上分析造纸思想产生的动因。归根到底，还得从漂絮说起，而在很长一段历史时期内漂絮是中国人特有的生产实践和技术活动。在养蚕术和丝织术没有外传以前，其他国家或地区没有这种实践，也就缺乏促成造纸思想产生的技术动因。

关于造纸不得不说到蔡伦。蔡伦（约 62—121 年）是造纸技术革新家，活跃于东汉中期的历史舞台上。蔡伦对于造纸的贡献可以概括为两个方面。第一，他总结了西汉、东汉初期和同时期人造麻纸的技术经验，组织生产了一批优质麻纸，还用破渔网为原料制出麻纸，扩大了麻纸制作原料，改进了麻纸技术。他还提出推广生产和使用纸的建议，得到了朝廷的采纳。因而，他是造纸术的革新者和推广者。第二，他主持研制出了以楮皮造纸，完成以木本韧皮纤维造纸的技术突破，进一步开辟了造纸的原料来源，推动了造纸术的发展。楮皮纸的制成是重大技术创新，蔡伦是这一创新的倡导者。楮皮纸后又引导出桑皮纸、瑞香皮纸、藤皮纸等一系列皮纸的出现，成为主导纸种。楮皮纸此后在造纸领域内领千年风骚，直至今日。总之，蔡伦是承前启后的造纸术革新家，对造纸术发展作出了很大的贡献。

在世界范围内，尽管古埃及在距今 5 000 年前就已经有了莎草纸，但这种书写材料严格来讲不能算是纸，加工时仅仅是把莎草捶压、粘连，而没有后期工艺。东汉的蔡伦革新了造纸的方式，对纸的生产和传播作出了重要贡献。在 7 世纪以前，中国的造纸术就已经传到阿拉伯世界，随后又传到了非洲和欧洲。10 世纪时，纸已经成为西班牙等国家通用的书写材料，对繁荣世界文化发挥了重要作用。

纸还是中国特有的书法和绘画作品的载体，纸的使用大大促进了这两门艺术的发展。书画家可以在柔韧受墨的纸上任意挥毫，完成艺术杰作。作家、诗人、史学家和科学家可以写出鸿篇巨制，形成中国丰富的纸文化遗产。随着造纸业的发展和纸产品的扩大，纸和纸制品不再只作为文房用具，而是广泛用于日常生活和工农业生产领域中，成为其他材料的代用品，如纸灯、纸伞、纸衣、纸帽、纸帐、纸被、纸鸢、纸扇、纸牌、纸枕、纸花、纸屏风、纸杯、纸砚、纸箫等都在不同时期相继问世。还有糊窗纸及壁纸、剪纸，用作室内装饰材料。新年时贴春联，节日时放烟火，婚嫁时交换庚帖，送葬时烧纸钱、纸马、纸车、纸人。商店所售商品皆以纸包装，各种公私账簿、文书契约、证件和票据皆用纸制成。纸和纸制品已进入千家万户，成为日常不可缺少的用品。早在唐代，中国就已进入纸的时代。纸和造纸术还传入其他国家，沿着传播路线形成的纸张之路成为对外经济文化交流的纽带。

（二）印刷

纸作为文字载体，在传播思想和科学、文化教育方面所起的历史作用是很明显的。但在一个相当长的历史时期内，纸本读物仍靠手写而成，成千上万的人每天要埋头于案边逐字逐句地抄写，花费无数时间和劳动，但每次只能完成一部书的一份，欲得副本，仍需重新抄写。为了从这种笨重劳动中解放出来，中国人又发明了雕版印刷术和活字印刷术。靠着这种机械复制方法，一部书制版完毕后，就能印出成千上万份副本，大大缩短了书籍生产所需的时间，且降低了成本。又因为印刷前经过文字校对、用工整的字体排印，所以印本书比手抄本错误更少，也易于阅读，尤其重要的是其流通量甚大，以至可以进入寻常百姓之家。

纸和印刷的紧密结合，如虎添翼，使文献知识的普及以前所未有的势头迅即扩展到社会每个角落。就中国而言，纸和印刷术是促成大唐以高度文明的发达国家屹立于世界的重要因素之一。唐代宗教、儒学、文学艺术、史学、哲学和科学技术等都获得了全面而均衡的发展，向世界各处散发出灿烂的文明之光。如果说印本书在欧洲为资本主义取代中世纪贵族封建制起过催化作用的话，那么在中国则有所不同，它为巩固并完善当时制度、促进社会文教昌盛和经济繁荣方面功不可没，经五代至宋，这种效益越发明显。例如，科举制度在唐宋时更趋完善，通过各级考试将掌握知识的人（包括来自民间的士人）选拔到文官队伍中担任行政职务。印本书正是促成科举制完备和发展的动因，因为它能提供科举考试所需的标准读物，为社会培养大量知识人才。

在印刷术尤其雕版印刷术出现以前已经有古典复制技术存在，如印章、碑拓等，这些技术与印刷术的起源有直接关系。印章在先秦时即有，多以硬质材料制成，如金属、玉石、木、象牙、牛角等，呈方柱形、长方柱形或圆柱形，一般只有几个字，表示姓名、官职或机构，有官、私两种，印文均刻成反体，有阴文、阳文（即文字凹凸）之别。秦汉时期，《汉书・百官志・百官公卿表上》唐人颜师古注引汉人卫宏的《汉旧仪》称，汉代规定官秩二千石（公卿）印文曰章，称某官之章；二百、四百及六百石官职印文曰印，称某官之印。后两者合称“印章”，而帝王之御印白玺。与此同时，私人也刻有印。有时印上除文字外，还刻有动物等图，图文并茂。在文书、契约上钤印表示信用、负责、权威，同时也是防伪的措施。在图书上钤印表示所有权，在书信上加印表示郑重。印文多用篆字，后世也仿此，刻印形成一种独特的艺术。

印章和碑拓以及木板印花等复制技术的进一步发展，最终促进了雕版印刷术的出现。雕版印刷不是任何古典复制技术的单纯改进或革新，而是一项全新的技术发明，因为无论在使用材料、工具、过程与方法或产品用途方面，雕版印刷都不同于以往的复制技术。另外，印刷术的出现不是偶然现象，而是经过长期历史酝酿的必然产物。除了受先前已有的各种复制技术的启发之外，还要有适合的社会、经济、文化、技术和物质基础等综合背景，甚至还与历史传统、语言文字、宗教信仰、统治阶级的统治思想和个人素质等因素有密切关系。

中国拥有发明印刷术所需的社会、经济和文化等背景和对复制典籍的迫切需要。公元前 3 世纪，秦始皇建立统一的封建大帝国，至汉、唐达到盛世，社会经济、文化、教育和学术获得空前发展，学校和识字的人数目迅速增加，这正是促进纸和印刷物生产的直接催化剂。在造纸产生后的很长一段时期，人们都是把文献用手一字一画地抄写在纸上，费时费力还容易出错，抄书、校书的状态持续了六七百年，消耗了古人很多时间，人们迫切要求有新型复制方法，雕版印刷就正好能满足了这一需要。它能将书稿中的文字和插图都同时复制出来。这种复制技术特别适合于汉字这种一字一音、多笔画的表意文字系统。

中国在雕版印刷术获得四五百年发展之后，于北宋时期又发明了活字印刷技术。显而易见，活字印刷是从雕版印刷演变出来的，而且是雕版印刷技术发展的必然结果。活字印刷是将原稿文字以硬质材料逐个制成单独的凸面反体字块，再按原书稿文字顺序将单独字块逐个拼合成整版，以下程序与雕版印刷相同。二者的主要区别只在印版制造方法上有异，活字印刷因提高了制造印版的时效、克服了雕版印刷的其他不足而应运而出。我们知道，如果用雕版印刷技术出版长篇著作，势必要刻成数以千万计的大量印版，这是最费时间和人力的一道工序，也要动用很多木料，花费物力，结果使整个生产过程的周期加长，又相应地提高了成本。

虽然书版印到足以能推销的份数以后，还可贮存起来，留待日后再次刷印，但这要占用很大的空间。如果许多部这样的书版都贮存起来，库内印版的存放和保管将是个很大的问题，同时也会造成事先投入的资金滞流，而不能及时周转。这是从事印刷行业的人不愿意看到的后果。对刻字工来说，整天坐在作坊内雕刻木板也是乏味的劳动。宋代以来，雕版印刷获得长足发展，刊印的读物越来越多，这种制版方式在技术、经济上的不足日益突出，促使人们探索新的制版方式。

活字制版正好可以避免雕版技术的不足，只要事先制成足够的单个活字，便可随时拼版，大大加快了制版这道关键工序的时效。木制活字对木料的利用率大于雕版，也节省了对原材料的消耗。活字版刷印后拆版，用过的活字还可重新使用，其利用率和周转率是雕版印刷无法相比的。活字还比大块雕版易于贮存和保管，节省库存空间。活字制版的优越性就在于版上的每个字块都是活动的，每块印版都可拆可合。

毕昇，作为活字技术的创始人，对印刷术的革新作出了重要贡献。北宋时期，1045 年前后，印刷工毕昇在总结经验的基础上，经过反复试验，发明了胶泥活字印刷术。活字印刷不再需要整块刻版，而是改为烧制泥活字。印刷的时候根据一页上的内容排字。

印刷另一页就重新排字。一本印完后，活字还可以重复使用。近代印刷术即是以活字技术为基础而发展起来的。活字印刷是继雕版印刷之后，在整个世界印刷技术史中的另一个里程碑，具有重大而深远的意义。活字印刷只是印刷工的一个小小发明，但其历史意义却无比深远，因为从活字印刷开始，信息传播的效率有了质的飞跃。可以说，没有活字印刷技术，也就没有近代文明可言。

到了清代，木活字技术由于得到了政府的支持，获得了空前的发展。康熙年间，木活字本已盛行，大规模用木活字印书始于乾隆年间《武英殿聚珍版丛书》的发行。印制该书共刻成大小枣木木活字 25 万余个，印成《武英殿聚珍版丛书》134 种，2 389 卷。这是中国历史上规模最大的一次用木活字印书。用金属材料制造活字，也是活字印刷的一个发展方向。公元 15、16 世纪之际，铜活字流行于江苏无锡、苏州、南京一带。铜活字印刷在清代进入新的高潮，最大的工程要算印刷数量达万卷《古今图书集成》，用铜活字达 100 万～200 万个。

到 13—14 世纪，中国的雕版印刷术传到欧洲，紧接着活字印刷术也被引入欧洲。到 15 世纪，德国的古腾堡掀起了欧洲金属活字的革命，极大地推动了西方文明的历史进程。

三、信息传递

（一）狼烟和信鸽

通信是人们进行社会交往的重要手段，其历史悠久。通信也称“通信联络”，即用各种通信手段建立的联系。通信技术是指将信息从一个人或地点传递到另外的人或地点而采取的方法和措施。在我国古代，通信技术在军队中应用更为普遍。军队中的通信联络是保障作战指挥的基本手段，能使上级的命令、批示及时下达，下级的情况及时上报，友邻部队之间密切协同。狼烟和信鸽作为古代战争中的报警方式，成为古代战争不可缺少的内容。

1. 狼烟

狼烟又称为烽火，是我国古代用以传递边疆军事情报的一种通信方法，始于商周，延至明清，相习几千年之久，其中尤以汉代的烽火组织规模为大。在边防军事要塞或交通要冲的高处，每隔一定距离建筑一个高台，俗称烽火台，亦称烽燧、墩堠、烟墩等。高台上有驻军守候，发现敌人入侵，白天烧狼粪，夜间点柴草。传说烧狼粪时有很大的浓烟直冲蓝天，称为狼烟，在白天比火光更易被人发现。一台燃起烽烟，邻台见之也相继举火，逐台传递，须臾千里，以达到报告敌情、调兵遣将、求得援兵、克敌制胜的目的。

知识拓展

烽火戏诸侯

据历史记载，在2 700年前的周幽王时代，就有了利用烽火台通信的方法。关于烽火通信有个叫“千金一笑”的故事。故事的大意是说：周幽王有个爱妃褒姒，她虽长得很美，但轻易不肯一笑。为此，周幽王使出了个悬赏：“谁要能叫娘娘一笑，就赏他一千斤金子（当时把铜叫作金子）”。于是，有人想出了一个点起烽火戏诸侯的办法。一天傍晚，周幽王带着爱妃褒姒登上城楼，命令四下点起烽火。临近的诸侯看到了烽火，以为西戎（当时西方的一个部族）来犯，便领兵赶到城下救援，但见灯火辉煌，鼓乐喧天，一打听才知是周幽王为了取乐于娘娘而干的荒唐事。各诸侯敢怒不敢言，只好气愤地收兵回营。褒姒见状，果然淡然一笑。但事隔不久，西戎果真来犯，虽然点起了烽火，却无援兵赶到。原来各诸侯以为周幽王又是戏弄他们。结果西戎攻下城堡，杀了周幽王，从此灭了西周。这个历史故事不仅生动地描绘了当时利用烽火台通信的情况，而且告诫后人，不论是什么人和什么时候，都不能拿通信当儿戏。

烽火台是万里长城防御工程中最为重要的组成部分之一。它的作用是作为传递军情的设施。烽火台这种传递信息的工具很早就有了，长城一开始修筑的时候就很好地利用了它而且逐步加以完善，成了古代传递军情的最好的方法。传递的方法是白天燃烟，夜间举火，因白天阳光很强，火光不易见到，夜间火光很远就能看见。为了报告敌兵来犯的多少，采用了以燃烟、举火数目的多少来加以区别。到了明代，还在燃烟、举火的同时加放炮声，以增强报警的效果，使军情传递顷刻千里。在古代没有电话、无线电通信的情况下，这种传递军情信息的办法可以说十分迅速。关于烽火台的布局也是十分重要的，它一般布置在高山险处或是峰回路转的地方，而且必须三个台都能相互望见，以便于看见和传递。除了传递军情之外，烽火台还向来往使节提供保护安全、提供食宿、供应马匹粮秣等服务。

作为防御手段之一的烽火报警，由于其传递信息有限，在宋代就只作为一种辅助的报警手段了。在宋代以后，有关烽火记载已不多见，烽火台此时也变成了历史遗迹。烽火本是战争的产物，因此，在古人诗文中亦被用来代指战争，如杜甫的《春望》：“烽火连三月，家书抵万金。”烽火的功用主要在于警戒外寇入侵，因而“烽火”一词也就逐渐成为抵御外族侵略的战争的代名词，如辛弃疾的《永遇乐·京口北固亭怀古》：“四十三年，望中犹记，烽火扬州路。”其中，“烽火”即指当年的抗金战争。在中国革命史上的抗日战争中，“抗战烽火”就在这个意义上重新起用了“烽火”一词，使它获得了新的生命力。

2. 信鸽

信鸽是古人之间通信联系的另一种方法，即将信件系在鸽子的脚上然后传递给要传递的人。信鸽在长途飞行中不会迷路，源于它所特有的一种功能，即可以通过感受磁力与纬度来辨别方向。

关于信鸽传递书信的历史，五代王仁裕《开元天宝遗事》卷上载：“张九龄，少年时，家养群鸽，每与亲知书信往来，只以书系鸽足上，依所教之处，飞往投之。九龄目之为飞奴。时人无不爱讶。”“依所教之处飞往投之”虽言之太过，但唐人张九龄确实是以信鸽来充当传送信函的媒介的。从“时人无不爱讶”来看，当时中国使用信鸽的情况还不会太多。但与唐朝进行贸易交往的阿拉伯商人，则经常使用信鸽送信。唐代段成式《酉阳杂俎》卷十六说：“波斯舶上多养鸽，鸽能飞行数千里，辄放一只至家，以为平安信。”《唐国史补》卷下也谓：南海的外国船，“舶发之后，海路必养白鸽为信。舶没，则鸽虽数千里，亦能归也”。

到了两宋时代，以信鸽传递书信在我国已很普遍。将信鸽用于军事上，是宋代使用信鸽的一个突出现象。宋庆历元年（1041 年）二月，西夏元昊进军渭州，北宋军队在其行营总管任福和前锋桑怿的带领下，沿好水川西行以迎击西夏兵。宋军西出六盘山，距羊牧隆城五里时，便遇上了西夏军队的伏击。而发出这场伏击号令的就是西夏军队中的信使——百余只悬哨家鸽。这就是宋、夏交战史上有名的好水川战役。这一仗，宋军惨败，军中主将任福、桑怿等全部战死，士卒死者一万多人。

在我国的历史记载上，信鸽被用于军事通信的目的还有一个典型的案例。公元 1128 年，南宋大将张浚视察部下曲端的军队。张浚来到军营后，竟见空荡荡的没有人影，他非常惊奇，要曲端把他的部队召集到眼前。曲端闻言，立即把自己统帅的五个军的花名册递给张浚，请他随便点看哪一军。张浚指着花名册说：“我要在这里看看你的第一军。”曲端领命后，不慌不忙地打开笼子放出了一只鸽子，顷刻间，第一军全体将士全副武装，飞速赶到。张浚大为震惊，又说：“我要看你全部的军队。”曲端又开笼放出四只鸽子，很快，其余四军也火速赶到。面对整齐地集合在眼前的部队，张浚大喜，对曲端更是一番夸奖。其实，曲端放出的五只鸽子，都是训练有素的信鸽，它们身上早就被绑上了调兵的文书，一旦从笼中放出，就立即飞到指点的地点，把调兵的文书送到相应的部队手中。

其后，元、明、清几代，信鸽也一直是人们通信生活中的信使。每年定期举行信鸽竞翔运动会标志着我国古代信鸽通信至清代已达到成熟阶段。到现在还有信鸽协会，并常常举办长距离的信鸽飞行比赛。李调元的《南越笔记》除了介绍广东的放鸽会信鸽比赛外，还在卷八中专门有一节关于清代广州驯养鸽子的经验论述。这是对清代家鸽驯养的经验总结，从侧面反映了我国古代信鸽传书发展到清代确实已臻于成熟。

那么，人类究竟是从何时开始驯养家鸽的呢？目前尚还不知。但我国养鸽的历史起码也有 3 000 年。商代晚期妇好墓的诸多出土文物中，就有一件高约 5 厘米的玉雕鸽子。记述西周政治制度的《周礼》说："庖人掌共六畜、六兽、六禽"。据郑玄注，鸽子就是这六禽之一。近年来，考古工作者在春秋战国时的秦都雍城国人墓葬中出土数千件文物，其中就有陶制鸽俑。秦国普通国人以陶制鸽俑随葬，说明鸽子在当时已是人们所爱之物了。

今天，人类虽然进入了卫星通信时代，但世界各国军队的军鸽仍在军中占有重要地位。军鸽，用于军队中传递军事情报、文书、物品的叫军用鸽，用于民间的叫通信鸽。军鸽具有简便、灵活、快速、准确的特点，比较适合在边防、海防地区使用。在特殊条件下，如敌后侦察，在不允许启用现代电子通信设备或有线电信可能被窃听、破坏的紧急情况下，军鸽通信是最佳选择。

在我国的战争年代，军鸽通信也发挥了很好的作用，成为有力的辅助通信手段。1958 年，一只被称为"英雄军鸽"的黑鸽在云南边防某地的一次战斗中负伤流血，但它仍带伤飞翔，把前哨急件带回指挥部，指挥员立即派出骑兵赶到出事点歼灭了窜入国境内的蒋残匪。1964 年，云南某边防小分队到边境处理情况，用携带的军鸽不断将情况送回指挥部以保障通信顺畅。1976 年，云南边防民兵配合解放军在森林里跟踪敌人，用两只信鸽将情报连续送回边寨，有力地支援了战斗。2001 年，新疆边防武警巡逻分队遭遇暴风雪袭击，在茫茫雪原孤立无援时，依靠军鸽传信，上级及时派来救兵，使巡逻小分队脱离了险境。

军鸽不仅能在军事通信上建立功勋，而且留下了取药救人的佳话。有一次，某边防连队出现了急病号，医生诊断后需要到团部取药，由于山高路远，如果派人去取，来回要两天时间，将严重威胁病人的生命安全。于是，军鸽员大胆使用军鸽取药，四只军鸽同时出动，仅用 30 分钟就取回了药，使病员转危为安。

目前，军鸽事业还在不断发展。我国的军鸽基地在中国人民解放军沈阳军区建立了军鸽通信点，军鸽在空降兵、南海舰队、东海舰队、边防部队创造着新的功绩。

（二）邮驿和镖局

1. 邮驿

我国是世界上最早建立传递与输送信息组织的国家，原始社会出现了以物示意的传递方式，奴隶社会发展为早期的声光通信和传递，到封建社会时，中华驿站在世界上已居于前列。时至今日，中华驿站已有 3 000 多年的历史，经历了春秋、秦、汉、唐、宋、元、明、清等朝代的发展。

中华驿站是人类物质文明和精神文明有机融合的产物，也是一个历史现象，是社会的历史沉积。驿站和驿道对文明发展、社会进步、城镇格局、市场格局及功能，以及现代物流的建立产生了非常重要的影响。

古代的中国，将邮政称作“邮驿”。那么何谓“邮”，何谓“驿”呢？“邮”指的是古代边疆地区向都城传递军事信息等重要书信的机构部门。主要的参考依据有我国东汉时期学者许慎所著的《说文解字》，上面提道：“邮，境上行书舍。从邑垂，垂，边也。”而“驿”指的是当时用来传递书信的重要工具——车马。《说文解字》将“驿”解释为“置骑也，从马，睪声”。

虽然“邮驿”是古时最重要的信息传递工具，对当时政权的稳定也有不小的影响，但是各个朝代对它的功用认识各不相同，“邮驿”的称呼也在不断变化。

春秋之前称“传”“驲”，春秋战国时称“遽”“置”。到了秦代，统一全国，称“邮”。汉时又改作“驿”。魏晋南北朝时，“邮”和“驿”的称呼并行。唐代时，又改“驿”做“馆”。到了宋代，出现了新的称呼，叫作“急递铺”。元代，用蒙语“站赤”称呼，翻译成汉语就是“驿站”。而明代将元时的驿站统统改称为“驿”。清代时又将“邮”“驿”合二为一，称“邮驿”。目前，习惯上把我国古代的邮政系统，简称为“邮驿”，或者“驿站”“邮传”。

邮驿是国家出现后专门为政府传送公文和传递军情而设置的国家通信机构。为了传递书信，人们在一些主要的交通干线上，每隔一段路就设置一个驿站，即古代负责传递公文、转运官方物资及供应来往官员食宿的机构，并备有马匹和驿夫。遇到紧急军情，驿夫们便马不停蹄，每到一个驿站就换一匹马，继续前进。人们就是用这样的方法将信件送到目的地的。

我国最早关于通信的记载，来自殷墟出土的甲骨文。殷即商代，亦称殷商。甲骨文中记载着殷商盘庚年代（公元前 1300 年左右），边戍向天子报告军情的记述，有“来鼓”二字。经考证，“来鼓”即类似今天的侦察通信兵。

利用烽火台传递信息虽然较快，但只能起到报警的作用，很难满足掌握敌情、指挥作战的需要。因此，随着社会的发展和政治军事上的需要，从殷商时代的“来鼓”到了周代已逐步形成传送官府文书的更加严密的邮驿制度，并与烽火台互为补充，配合使用。公元前 221 年，秦始皇统一中国后，在全国修驰道，“车同轨、书同文”，建立了以国都咸阳为中心的驿站网，制定了邮驿律令，如竹简怎样捆扎、加封印泥盖印以保密，如何为邮驿人马供应粮草，邮驿怎样接待过往官员、役夫等，形成了我国最早的邮驿法。汉代邮驿继承秦朝制度，并统一名称叫“驿”。邮驿还随着“丝绸之路”的形成而通达印度、缅甸、波斯等国。到了唐代，邮驿大大发展，全国共有陆驿、水驿及水陆兼办邮驿 1 600 多处，行程也有具体规定，并制定有考绩和视察制度。驿使执行任务时，随身携带“驿卷”或“信牌”等身份证件。

宋代由于战争频繁，军事紧急文件很多，要求既快速又安全，因而将由民夫充任的驿卒改由士兵担任，增设“急递铺”，设金牌、银牌、铜牌三种，金牌一昼夜行五百里，银牌四百里，铜牌三百里。实行每到一站换人换马接力传递。到了元代，由于军事范围和疆域扩大，仅在国内就有驿站 1 496 处，并将邮驿改称为驿站。

到了明清两代，我国封建社会在经济方面的发展和在专制主义中央集权方面的加强已经达到了极致。然而，随着明代末期资本主义萌芽的产生和商品经济的发展，专制王权、传统的自然经济受到了挑战和冲击，传统邮驿的发展伴随着整个封建社会日趋衰落。

明清延续了元代邮驿制度的鼎盛。明代，邮驿特点与当时中央集权的发展相映。经过元代邮驿制度的鼎盛时期后，明代的邮驿制度也已经趋于完备。明政府通过利用严刑峻法来管理邮驿，著名的《大明律》中就有关于邮驿法律的详细规定。值得一提的是，随着商品经济的发展、资本主义萌芽诞生，由商办民用的民信局也出现了。由于海上交通日渐发达，随着郑和七下西洋，还开辟了海上邮驿。到了清代初年，全国共有官办驿站 1 600 余处，驿卒 7 万余名，驿马 4 万多匹，归兵部主管。19 世纪中叶以后，驿站经费多被官吏贪污，驿政废弛。到了清代末年，经过外国资本主义的入侵，中国传统邮驿遭到破坏，开始出现驿站、民信局和近代邮政三者并立的局面，传统驿站的作用日渐消失。1913 年，北洋政府宣布撤销全部驿站。

我们可以看到，邮驿的发展演变也是中国社会历史发展演变的一个具体体现。从商周邮驿的产生、秦汉邮驿的成型、魏晋南北朝邮驿的发展、隋唐邮驿的进一步完善、宋元邮驿的发达、明清邮驿的由盛转衰到近代邮政的建立，古代邮驿的存在和发展在中国古代社会发展中发挥着重要作用和影响。它不仅在我国邮政通信史上占有一定的地位，也为促进社会的进步、人类的文明作出了重要的贡献。

在邮驿的古代价值方面，邮驿系统在维护封建王朝的统治方面起到了不可替代的作用，同时在社会、经济、文化等方面的作用也十分突出。首先，人们通过邮驿系统不但可以快速掌握全国各地的天灾人祸变化，而且可以发挥救灾平难的作用。其次，邮驿设施的布置密集，给人们的出行、经商等活动带来了极大的便利，对古代社会商品、物资流通起到了关键作用。最后，古代邮驿对城市建设和发展也产生了极大的影响。邮驿设置本身亦往往随着历史的演进，成为城镇形成的基础。现代地名常见称为“驿”“亭”“铺”“站”者，许多早已成为重要城镇。比如，苏州望亭镇、甘肃华亭县、河北乐亭县、湖南黄亭市等，很可能是从驿亭基础上发展起来的。

在邮驿的现代价值方面，古代邮驿这一中华文化遗产，在今天的价值亦不可估量。首先，古代文化遗产中凡有物质文化遗产的，皆可以发展成现今的旅游点，驿站也不例外。例如河北怀来的鸡鸣驿城，位于河北省张家口市怀来县鸡鸣驿乡鸡鸣驿村，是一处建于明代的驿站遗存。它是国内保存最好、规模最大、功能最齐全、最富有特色的邮驿建筑群，具有重要的历史、艺术、科学价值，被称为邮政考古、机要考古的一座“活化石”，是一个名副其实的驿城博物馆。古代驿站和邮驿文化的存在和保护，不但可以推动中国古代旅游交通设施、旅游饭店的建设，还为现代旅游业的发展留下了宝贵的文化遗产。其次，现存较为完整的驿站文化可以发展成为古代邮驿文化博物馆。到目前为止，北京、上海、广州等地已经分别建有小型邮政博物馆。把这些介绍古代邮驿文化的博物馆规划成某主题博物馆，不仅可以将古代沉重的历史文化用鲜活的历史典故和珍藏的文物古迹表现出来，还可以方便现代参观者观看真实的现场邮票印制过程。一个驿站博物馆所陈列的古物、文化遗产等有着三千年的厚重历史，这本身就是令人惊叹的事情。

2. 镖局

镖局是古代的一种经济实体，是冷兵器时期镖师诉诸武艺进行异地运送财物、人和书信等，收取一定费用的商业活动。那么，古代镖局究竟是什么样的服务行业，它是什么时候产生的，又有怎样的组织架构和哪些服务职能，曾经发挥过什么样的历史作用呢？

镖局最早的时候叫作“标行”，是“受人钱财，替人消灾”的古老行当。从有“标行”“标船”“镖局”文字记载至 1921 年北京“会友”镖局的关张，中国传统保镖业风风雨雨走过了三个半世纪。在乾隆年间由纪晓岚等人编撰的《四库全书·江南通志》卷中有这样一段文字：“万历二年，题准各处随粮轻资银通解漕司内，将三分给运官，其七分选定解官，装入标船，星夜越帮前进……”这是古代官方文献记载中最早出现保镖这个称呼的时间。

在我国古代，官方押运信件和物品一直都依靠建立在各地的驿站来保障安全，因此驿站也就成了唯一的系统邮发运输机构。但驿站是官方组织，民间的远途商品交易却没有一个安全运输的保障机构。尤其是盗贼丛生、劫匪横行的动乱时期，迫切需要有一个特殊的机构来保证长途运输的安全。明末清初，镖局就是由于民间的商业往来和日常生活的需要而应运而生的。

知识拓展

镖局

根据近代学者卫聚贤所著《山西票号史》考证，镖师之鼻祖，应当为山西人神拳张黑五。《山西票号史》里面是这样记载的：“考创设镖局之鼻祖，仍系乾隆时神力达摩王，山西人神拳张黑五者，请于达摩王，转奏乾隆，领圣旨，开设兴隆镖局于北京顺天府前门外大街。”后来的镖师们一旦看到远处山上有土匪，趟子手就大喊：“合吾一声镖车走，半年江湖平安回。”据说，这个“合吾”即“黑五”的谐音，以资纪念。

更有人从“镖”字解释开去，说是左“金”右“票”，正合了镖局为山西票号服务的创立宗旨。上述观点，聊备一说，考诸野史，却有未提。清人褚人获在其所著《坚瓠集》中曾提到过，在明朝正德年间，民间出现一种名为“打行”的组织，到了万历朝，逐渐盛行于各大城市。“打行”在市肆公开挂牌营业，其标志是一个拳头图案，悬于门首，明为“铁拳头”。“打行”纠结武夫，专为行旅客商和富豪人家提供“保镖”服务，与后世的镖局非常相似。

镖局受人钱财，凭借武功，专门保护财物或人身安全。古代镖局的运镖，也是运货，已经发展成为现代物流。不过古代镖局运的镖（货物）只是贵重物（如奇珍异宝），不运普通物品，因此必须有懂功夫的人保护才能完成，而物流只要是货物就能运输，不需要会功夫的人运，只要运货人会开车就可以了，这就是其区别。

镖局是一个很特殊的行业。在一般的武侠小说中，往往将镖局划为江湖武林一脉，其实，镖局既同绿林有来往，又同官府有关系，其得益决定了它的性质。在官和民之中，镖局往往表现出矛盾的两难状态。镖局的镖师们有句口头禅，叫“三分保平安”。“三分保平安”就是带三分笑、让三分理、饮三分酒，这是一个资深镖师的修养，也是镖局的一种重要精神。

镖局的尚武、正直、正义、扶弱、助人的精神，指导着几百年来镖局的镖师们，前仆后继地追逐着自己的人生价值，有的甚至出师未捷身先死，但是他们没有一个人退缩，哪怕是遇到再大的困难、再凶悍的敌人，他们从来不知道逃逸和后退是什么，他们只知道一点：人在镖在！这种精神，深刻影响着每一个镖局和镖师，也彰显着中华儿女忠诚守信、谦和礼让、意志顽强的可贵品质。

今天，有着近 3 000 年发展历史的中华驿站和近代镖局，其经验教训是发展现代物流的宝贵财富。在国内外经济文化的交流和中华文明的传承方面，中华驿站扮演着极其重要的历史角色。从贯通中西的丝绸之路到翻山越岭的茶马古道，这些铭记在人们心中的古代贸易物流之路，在承载人们记忆的同时，也述说着古人物资流通的艰辛，描述着祖先勤劳智慧与古代邮递故事。

知识拓展

举世无双的“万里长城”

烽火台是万里长城防御工程中最为重要的组成部分之一，是古代军事通信的重要形式。而万里长城作为中国古建筑，被誉为八大奇迹之一，一直被视为中国最引人瞩目的地标之一。万里长城已被视为中国古代文明的象征，举世闻名。

长城的修筑是从战国时期开始的。当时的秦、赵、魏、齐、燕、楚等诸侯国，为防御北方游牧民族南侵和各国的自卫都兴建了长城。秦始皇兼并六国后，为了防范北方匈奴的突然袭击，于公元前213年发起了修筑长城的巨大工程，把秦、燕、赵、魏的原有长城连接起来，并加以扩建。整个工程共征用民工30万人，连续花了10多年方告完成，建成了西起甘肃临洮（今岷县），沿着黄河到内蒙古临河，北达阴山，南到山西雁门关，东抵辽东的长城，全长达3 000多公里。秦朝时期并没有水泥的存在，为了增加长城的牢固程度，当时的人们想出了一个绝佳的办法。修建长城的人们用糯米混合蛋清以一定的比例熬成汁，然后混合砖石土木等建筑材料，一层一层叠加起来，效果简直堪比现代的水泥。这样修建出来的长城，虽然经历了数千年风雨变迁，依然稳如磐石。很多人可能觉得用糯米汁修建长城有点不可想象，事实上，古代劳动人民的智慧就是如此令人钦佩。不要小看糯米汁，现存的很多古代建筑，在修建的过程中都使用过这种材料。比如说古代的桥梁，很多古代桥梁在修建的时候都用过这种方法，现代修复古城墙往往也会用到糯米汁，比如2016年6月修复西昌古城墙，就耗费了大约50吨的糯米汁。只能说，古人的智慧实在令人无比惊叹。

汉代除重修了秦长城外，又修筑了内蒙古河套南的朔方长城，以及凉州西段长城。凉州西段长城北起内蒙古居延海（今额济纳旗境内），沿额济河，经甘肃金塔，西到安西、敦煌、玉门关进入新疆。据居延出土的汉简记载，长城“五里一燧，十里一墩，卅里一堡，百里一城”，构成了一个严整的防御体系。有了防御工事，还必须有通信手段。汉武帝派人在长城沿线整修和增筑烽火台。它是一个单独的高台建筑，大都建筑在山顶上，有的在城墙里面，有的在城墙外面，每隔五里、十里，建台一座，派士兵守卫。烽火台主要用来瞭望敌情、传递军情、保护屯田，同时也在这里检查和保护过往客商。可不要小看这烽火台，2 000年前，它是一种相当先进的通信工具。如果敦煌发现了敌情，就在烽火台上燃起烽火报告敌情，邻近的烽火台发现了信号后，马上也燃起烽火，一个接一个地传递下去。当时西汉的首都长安离敦煌四千里路程，只要三四天时间，甘泉宫（全国的军事指挥中心）就可收到情报。报告敌情的烽火是很有讲究的。根据来犯敌人多少和军情缓急，可以用点燃柴草或狼粪的不同次数等来表示。有了城墙和烽火台助威，汉代的长城基本上形成了一套完整坚固的防御体系，在军事防御中发挥了重要作用。汉代的边关，一度相当安宁。

汉以后的北魏、北齐、隋、金等朝代都对长城进行过部分修建，到了明代则进行了全面的重修。明代所修长城西起嘉峪关，东至山海关。万里长城的问世，在中国防御史甚至世界防御史上，都是一个伟大的创举！整个重修过程前后达100多年，可见工程的浩大和艰巨。现在人们所看到的长城，主要是明代重修后的长城，以前的长城则只剩下一些遗迹了。

明王朝在长城的建筑上，比秦汉两代更注意工程质量。秦汉两代时城墙用泥土和石块筑成，而明代的长城许多地段改为墙身内外用很整齐的条石砌成，中间填满经夯打过的泥土和石块，因此它更为坚固和壮观。如今著名的居庸关、八达岭这一段长城就属于这种结构。西部的荒凉地区，因建筑材料缺乏，便采取就地取材的办法建筑。黄土高原一带，一层层夯土造墙；沙漠地带，在泥土中夹掺砂石和红柳、芦苇秆，像千层夹心饼一样，层层夯筑；石头多的地区，便建造石墙。明代的长城，城墙平均高10米、宽6.5米，城墙顶部，可以容纳5匹马并骑，10个人排行。后代曾有人计算过，如果把明代修筑长城的土石、砖块筑成一道高5米、厚1米的大墙，可以绕地球一周。

绵延万余里的长城穿越在崇山峻岭、流沙、溪谷等险峻地段之上，在没有任何现代机械设备的条件下，全靠人力开山采石，建窑烧砖，搬运垒砌，来完成这么巨大的工程，其艰巨是难以想象的，它给劳动人民带来了沉重的负担，也表现了中华民族的磅礴气概和聪明才智，反映了中国古代测量、规划设计、建筑、工程管理以及军事技术的高超水平。其中，"冰道运石"的方法让人印象深刻。当初修建嘉峪关城时，需要成千上万块长2米、宽0.5米、厚0.3米的石条，工匠们在黑山将石条凿好后，却人抬不起，车拉不动，且山高路远，无法运输。大伙儿边凿石条边发愁，眼看隆冬季节就要到了，石条还没有从山里运出一块，若耽误工期，没有工钱是小，这脑袋可就难保了。大家正在长吁短叹，这时，有人提出建议，等到冬天时修筑一条冰道，这样就可以很容易地把砖石运过去了。等到冬季到来后，众人从山上往嘉峪关城修了一条路，在路面上泼水，让其结成一条冰道，然后把石条放在冰道上滑行运输，结果非常顺利地把石条运到了嘉峪关城下，不但没有延误工期，反而节省了不少工期。

2 000多年来，万里长城的风风雨雨，都与军事、科技密切地联系着。它不仅反映了人与人之间的斗争，也反映了人同自然的斗争；既显示了古代中国人征服自然的伟大力量，也显示了利用自然的无穷无尽的智慧。它的存在，不但保障了北方地区人民的生命财产，而且保护了那里农牧业生产的发展。除了建筑意义和军事意义外，万里长城的文化意义和精神意义同样值得我们感悟。

在文化意义方面，万里长城这一凝结着中华民族几千年智慧与力量的宏伟建筑，是在人类历史上留下的宝贵遗产。1987年，联合国教科文组织正式将万里长城定为世界文化遗产，证明长城所具备的历史文化和人文价值已被世界所承认。长城以其雄伟的气势和博大精深的文化内涵，吸引着历代的中华文人名士及国际人士来游览。许多中国文人墨客以长城为题材创作了大量的诗词歌赋、美术、音乐等文艺作品，其中唐代的“边塞诗”尤为典型。例如，李白的“长风几万里，吹度玉门关”，王昌龄的“秦时明月汉时关，万里长征人未还”，王维的“劝君更尽一杯酒，西出阳关无故人”，岑参的“忽如一夜春风来，千树万树梨花开”等名句，千百年来传诵不绝。孟姜女送寒衣的歌词广泛传唱。宋、元、明、清以及近现代，均有不少诗词人，路经或登临长城，有感于长城的修筑、作用，以及长城两侧的壮美河山等，挥毫写出了名篇佳作，迄今仍广为流传，大大丰富了长城文化的宝库。

在精神意义方面，万里长城自构筑的那天起，就成为中华民族大一统的象征。长城对中国人来说，是意志、勇气和力量的标志，象征着中华民族的伟大意志和力量。《义勇军进行曲》的长期传唱，使长城在人们心目中已升华为勤劳、智慧、百折不挠、众志成城、坚不可摧的民族精神和意志，增强了中华民族的自豪感、自信心和爱国热情。1933 年的长城抗战震惊中外，揭开了抗日战争史上最初的壮烈一页，“誓与长城共存亡”成为抗日将士们的共同誓言。“起来，不愿做奴隶的人们，把我们的血肉筑成我们新的长城!”《义勇军进行曲》唱出了全体中国人民共同的心声。《义勇军进行曲》后来成为中华人民共和国国歌，人们听到或唱起总能从中感受到一种爱国激情，就是因为长城能唤起亿万中国人心灵深处的共鸣。可以说，长城不仅是中华民族的象征，也是人类文明的象征、地球和平的象征，全人类都将从这份宝贵的文化遗产中得到益处。

如今，长城在军事上的防御作用早已消失，长城内外各民族经济文化的交流也早已冲破了它的阻挡。人们通过长城还可以对它周围地区的地理、历史、气候、建筑等开展多学科的研究。作为中华民族历史的见证、中华民族精神的象征、中国古代劳动人民伟大的文化创造，万里长城在世界建筑史、科技史上的重要地位将永远存在。

四、算筹和算盘

中国古代数学是建立在以算筹作为计算工具基础上的筹算数学。随着数学的发展，人类对计算速度和准确性的要求不断提高，开始以算盘为工具进行数字计算。从算筹、算盘到现代的计算机，这是人类计算工具改进的必然结果，也是算法不断提高的必然趋势和要求。算筹、算盘是我国独立发明和创造的。中国传统数学是随着算筹的产生而形成和发展起来的。正是借助于这些先进的计算工具及在此基础上的算法（古算书中的

“术”），才造就了中国数学计算技术的长期发达。

（一）算筹

在漫长的人类进化和社会发展过程中，人类将“形象”的东西转化为“数”的概念。“数”的概念在逐步形成和发展的同时，数的计算也伴随着数的概念的产生而逐步发展完善。数的计算从产生之初便借助于一定的工具来实现，这种工具即被称为算具。而随着经济的不断发展，计算越来越趋于烦琐和复杂，这使得人们对于计算速度、方便程度、准确程度的要求有所提高。因而，人们一直在不断探索和研究适应计算需要的工具。

中国古代以算筹为工具来记数、列式和进行各种演算。中国古代数学算法化的内容与机械化方法都是依靠算筹布列进行计算的，对算筹有明显的依赖性。它基本上可以看作一个机械化方法的计算系统。如果把中国古代数学与现代的计算机技术相比，则可以认为古代算筹相当于现代电子计算机，是一种“硬件”，而算法是一种“软件”，可以比作计算机的程序设计。算筹作为中国古代特有的计算工具，不仅提供了数学活动的舞台，而且为中国传统数学发达的计算技术提供了物质基础。

首先，可以来了解一下中国历史上的计算工具之手指计数。手指计数应该是人类最早的计算工具，因为这种计算工具是天生就有的，在人类从猿向人转化的过程中，在人类认识世界和改造世界的能力还非常弱小的时候，手指必然成为人类首先选择和使用的计算工具，而且手指计算形成了人类对计数制度的认识和革新。比如远在商代，中国就创造了十进制的记数方法，领先于世界千余年。但是，手指只能实现数字计算的功能，不能实现数字存储的功能，且其运算局限于 0～20 之内。尽管如此，手指计算仍是人类迄今使用最长久也能维持永远的计算工具，任何人哪怕是刚学会识数的小孩子，在需要进行简单计算时，也会随时对之进行运用。

其次，中国历史上的计算工具之石子计数得以应用。人类在发展中逐渐脱离身体的束缚，开始认识外部的世界并且善于利用大自然的种种恩赐。公元前 3000 年到公元前 2000 年，中国、希腊、埃及、巴比伦等文明古国就开始运用石子（或沙盘）的摆放作为记事和计数的方法。以石子作为计算工具，是每个部落和民族都经历过的历史阶段。石子计数对比手指计数的最大好处是拓宽了数字的计量范围，易于识别、清晰明确、简单便利。但石子计数也有局限之处，其受制于一定的计量规模和客观环境，不利于人类计算活动范围的进一步扩大化。

另外，中国历史上的计算工具进一步发展，出现了结绳计数。伴随着人类对自然世界的逐步改造，人类利用藤条、树枝或野草之类物品，制造了可以用来捆绑东西用的绳结。如果说石子是人们可以信手拈来的纯自然资源，那么绳结则是人类对自然资源略施改造后使用的一种产品。我国古书巨著《易经》当中亦有“结绳而治”的记载。特别需要说明的是，这种计数方法在尚未掌握文字的民族中曾经得到广泛使用。比如，宋代时鞑靼族尚未掌握文字，在发生战争需要调运军马时，他们以草打结，草结的数量就是需要调运军马的数量。结绳计数是对石子计数的一种发展和进步，它携带比较方便，对数字进行了远距离传达，拓展了计数的使用范围，发挥了计数的重要作用。但是，结绳计数只是单方面的数字信息传递，没有形成计数的点校功能。在 4 000 多年前的甲骨文上有一个“数”字，左边形如一根绳上打了许多结，上下有被拴在主绳上的细绳，而右边是一只右手，这表示古人是用结绳来计数的。

经过不断发展，算筹计数作为中国历史发展过程中新的计算工具出现。公元前 400 多年，算筹法被运用到了进位制中。到了周代，中国发明了当时最先进的一种计算工具，即“算筹”或“算子”。在黄河、长江流域生活的祖先，利用盛产的竹子制成竹签，称为筹码，摆成不同的形式来表示数字。所谓算筹，就是人们采用竹子、木头、兽骨、金属等制成的颜色各异的小棍，一般长度 13～14 厘米，直径 0.2～0.3 厘米。在计算每道数学题时，通常会编出一套类似歌诀形式的算法，一边计算，一边不间断地重新布棍。由于其采用十进位制且具有严密的计数规则，虽纵横变换但既不会混淆，也不会错位，计算结果精确且很容易让人掌握，因此，算筹在春秋战国时期的运用就已经非常普遍，而且在后期成为数学家了解、掌握和运用计数工具的重要基础。比如中国南北朝时期的数学家祖冲之，就是采用算筹这一计算工具，推算出圆周率在 3.141 592 6 和 3.141 592 7 之间，这一结果要远比西方早 1 000 年左右。

随着人类文明的逐渐上升，文字的出现为计算工具增添了新的内容。比如到商代时，中国古代就已经出现比较完备的文字记数系统。在出土的商代甲骨文中，就已经有了一到十、百、千、万等 13 个记数单字了。拥有了这 13 个记数单字，也就意味着人们可以记录包括十万在内的任何自然数了。现在人们常用的阿拉伯数字也是文字计数的重要形式之一。文字计数的另外一个有趣的现象是人们常用文字进行整体计数。比如中国在点数时常常选用“正”字来进行计数，因为“正”字简单易写，且刚好五画，这恰恰是缘于十进制计数法的基本原理。

中国有一句成语，叫做“运筹帷幄”，意思是在军营的幕帐中对战争的全局进行细密的策划。汉高祖刘邦在打下天下之后曾经称赞他的谋士张良，说张良能够“运筹帷幄之中，决胜千里之外”。其实，筹策的本意是指中国古代的算筹，在中国历史上使用了几千年之久，直到明代以后才被算盘所替代而退出历史舞台。

（二）算盘

在算盘没有发明之前，中国人的传统计算工具是算筹。但在面对日益频繁和复杂的计算时，算筹携带不便等自身的缺点逐渐显现，难以肩负起主要计算工具的使命。算盘的出现和发展逐渐解决了这一难题。此后，中国算盘不断进行软件和硬件的完善，逐步适应社会的发展。

人类文明发展到一定阶段，就会不断有新的东西出现并影响今后的生活，反映在计算工具方面的一个重要标志就是算盘（珠算盘）的出现，这可谓是人类古代计算工具发展史上第一项且使用时间最久的计算设备，也可以说是世界上最早的计算器。算盘成了更加有用、更加普遍的计算工具，人们的计算速度得到了极大提高，要比之前用计算板和把数字写在纸上计算快得多了。

2007年，英国的《独立报》将全世界的科学发明与创造进行了梳理，挑选出改变人类生存条件的科学发明101项，中国的珠算发明列第一位；同年11月19日，印度的《印度时报》也把全世界的科学发明进行了排队，第一名仍然是中国的珠算发明。毫无疑问，珠算是人类科技史上最伟大的发明之一。

算盘的发明者是我国东汉时期的刘洪（约129—210年），字元卓，东汉泰山郡蒙阴（今山东蒙阴县）人，是我国古代杰出的天文学家和数学家。刘洪自幼勤奋好学，具有渊博的知识。《后汉书》说："洪善算，当世无偶。"公元190年，刘洪成功地发明了"正负数珠算"，因此被后人尊为"珠算"的早期奠基人、珠算之父。刘洪是我国古代杰出的天文学家和数学家、珠算发明者和月球运动不均匀性理论发现者，被后世尊为"算圣"。

算盘是由古代的算筹演变而来的，最初的算盘成型于周朝（公元前1046年—公元前256年），之后不断改进。唐代末年开始使用算筹乘除法，到了宋代产生了算筹的除法歌诀，元代渐趋成熟，明代得到普及并最终彻底淘汰算筹。明代是算盘发展的鼎盛时期，出版了很多有关珠算的书籍。算盘的正式名称最早就出现于明代数学家吴敬著的《九章算法比类大全》。算法研究中影响最大、流传最广的是明代数学家程大位的《算法统宗》，明代的珠算盘与现代通行的珠算盘可以说是完全相同的。

算盘呈长方形，分成两个部分，每部分的算珠均可沿木棍上下移动。用算盘计算极其简单：将算盘平放在桌上，使用者上下移动算珠即可。当1颗算珠向分隔两部分算珠的横梁靠近时，就意味着记了1个数。上半部分的每根木棍上有2颗珠子，每颗代表的数字为"5"。下半部分的每根木棍上共有5颗珠子，每颗代表"1"。每根木棍代表一个数位，即个位、十位、百位、千位等。要在算盘上表现数字"4321"，使用者可选定一个位置，留出位数，从左往右，依次按4颗、3颗、2颗、1颗的顺序，拨动下半部分木棍上的算珠。

算盘是中国特有的发明，由于其准确、灵活、快捷等特点，在古代劳动人民的日常生活中有着重要的作用及影响。只要懂得算盘的基本原理与操作规范，无论识不识字，任何人都能进行简单的操作。直到现在，算盘仍被人们广泛使用。例如，20世纪60年代中国研制的原子弹所实行的大量计算都是通过算盘完成的。除了普通的算盘外，中国古代劳动人民还创造出各种各样的算盘，并有着多种用途。例如戒指算盘，其体积虽然很小，但是计算起来毫无障碍，其主要使用对象为古代宫廷贵妇，因为她们只需要将其戴在手指上，需要使用时拿下发髻上的发簪拨动算珠即可运算。另外还有一种大型的九层算盘，由全木建造而成，长接近一米、宽半米，整个算珠数量接近 2 000 个。这种算盘主要是为了适应当时商业经济发展的需要放置于总账房的办公室内。当下属向其报送账目时，他便会利用一层算盘将其记录下来，最下一层则用于各种账目的汇总。这种算盘计算功能非常强大，每天、周、月等的商业运营情况都能精确掌握，与当代的计算机非常相似。

算盘轻巧灵活、计算快捷、携带方便、简单实用，不仅对中国历代经济的发展起过非常有益的作用，而且传播到朝鲜、日本、泰国、越南等地区，经受了历史的考验。不仅如此，在世界已进入电子计算机时代的今天，算盘仍然是世界上最普遍使用的重要计算工具之一。即使是在美国、日本等高度现代化的国家里，也有越来越多的人认识到算盘对人的手、脑的训练和运动作用，因而在学习使用算盘。美国、英国、法国等国家，都把珠算列入小学课程，美国还专门派人到日本去学珠算，而日本应考珠算技术等级合格证的人每年都有增加。越来越多的人在继续学习和使用着算盘，发挥着算盘这个经历历史风雨洗礼的计算工具的重要作用。

算盘在中国古代科技史与日常生活中发挥过巨大作用，它已经成为中国文化的重要物质载体之一。2013 年珠算申遗成功，这表明算盘作为一种文化现象并不会彻底消失在人类的视线之中。如今在很多城市，有算盘博物馆、算盘雕塑，算盘的形象可以成为建筑装饰，甚至首饰。珠算仍然是智力教育的一种手段。中国人的算盘情结一定会以另外的方式得以延续。

知识拓展

“算圣”刘洪发明珠算

“珠算”一词最早出现在东汉末年徐岳所写的《数术记遗》一书。徐岳是刘洪的学生，刘洪曾向他传授了 14 种算法，其中一种便是珠算。可以说，“珠算”是刘洪在实践中被“逼”出来的一项重大发明。

当年，东汉灵帝刘宏下令要当时任上计掾之职的刘洪在短时间内将全国各州的人丁、地亩、赋税数字计算清楚后交尚书院。于是，上计署厅堂内 1 000 人在刘洪的带领下连日来聚精会神、不辞辛劳，为朝廷计算出一项又一项数字。

然而，当时的运算工具只是竹、木或兽骨制成的宽约两厘米、长约十几厘米的筹签，计算时便是对筹签在案几上进行时而横、时而竖地移来挪去，这就叫运筹。《汉书·高帝纪》上记载："夫运筹帷幄之中，决胜千里之外，吾不如子房。"成语"运筹帷幄"便由此而来。用筹签计算极易出错，还特别慢，更无法进行高深的数学计算。

日夜运筹计算，三天五日倒也罢了，时日一长人们可就吃不消了。离皇上限定呈报的日期越来越近，而他们所要运筹计算的数字条目却不断加大，况且还常常重复运算耽误时日。刘洪为此忧心忡忡。有人曾向刘洪建议：一是增加运筹人手，二是延长呈报日期。刘洪思来想去，觉得不妥。首先，筹算之术不是一日可学，运筹人才也不是唾手可得。其次，如果延长呈报日期，便有事君不尽全力之嫌，有计较推诿之过。唯一可行的办法是尽快简化筹算，一可解燃眉之急，二可按期将所计之数呈报皇上，三可传播天下，利于大众。可是，这筹算之术如何简化，新的算术将是怎样的呢？

月满西窗，刘洪在床上辗转反侧。一幕幕情景在他脑海中映现：货郎在墙上划道记账，老农在绳子上拴着疙瘩记数，货店主人运筹计算，客户焦躁等待，上计署的人为一个个数字运算而挥汗如雨、劳累疲惫……

怎样用一种比筹签更先进的工具来代替这种既慢又易出错的筹算呢？

忽然，他脑海中又出现了两幕场景。一是去年他回蒙阴老家探视父母时，邻居货郎用大中小三种杏核记数的情景。货郎是小的一个当一，中等的一个当五，大个的一个当十，这样就比划道记数方便多了。

第二幕是不久前在皇城洛阳街道上一个店铺前他亲眼看见的一个场景：一位白发道人背着一袋东西走出店铺，店主抓着一把筹签，气呼呼地追出店门高喊："你是何方老道，竟敢诬蔑本店，你不知本店的筹术是当朝的官算国术吗？"

白发道人不卑不亢，彬彬有礼地说道："店主息怒，贫道只是认为你家账房计算有误，并无诬蔑之意，既然你家账房坚持贫道计算错了，非要依你家的计算付货兑银，贫道只好将山珍另寻别处了。"

路人见状，纷纷围观。此时，刘洪的舆马被挡住了，他掀起舆帏朝外观望，只见两人正在争执不下。

"你有何能耐说本店计算有误？"

"贫道自有贫道的算具算术。"

"哈哈……难道就是你刚才摆弄的那些桃核吗？俚俗乡技也称得上算具算术？"

"看来店主不信贫道，贫道愿以桃核与你手中的筹签比试运算如何？"白发道人不慌不忙，不气不馁。

店主冷笑着正欲说些什么，见刘洪下车走了过来，赶忙施礼：“上计老爷做主，这老道要以桃核乡技俚俗扰乱官算国术。”

白发道人针锋相对：“上计老爷明察，桃核也许是颗颗珍珠，乡技俚俗也许是难得的算术哩！”

刘洪望望白发道人，颇有兴致地问店主：“我出几个数字，你敢与这位道长比试运算吗？”

店主一愣，继而问道：“你能公辨谁对谁错？”

刘洪点头：“我心中自有答案。”

于是白发道人与店主在店铺门前相对席地而坐，一个从算袋中掏出了桃核，一个摆开了竹制筹签。

随着刘洪的报数之声，白发道人和店主各自运算。结果白发道人算得又快又准，店主算得又慢又屡屡出错，最后，店主羞愧惶然，在围观者的哄笑声中沮丧地离去。

刘洪一步跨在白发道人面前，虔诚有礼地说道：“师傅，你算得既快又准，请赐教。”

白发道人不语，提起算袋，背起褡裢欲走。

刘洪紧紧相随，再次施礼说道：“今日我刘洪大开眼界，如何以桃核运算，还望师傅赐教一二。”

白发道人这才开口，边走边说：“贫道视这种算法为‘核算’，桃核中有大有小，大者以一当十，中者以一当五，小者以一当一……”

刘洪一骨碌从床上翻身坐起，坐在案几前呆呆地凝思遐想。他望着窗子，月光将几串挂在窗前的山楂映在窗纸上，构成一幅图案。这图案朦朦胧胧，神秘诱人。

刘洪的眼神集中起来移到案几上的几十颗桃核上，桃核旁是十数根筹签。他轻轻地将筹签推到一边，然后把桃核分成大小两组。大的摆前，小的摆后，推来挪去地摆弄。过了一阵，他眼前不觉一亮，遂站立起来，围案几转了几圈，又坐下摆：左中右三排，大中小每排十个。审视，思考，又摆：左中右三排，各排上下两组，上一下四。刘洪慢慢移核计算，面生笑意，遂眉飞色舞。

雄鸡高唱，东方欲晓。刘洪彻夜未眠，终于舒一口长声，呼道：“成了，成了！”

管家听到喊声急忙赶来：“老爷，怎么了？”

刘洪兴奋地对管家说：“快唤人来，算法改成了！算法改成了！”

众人闻讯赶来。“算法改成了！”刘洪指着案几上排放的桃核对众人说：“每排上面的一个以一当五，中间留个空档，下面的四个以一当一，右起第一排是个位，第二排是十位，第三排是百位，往左依次类推。求和差积商，积少凑多往上进……”他边说边演示给大家看……

以桃核计算，实际上是将长形筹改为圆形筹，圆形筹要比长形筹简化了许多，且既快又准。围观家人无不赞叹称奇。

刘洪夫人说：“只是仍然容易移动，不太方便。”

刘洪点头：“是有这个缺陷，能固定下来就好了！”

佣人木工听了说：“这有何难，找块木板，做个盘儿，刨上几道小槽，不让桃核乱窜就行了。”

另一家人端详一阵说：“这些桃核不好看，也不好移动，依我看，还不如让木工旋些木珠，再染些颜色，岂不是好用又好看？”

“真是众人拾柴火焰高呀！”刘洪甚是欢喜，忙吩咐道：“管家快去找块板，做个盘儿，刨几道槽，再去旋些木珠，染好颜色放进去。叫它什么呢？叫……盘儿？不……对！就叫算——盘！”

人类算学史上的第一个游珠算盘做成了！

算盘是中华民族传统的优秀文化之一，自产生以来，就在应用数学和计算领域发挥着独特的作用，对经济、文化和科学技术的发展起到了巨大的推动作用。

在计算机普及的今天，古老的算盘不但没有被废弃，反而因它的教育功能、启智功能显著，被许多国家作为“新文化”引进。世界珠算心算联合会决定从2004年起将每年8月8日为“世界珠算日”，约定世界各国于当天同时举办庆祝活动。

珠算是我国第30项被列为世界非物质文化遗产的项目。2013年12月4日，联合国教科文组织保护非物质文化遗产政府间委员会第八次会议在阿塞拜疆的巴库通过决议，正式将中国珠算项目列入《人类非物质文化遗产代表作名录》，并特意介绍说：珠算是中国古代的重大发明，伴随中国人经历了1 800多年的漫长岁月。它以简便的计算工具和独特的数理内涵，被誉为“世界上最古老的计算机”。刘洪发明的珠算盘，蕴含精妙法则，构造简单、使用方便、价格低廉。在电子计算机出现之前近1 800年，任何一个国家、任何一个民族的计算工具都不能与之相媲美。

第二章

中国 IT 的奋起直追

中国，以华夏文明为源泉、中华文化为基础，是世界上历史最悠久的国家之一，在长期的发展中，创造了灿烂的古代文化。中国古代的科学技术成果作为中华民族灿烂文化的一个重要组成部分，同样有着惊人的辉煌历史，并处于当时那个时代的世界最前列。中国古代的科技成果不仅对中华民族几千年来屹立于世界民族之林作出了重大贡献，而且对东方各国乃至西方各国科技的发展都产生了重要影响。

第一节 西方的技术革命

一、文艺复兴的意义

文艺复兴是指发生在 14 世纪到 16 世纪欧洲的一场反映新兴资产阶级要求的思想文化运动。它是欧洲的一次思想变革运动。“文艺复兴”的概念在 14—16 世纪时已被意大利的人文主义作家和学者使用。当时的人们认为，文艺在古希腊、古罗马时代曾高度繁荣，但在中世纪“黑暗时代”却衰败湮没，直到 14 世纪后才获得“再生”与“复兴”，因此称为“文艺复兴”。恩格斯曾高度评价“文艺复兴”在历史上的进步作用。他写道：“这是一次人类从来没有经历过的最伟大的、进步的变革，是一个需要巨人而且产生了巨人——在思维能力、热情和性格方面，在多才多艺和学识渊博方面的巨人——的时代。”

（一）文艺复兴的兴起

“文艺复兴”一词最先是由意大利艺术史家乔尔乔·瓦萨里（Giorgio Vasari）在其《意大利艺苑名人传》一书的序言中提出的。该词源自意大利文“Rinascita”，一般写为法文“Renaissance”，意为再生、复兴，中文译作“文艺复兴”。这里所说的复兴主要是指复兴古典文化，即古希腊、古罗马文化。当时一些新兴资产阶级的代表人物提出“回到希腊去”的口号，声称要重新振兴已湮没的古典文化，使之“再生”，“文艺复兴”由此得名。文艺复兴最先兴起于意大利的各大城市，之后逐步扩展到西欧各国，于 16 世纪达到顶峰，曾经带来一段科学与艺术革命时期，揭开了近代欧洲历史的序幕。文艺复兴也被认为是中古时代和近代的分界。文艺复兴是西欧近代三大思想解放运动（文艺复兴、宗教改革与启蒙运动）之一。

11 世纪后，随着经济的复苏与发展、城市的兴起与生活水平的提高，人们逐渐改变了以往对现实生活的悲观绝望态度，开始追求世俗人生的乐趣，而这些倾向是与天主教的主张相违背的。在 14 世纪城市经济繁荣的意大利，最先出现了对天主教文化的反抗。当时意大利的市民和世俗知识分子，一方面极度厌恶天主教的神权地位及其虚伪的禁欲主义，另一方面因为没有成熟的文化体系取代天主教文化，所以他们借助复兴古希腊、古罗马文化的形式来表达自己的文化主张。因此，文艺复兴着重表明了新文化以古典为师的一面，而并非单纯的古典复兴，实际上是资产阶级反封建的新文化运动。随着工场手工业和商品经济的发展，资本主义关系已在欧洲封建制度内部逐渐形成；在政治上，封建割据已引起普遍不满，民族意识开始觉醒，欧洲各国大众表现了要求民族统一的强烈愿望，从而在文化艺术上也开始出现了反映新兴资本主义势力的利益和要求的新时期。新兴资产阶级认为中世纪文化是一种倒退，而古希腊、古罗马文化则是光明发达的典范，他们力图复兴古典文化。而所谓的“复兴”其实是一次对知识和精神的空前解放与创造，表面上是要恢复古罗马的进步思想，实际上是新兴资产阶级在精神上的创新。

文艺复兴时期是艺术及艺术家观念的一个重要转变期。文艺复兴的主要特征是倡导人文主义思想，强调古典文化的研习，肯定人的价值，故又被称为“人的发现”的时代。它使受封建神学思想束缚千年之久的人们苏醒过来，并推动了欧洲思想文化的进步，开拓了学术新领域；同时促进了经济的发展，奠定了近代自然科学的基础。

（二）文艺复兴时期的巅峰人物及其代表作

达·芬奇（1452—1519）（见图2-1），意大利著名画家、科学家，与拉斐尔、米开朗琪罗并称意大利文艺复兴三杰，也是整个欧洲文艺复兴时期的代表之一。

达·芬奇是一位学识渊博、多才多艺的博学者，现代学者称之为“文艺复兴时期最完美的代表”。他所涉及的领域有绘画、天文、医学、数学、物理、哲学等，并是一位横跨生物、天文、科学、建筑、机械等领域的发明奇才。达·芬奇的艺术理论散见于他的6 000多页手稿和未完稿的《绘画论》中，这也是文艺复兴时期理论研究的重大成果。他所创作的肖像画《蒙娜丽莎》（见图2-2）以及《最后的晚餐》被誉为世界美术杰作之冠，表现了艺术家对女性美和人的丰富精神生活的赞赏。《蒙娜丽莎》引来了各式各样的说法和评价。我们根据瓦萨里的记载可以确定，画中人为佛罗伦萨商人吉奥贡多的妻子丽莎。她出生于1479年，达·芬奇为她画像时间是1503年，正是蒙娜丽莎24岁

图2-1　达·芬奇自画像

图2-2　《蒙娜丽莎》

的时候。画中人的主要神情是“微笑”，具有一种神秘莫测和难以琢磨的韵味，世人称之为“神秘的微笑”。达·芬奇认为，自然中最美的研究对象是人体，人体是大自然的奇妙之作品，画家应以人为绘画对象的核心。

达·芬奇不仅是一位艺术家，也是一位多产的发明家，作品横跨建筑、音乐、解剖学、几何学等各个领域，他为这些领域的发展作出了非凡的贡献。在天文学方面，达·芬奇否定了地球中心学说，认为地球不是太阳系的中心，更不是宇宙的中心，提出了月亮本身不发光，并较早地提出了可以利用太阳能。在物理学方面，达·芬奇发现了惯性的原理。在光学方面，达·芬奇认为光的速度是有限的，并且对光的传播进行研究，认为光和水波、声波的运动方式相似，同时根据研究眼睛的结构和功能设计了光学仪器。在气象学发明方面，达·芬奇发现了大气折射现象，最早地解释了天空为什么是蓝色的。在医学方面，达·芬奇被认为是近代生物解剖学先祖，最先利用解剖学来绘画人体内部结构，比较人体肌肉和动物肌肉等。达·芬奇的艺术实践和科学探索精神对后代产生了重大而深远的影响。

米开朗琪罗（1475—1564）（见图 2-3），意大利文艺复兴时期伟大的绘画家、雕塑家、建筑师和诗人，文艺复兴时期雕塑艺术最高峰的代表。米开朗琪罗作为文艺复兴巅峰时期艺术方面的大师，在很多领域都留下了不朽的作品。例如他的雕塑作品《大卫》（见图 2-4），此雕塑为大理石雕像，高约 4.2 米，连基座高 5.5 米。这尊雕像展现了一个年轻有力的裸体男子形象，体态健美、神情坚定、肌肉饱满、有生命力，似乎能够感觉到人物身体血管的跳动，更突出了大卫作为一名英雄的高大形象。米开朗琪罗的作品在技艺上较希腊古典名作有过之而无不及。

图 2-3　米开朗琪罗画像

图 2-4　《大卫》

《大卫》这尊雕像作品，其实是展现人体的美好，也是对人体的赞美，表明人民在当时的黑暗社会和桎梏中得以充分解脱，也体现了人在改造世界中的主观能动性。米开朗琪罗在雕刻过程中注入了巨大的热情，塑造出来的不仅仅是一尊雕像，更是思想解放运动在艺术上得到表达的象征，是文艺复兴人文主义思想的具体体现。

但丁（1265—1321），13世纪末意大利诗人，现代意大利语的奠基者，欧洲文艺复兴时代的开拓人物之一，以长诗《神曲》（原名《喜剧》）而闻名。他被认为是中古时期意大利文艺复兴中最伟大的诗人，也是西方最杰出的诗人之一、最伟大的作家之一。在他的作品中，我们可隐约窥见文艺复兴时期人文主义思想的曙光，同时，其作品也抨击了那个时代的种种蒙昧和黑暗，歌颂美好，追求真理。恩格斯评价说："封建的中世纪的终结和现代资本主义纪元的开端，是以一位大人物为标志的。这位人物就是意大利人但丁，他是中世纪的最后一位诗人，同时又是新时代的最初一位诗人。"①

《神曲》是但丁著名的代表作中的其中一首，这是一部长篇史诗，全诗分为三部，各有33章，加上全书序曲共100章，长达14 233行，每部曲最后一行都以"星"字作韵脚。这种匀称的布局以及诗中三个境界的匀称的结构，都是建立在中古关于数字的神秘意义和象征性的概念上的。《神曲》采取了中古梦幻文学的形式，诗中叙述了但丁"在人生旅程的中途（即1300年）由于发现自己迷失正路而在森林中彷徨"，刚开始登山，就被三只豹、狮、狼挡住去路。正在危急时，古罗马诗人维吉尔出现，他受嘱托来搭救但丁，引导他游历地狱和炼狱。

《神曲》留给后人许多解读与寓意，甚至许多人对于它的解释产生很多争论，正如"一千个读者眼中有一千个哈姆雷特"一样，对于其寓意的争论仍在继续，但《神曲》留给后人的启发——从无数个迷茫乃至错误中获得重生，达到真善美的境界，也许才是全书的主旨思想。它既是艺术的表达，也是现实的写照。

威廉·莎士比亚（1564—1616），是英国文学史上最杰出的戏剧家，也是欧洲文艺复兴时期最重要、最伟大的作家之一，是当时人文主义文学的集大成者，以及全世界最卓越的文学家之一。1590年到1600年是莎士比亚创作的黄金时代。他的早期剧本主要是喜剧和历史剧，在16世纪末期达到了深度和艺术性的高峰。接下来1601—1608年，他主要创作悲剧。莎士比亚崇尚高尚情操，常常描写牺牲与复仇，包括《奥赛罗》《哈姆雷特》《李尔王》和《麦克白》。在他人生的最后阶段，他开始创作悲喜剧，又称为传奇剧。

莎士比亚最早的剧作是以当时常见的风格写成的。他采用标准的语言书写，常常不能根据角色和剧情的需要而自然释放。诗文由扩展而定，有时含有精心的隐喻和巧妙的构思，语言通常是华丽的，适合演员高声朗读而不是说话。到16世纪90年代中期创作《罗密欧与朱丽叶》《理查二世》和《仲夏夜之梦》时期，莎士比亚开始用更自然的文字

① 马克思，恩格斯．共产党宣言［M］．北京：人民出版社，2018.

写作，渐渐将他的隐喻和象征转为剧情发展的需要。莎士比亚惯用的诗的形式是无韵诗，同时结合抑扬格五音步。《哈姆雷特》之后，莎士比亚的文风变化更多，尤其是后期悲剧中出现了更富有感情的段落。

马克思曾经在评价莎士比亚的时候说过，他在自己的心中占据着独一无二的重要地位，所以也有人认为在马克思进行思想研究的时候莎士比亚是他最好的精神伴侣。

（三）文艺复兴的起因

关于文艺复兴的起因，有多种理论。绝大部分学者认为，14 世纪末，由于信仰伊斯兰教的奥斯曼帝国的入侵，东罗马帝国（拜占庭）的许多学者，带着大批古希腊和古罗马的艺术珍品和文学、历史、哲学等书籍，纷纷逃往西欧避难。该说法被史学界广泛认同。

11 世纪末，在罗马教廷的鼓吹下，西欧各国封建主发动了对中东地区伊斯兰国家的“圣战”，史称“十字军东征”（1096—1291 年）。该战争的目的是夺回“圣地”——耶路撒冷。这场战争断断续续进行了将近 200 年，但最终以失败告终。“十字军东征”虽然没有完成收复耶路撒冷的目标，但是却在西欧内部引发了影响深远的社会变革。“十字军东征”对中西方文化交流也产生了重大的影响。西欧人在中东地区见识到了东方的繁荣，开阔了眼界。他们向东方人学习先进的纺织、染料、冶金、农业生产等方面的生产技术，推动了欧洲的经济发展。东方人的生活方式，如使用香料、修饰发型、沐浴等不断传入欧洲。因此，“十字军东征”没有征服东方，反而被东方的经济文化征服。

同时，在东征过程中，拜占庭帝国保留的古典文献、阿拉伯的科学知识、中国的三大发明（印刷术、指南针、火药）开始传入欧洲，对欧洲的近代历史产生了深远的影响。在这些古典文化和东方文化的影响下，欧洲爆发了文艺复兴运动和新航路运动。

（四）文艺复兴的影响

文艺复兴是欧洲从中世纪封建社会向近代资本主义社会转变时期的反封建、反教会神权的一场伟大的思想解放运动，代表欧洲近代资本主义文明的最初发展阶段。许多科学家、天文学家用科学的真理打破封建愚昧思想的制度，甚至为此而献出了自己的生命。例如，波兰天文学家哥白尼提出的太阳中心说，打破了几千年来上帝创造世界的神学学说；航海家哥伦布和麦哲伦根据航海新发现，证明地球是圆的；等等。他们的研究成果和斗争精神都在世界科学史上树立了典范。

文艺复兴运动作为一场弘扬新兴资产阶级文化的思想解放运动，在传播过程中为早期的资本主义萌芽发展奠定了深厚的基础，也同时为早期的资产阶级积累了原始的财富。文艺复兴运动首发于意大利，后经传播由地中海沿岸转移到大西洋沿岸，出现了著名城市，如罗马、佛罗伦萨、威尼斯及尼德兰等。资本主义工商业开始茁壮发展，资本也开始源源不断地涌入新兴资产阶级的口袋中，为同时进行的新航路开辟、宗教改革以及后来的资产阶级革命或改革提供了必要条件。

同时，文艺复兴运动也吸收了各国文化，为其发展起到了重要的推动作用。文艺复兴不仅冲破了封建教会的精神束缚，还为欧洲资本主义发展奠定了思想基础。新航路的开辟为资本主义国家的殖民掠夺开辟了道路，也为孤立、分散的世界向整体发展起到了重要作用。

当代著名的社会人类学家杰克·古迪（Jack Goody）向我们提出了一个核心的历史问题：欧洲文艺复兴对人类文明的进步是否拥有独一无二的地位？在著作《文艺复兴：一个还是多个?》里，通过平行考察其他文化领域，尤其是在梳理中国文化和伊斯兰文化脉络之后，杰克·古迪认为欧洲文艺复兴并非独一无二，中国和伊斯兰世界在同时期也有相当规模的文艺复兴。欧洲文化的进步受惠于其他文化的巨大影响。[①] 该书对欧洲文化中心论存在质疑和批判，并用大量历史事实证明了非欧洲文化对现代文明有巨大的影响。因此，新兴资产阶级在复兴古希腊、古罗马文化的名义下发起的弘扬资产阶级思想文化的反封建的新文化运动，着重表明了新文化以古典为师的一面，而并非单纯的古典复兴，文艺复兴实际上也是一场资产阶级反封建的新文化运动。

知识拓展

哥白尼

姓名：尼古拉·哥白尼（1473—1543），现代天文学开拓者

国籍：波兰

出生地：波兰维斯杜拉河畔的托伦市

院校：费拉拉大学

成就：创立日心说，使天文学成为一门科学等

哥白尼是文艺复兴时期波兰著名的天文学家，是太阳中心说的创始人。他的太阳中心说的创立，从根本上纠正了地球中心说，揭穿了宗教神学伪造的谎言，对社会革命起到了巨大的推动作用。

---

① 杰克·古迪．文艺复兴：一个还是多个?［M］．邓沛东，译．杭州：浙江大学出版社，2017．

在意大利，哥白尼结交了一批天文学家，他们经常交换对天体结构的认识。加上哥白尼自己的观测研究，他开始对盛行于欧洲已 1 000 年之久的“地球中心说”产生了怀疑。“地球中心说”是古希腊哲学家亚里士多德提出来的，公元 2 世纪古罗马天文学家托勒密又加以推演论证，使它进一步系统化。地心说认为地球静止不动地居于有限的宇宙中心，日月星辰都围绕地球运转。

哥白尼写下了震惊世界的巨著《天体运行论》。《天体运行论》共有 6 卷，在书中，哥白尼大胆地提出：“太阳是宇宙的中心，所有行星都围绕太阳运转；地球不是宇宙的中心，而是绕太阳运转的一颗普通行星。”“人们每天看到的太阳由东向西运行，是地球每昼夜自转一周的缘故，而不是太阳在移动。”“天上的星体的不断移动，是因为地球本身在转动，而不是星体围绕着静止的地球转动。”“火星、木星等行星在天空中有时顺行，有时逆行，是因为它们各依自己的轨道绕太阳转动，而不是因为它们行踪诡秘。”“月亮是地球的卫星，一个月绕地球转一周。”

二、工业革命的影响

当年，文艺复兴的最大贡献是冲破中世纪的黑暗，把人从上帝那里解放出来，掀起了一场遍及欧洲的人文、自由、科学的革命。文学、哲学、绘画、雕塑、建筑、数学、物理、天文、航海、医学、教育等都发生了巨变。文艺复兴也直接引发了启蒙运动，进而推动西方工业革命，使这场革命波及全球，改变了世界。

当今世界处在纪元更替的重要时刻，科学技术的迅猛发展导致了更为全面深刻的社会变革。人类文明也将面临全新的发展机遇和更为严峻的挑战。全球互联、信息革命、人工智能等一系列重大社会课题都将推动社会更新、颠覆、重构。全球化背景下的新经济、新模式、新技术完全改变了我们的生活方式，令我们的精神世界出现困惑和迷茫。当我们回望 500 年前的文艺复兴，依然能带来诸多启迪，让我们去深刻反思巨变时代的核心和灵魂：必须回归以人为本，回归生命的本质和原点。在这之后，西方的崛起源于工业革命的诞生，从此，西方实现了从传统农业社会转向现代工业社会的重要变革。

（一）西方的工业革命的爆发

工业革命（The Industrial Revolution）开始于 18 世纪 60 年代，通常认为它发源于英格兰中部地区，是指资本主义工业化的早期历程，即资本主义生产完成了从工场手工业向机器大工业过渡的阶段。在第一次工业革命前，英国的商业正在飞速发展。因为圈地运动，大量的农民从农村涌入城市，为资本家带来了充足的劳动力，而那些被圈占起来的土地，则源源不断地为他们提供生产所需的原材料。商业的繁荣也刺激了人口的增长，人们对各种商品的需求日益剧增。于是更多的商品被生产、被售出。在这种情势之下，商业的发展蒸蒸日上，似乎已经没有什么可以阻挡商业的发展了。但渐渐地，资本家们开始发现他们在获得了一定程度的利益后，很难再获得更多的利益了。在当时，生产力完全是由工人的数量来衡量的，原因是人们并没有一种能够代替大量人力的生产工具。人类唯一可以依靠的，只有风车、水车这样的借助自然力的工具。

虽然圈地运动使资本家们得到了大量劳动力，但这是有限的。而如果雇用大量的劳动力，他们就不得不为此支付一笔庞大的工费。再加上原材料、运输、销售等问题，使得利益无法继续提升。因此，工业革命是以机器取代人力，以大规模工厂化生产取代个体工场手工生产的一场生产与科技革命。

前工业时代的英国作为非常富裕的社会，其财富广泛地散布于所有的人口，以及每个城镇、村庄和家庭的手工业当中。可支配的收入、对工业品的广泛需求和一代经过严格训练的工匠结合起来，创造出促使人类进入现代社会的唯一条件。在 18 世纪，西方特别是英国工场手工业的发展，已经追赶不上当时英国的经济发展模式，而且当时的英国国家形势较为平稳，并未出现战乱等不稳定因素。在 17 世纪末、18 世纪初，英国已经完成了农业革命，也为当时的工业革命奠定了良好的基础。随着市场需求的不断扩大，工场手工生产已无法满足需求，而且在当时的英国，原来普遍的高收入水平已经能使越来越多的民众有条件接受适当的学校教育和相关的学徒培训期。于是，一场机器生产革命必然爆发。

（二）工业革命中的成就

第一次工业革命主要发生在 18 世纪 60 年代至 19 世纪中期的英国，以蒸汽机的发明与应用为标志。在此之前，英国是一个传统意义上的农业大国，虽然发生了多次圈地运动，导致农业劳动力缓慢减少，但直至工业革命前夕，英国的农业劳动力占比仍在 70%至 80%左右。①

图 2-5　蒸汽机

提到第一次工业革命的成就，一定会想到它的标志性代表产物——蒸汽机（见图 2-5）。当今时代，我们享受于科技带给我们的方便、快捷，也许无法体会到工业革命时期，蒸汽机的产生对人类文明的重要性。在当时，蒸汽

① 卡洛・M. 奇波拉．欧洲经济史（第三卷，工业革命）[M]．北京：商务印书馆，1989.

机的产生和运用直接导致了各种新式机器的出现，大小工厂有了动力源，烟囱开始冒出了白烟，各种工艺产品的生产脱离了人力而变得流水化，因此生产速度大大加快。1840年前后，英国的大机器生产已基本取代了工场手工业，工业革命基本完成。英国成为世界第一个工业国家。

知识拓展

瓦特发明蒸汽机的故事

小瓦特是一个爱观察和思考的孩子。有一次，小瓦特在厨房陪祖母做饭，灶上坐着一壶开水，开水在沸腾，壶盖“啪啪啪”地作响，不停地往上跳动。他观察好半天，感到很奇怪，猜不透这是什么缘故，就问祖母：“奶奶，壶盖为什么跳动呢?”

可能是祖母太忙了，没有工夫回答他，便不耐烦地说：“不知道。小孩子问这么多干什么!”但他没有灰心放弃。他把壶盖揭开盖上，盖上又揭开，反复验证。瓦特终于弄清楚了，是水蒸气推动壶盖跳动，这水蒸气的力量还真不小呢!

后来，瓦特长大了，不过他一直没有忘记小时候琢磨过的那个问题。1756年，瓦特来到格拉斯哥大学当一名仪器修理工，接触到了新的机器，最后改进了人类使用的蒸汽机，把人类的历史推进到了蒸汽机时代。

恩格斯曾经说过使英国工人的状况发生根本变化的第一个发明是珍妮纺纱机。珍妮纺纱机（图2-6）是一位普通工人受到一次偶然发现的启迪而研究设计出来的。在当时的英国兰开郡，有个纺织工叫詹姆斯·哈格里夫斯，一天晚上他回家，在开门的时候不小心踢翻了妻子正在使用的纺纱机，而当时他的反应是要先把纺纱机扶正。而这时，詹姆斯·哈格里夫斯发现，原来水平旋转的纱锭直立了起来。这一偶然的事件突然触发了詹姆斯·哈格里夫斯的灵感：直立的纱锭也能转动，只要在一个框子中并排安装几只纱锭，不就可以同时纺出几根纱了吗？詹姆斯·哈格里夫斯的惊奇发现也让他因此大赚了一笔。他将这台纺纱机以他女儿珍妮命名，所以被称为珍妮纺纱机。但是新事物的产生，特别是危及一些人和行业的利益时，一定会产生一些恐慌。由于当年他没能申请到“珍妮机”的专利，因此詹姆斯·哈格里夫斯只能通过自己生产机

图2-6 珍妮纺纱机

器来赚钱。珍妮纺纱机不但效率高，而且纺出的纱质量也比较好，因此詹姆斯·哈格里夫斯的生意不错，珍妮纺纱机也渐渐流传开来了。

1449 年，英国产生了最早的发明专利，而 1624 年是专利史上的重要一年，英国的《垄断法》(Statute Monopolies) 开始实施。《垄断法》宣告所有垄断、特许和授权一律无效，今后只对新制造品的真正第一个发明人授予在本国独占实施或者制造该产品的专利证书和特权，为期 14 年或以下，在授予专利证书和特权时其他人不得使用。自工业革命以来，经济基础往往由工业发展水平决定。由于当时的专利制度诞生，制度上鼓励技术创新，而创新首先出现在一线的生产部门，像蒸汽机、珍妮纺纱机等新型机器的产生，使生产效率大为提升。因为这些机械优秀的工作能力，商业得到了进一步的发展，资本再次增加，使得资本家们能够拿出更多的资金放在创新上。这使得工业革命引发的发明热潮一直持续下去。而这一热潮也以英国为起点，传播到了全世界，从而为第二次工业革命打下了基础。

除上面提到的发明之外，抽水马桶、平版印刷、电报机、电话、汽车等第一次工业革命中出现的发明，都对人们的生活有着巨大的影响。

1870 年以后，所有工业都受到科学的影响。例如，在冶金术方面，许多工艺方法（贝塞麦炼钢法、西门子-马丁炼钢法和吉尔克里斯特-托马斯炼钢法）发明出来，使得有可能从低品位的铁矿中大量地炼出高级钢。由于利用了电并发明了主要使用石油和汽油的内燃机，动力工业被彻底改革。通信联络也因无线电的发明而得到改造。1896 年，古利埃尔莫·马可尼发明了一台不用导线就能发射和接收信息的机器，不过，他的成果是以苏格兰物理学家詹姆斯·克拉克·麦克斯韦和德国物理学家亨利希·赫兹的研究为基础的。

20 世纪后半期，约在第二次世界大战之后，人类进入科技时代，生物克隆技术以及航天科技出现。欧美称 21 世纪系统与合成生物学将引发第三次工业革命，即生物科技与产业革命。

工业革命在近代史上有着重大的意义和深远的影响。它的成果包含技术变革和社会变革两个方面。由于技术变革，生产力得到了迅速的发展。机器的普遍应用，使劳动生产力空前提高，工农业产品产量获得巨大的增长。与此同时，工业革命迅速地改变了英国的经济地理面貌，出现了很多新兴的工业城市。工业革命最重要的社会结果，就是形成了两个新的社会阶级——工业资产阶级和工业无产阶级。在资产阶级的压迫剥削下，无产阶级遭受到了难以忍受的苦难。然而，无产阶级不仅是受苦受难的阶级，而且负有解放全人类的历史使命。从无产阶级诞生的时候起，它反对资产阶级的斗争就开始了。无产阶级在同资产阶级的对立和斗争中，觉悟不断提高。到 19 世纪三四十年代，工业无产阶级就已经作为一支独立的政治力量登上了历史舞台。

（三）工业革命产生的影响

1. 对生产方式及就业结构的影响

工业革命引起生产组织形式的变化，使之前的手工工场逐步淡化，而被机器为主的工厂制所取代。由于大工厂的产生、生产力的飞跃，工业革命带来了城市化和人口向城市转移，更多的人口从农村转出来到城市，参与到工厂生产制中去从事工业机器操作行业的劳动，这也开启了制造大机器的时代。第一次工业革命主要引起第一产业就业比重下降、第二产业就业比重上升，职业结构由农民占主导向操作机器的工人占主导转变。随后在 18 世纪末 19 世纪初，由于圈地运动的愈演愈烈以及农业生产工具的改良，农业所需的劳动力大幅减少，剩余劳动力大规模流入城市。在工业部门，以蒸汽机为动力的一系列工作机的发明和广泛使用，革新了传统的手工生产方式，促使棉纺织业获得空前的发展，并带动了一系列相关制造业部门的产生与发展，由此大大扩展了第二产业的范围。

2. 对社会思想的影响

在工业革命爆发之前，人们惯有思维使人感觉“人定胜天”，认为人的谋略和力量高于一切，能够战胜自然和命运的安排。而工业革命的诞生，让人们意识到各种物质对人思想的冲击也能如此之大，对人们当时的思想产生了极大的冲击和挑战。同时，工业革命引起生产组织形式的变化，使用机器为主的工厂制取代了手工工场。但是由于工业革命的诞生，也促使了新的社会矛盾的产生，阶级矛盾更加凸显，出现了两大直接对立的阶级：工业资产阶级与工业无产阶级。

3. 对环境的影响

由于工业革命的爆发，大量工厂的运转和机器的使用，以及大量煤炭的使用，使当时的欧洲处于严重的环境污染困扰中。从 18 世纪下半叶起，经过整个 19 世纪到 20 世纪初，首先是英国，而后是欧洲其他国家、美国和日本，相继经历和实现了工业革命，最终建立以煤炭、冶金、化工等为基础的工业生产体系。这是一场技术与经济的革命，它以蒸汽机的改良和广泛应用为基本动力。而蒸汽机的使用需要以煤炭作为燃料，因此，随着工业革命的推进，地下蕴藏的煤炭资源便有了空前的价值，煤成为工业化初期的主要能源。新的煤矿到处开办，煤炭产量大幅度上升，到 1900 年时，世界先进国家英、美、德、法、日五国煤炭产量总和约占世界总产量的 3/4。煤的大规模开采并燃用，在提供动力以推动工厂的开办和蒸汽机的运转，并方便人们的日常生活时，也必然会释放大量的烟尘、二氧化硫、二氧化碳、一氧化碳和其他有害的污染物质。

例如英国曾经爆发的著名的“伦敦烟雾事件”，成为 20 世纪十大环境公害事件之一。历史上英国一直是一个多雾的国家，而 1952 年的伦敦烟雾事件也并不是英国首次受到烟雾困扰。1952 年 11 月和 12 月初伦敦出现异常的低温，居民为了取暖，在家中大量烧煤，但是当时有一股反气旋在伦敦上空，使伦敦上方的空气升温，导致高处的空气温度高于低处的空气。这样，伦敦的空气就无法上升了，于是停滞在了伦敦，同时把煤烟也留在了伦敦。煤烟和废气不断从市民家中和工厂中排出来，于是聚集在伦敦空气里的污染物就越来越多，伦敦出现浓重的烟雾。而当时的伦敦，其实已经被煤烟浸透了。人们要戴着口罩上街，戴着口罩购物，交通警察要用大灯照着自己指挥交通，以防大车会撞到。而在这场大烟雾中死亡的人数达 4 000 人左右。

在世界范围内，英国形成了典型的“先污染，后治理”的模式。从工业革命时期的环境污染到今天的生态典范，英国留给了人们值得深思的很多经验和教训。

4. 对世界格局的影响

一场工业革命，连接起了世界各地，改变了世界的面貌，确立了资产阶级对世界的统治。工业革命也是一次深刻的社会变革，它推动了社会的发展，改变了世界的面貌，使社会日益分裂成工业资产阶级和工业无产阶级，造成当前的世界形势：西方先进、东方落后的局面。同时，先进技术和生产方式传到世界各地，猛烈地冲击着旧思想、旧制度。

第二节　近代中国科技的状况

一、“洋”字背后的无奈

从古老文明的第一声号子起，中国历史经历了五千多年漫长而耐人寻味的过程，其间既有繁荣辉煌，也有曲折艰难，过去的历史的积累，铸成了今天灿烂的现代文明。谈到人类工业化的起源，一般都会追溯到两个世纪以前，在欧洲大陆之外的那个风雨飘摇的小岛所发生的巨变。源自大不列颠的冲击波，后被称为工业革命。在外人看来，英国不像是会发生这种巨变的所在地。人们纷纷来到这片充斥着蒸汽和黑烟的土地，想看看到底是怎么回事……亲眼看见后，他们意识到，世界将再也不会一成不变了。欧洲，随之北美，也先后进入机器时代。令人疑惑的是：为什么这一切变化发生在西方，而有着悠久发明传统的中国，没有发生工业革命？

（一）中国古代科学技术的成就

提到中国古代的科技成就，相信大家一定都会如数家珍：四大发明、浑天仪、地动仪、十进位法、小孔成像等。这些成就涉及农业、医学、天文、数学等各个领域。

从中国古代四大发明——造纸术、印刷术、指南针及火药，到中国古代建筑方面的巨大成就——中国古塔、中国古桥及长城的代表性工程；从中国古代科学家张衡、祖冲之、僧一行、徐霞客，以及他们伟大的科学探索、主要科学成就，到中国古代医学家扁鹊、华佗、王惟一、李时珍，以及他们伟大的医学探索与主要医学成就：这些中国古代科技领域的杰出人物和伟大成就，都是我们源远流长的古代科技文明的代表和成就。

（二）中国近代科技的探索

洋务运动，又称自强运动，是19世纪60年代到90年代晚清洋务派所进行的一场引进西方军事装备、机器生产和科学技术以挽救清朝统治的自救运动。洋务运动是在外国资本主义的刺激和影响下，在清廷内外交困的情况下，由统治集团中一部分洋务派官僚发动的“求强”“求富”的运动。尽管洋务运动最终并没有使中国走上富强之路，但在客观上却刺激了中国资本主义的发展，并且在一定程度上抵制了外国资本主义的经济输入。①

19世纪40年代初，英国用大炮轰开了中国的大门，西方先进技术也随之涌入中国。19世纪60年代前后，列强又通过第二次鸦片战争从中国掠夺大量政治经济利益和特权。与此同时，太平天国起义沉重地打击了清王朝的统治，使其元气大伤。为了挽救清王朝的统治，清廷内部部分开明官僚一方面感受到当时的中国已面临“数千年来未有之变局”，此刻的中国必须作出改变；另一方面，在镇压太平天国的过程中，部分开明官僚也感到了洋枪洋炮的厉害，深感引进西方先进机器、自行设厂制造新式枪炮船舰的紧迫性。在此之前，一些学者就提出了学习西方国家的优点以增强国力，例如魏源在《海国图志》中主张“师夷之长技以制夷”，冯桂芬在《校邠庐抗议》中主张“以中国之伦常名教为原本，辅以诸国富强之术”。

洋务运动的指导思想是“中学为体，西学为用”。对于西方近代文化，顽固派采取了一概拒绝的态度，主张“夷夏之辩”；洋务派则采取比较开放的态度，主张“中学为体，西学为用”。“中体西用”是洋务派处理中西文化关系的原则，也是洋务派回击顽固派进攻的武器。

洋务运动前期，洋务派以“自强”为旗号，采用西方先进生产技术，创办了一批近代军事工业。在李鸿章等人的主持下，江南机器制造总局、金陵制造局、福州船政局、天津机器局等一批大型近代化军事工业相继问世。短短几年中，中国就已经具备了铸铁、炼钢以及机器生产各种军工产品的能力，产品包括大炮、枪械、弹药、水雷和蒸汽轮船等新式武器，装备了一些军队。他们还开办了天津北洋水师学堂、广州鱼雷学堂、

① 刘永峰．洋务运动“平反”记［J］．看历史，2010（11）．

威海水师学堂、南洋水师学堂、旅顺鱼雷学堂、江南陆军学堂、上海操炮学堂等一批军事学校，为国防事业作出了重要的贡献。北洋海军的建立，是洋务运动军事方面的最高成果之一。尽管最后北洋海军失败了，但是它曾经是中国可以威慑海洋的先进军事力量，在世界海军史上占据了一席之地，并且在培养北洋海军的过程中带动了一系列近代事业的发展。

随着军事工业的创办，洋务派认识到，强大的国防基础在于整个国家经济的发展，要求能源、钢铁等工业与之配套，同时，为了维护民族利益，也必须发展民族经济，与洋人“商战”“争利”。于是，他们提出了“求富”的口号，民用工业和新式交通运输业也发展起来了。

洋务运动后期，洋务派为解决军事工业资金、燃料、运输等方面的困难，打出“求富”的旗号，兴办了一批民用工业。1872 年，李鸿章在上海筹办轮船招商局。这是洋务派创办的第一个民用企业。招商局开办仅 3 年时间，就为清政府回收了 1 300 多万两白银，还将业务发展到外国，打破了外国航运公司的垄断局面。

后来，中国近代矿业、电报业、邮政、铁路等行业相继出现，轻工业也在洋务运动期间得到大力发展。1880 年，左宗棠创办兰州织呢局，成为中国近代纺织工业的鼻祖。中国近代纺织业、自来水厂、发电厂、机器缫丝、轧花、造纸、印刷、制药、玻璃制造等，都是在 19 世纪七八十年代开始建立起来的。在洋务运动的推动下，中国的民用工业得到了迅速发展，奠定了中国近代化工业的基础。

知识拓展

风雨飘摇强国梦——李鸿章与中国早期铁路建设

铁路建设是洋务运动的重要举措之一。中国今天已经进入高速铁路时代，但我们不能忘记 140 多年前中国铁路建设的艰难历程。

1880 年，很有见识的刘铭传（是台湾建省后第一任巡抚）在李鸿章的支持下上奏朝廷力主修建铁路，他说：“如有铁路，收费足以养兵，则厘卡可以酌裁，并无洋票通行之病，裕国便民之道，无逾于此。且俄人所以挟我，日本所以轻我者，皆因中国守一隅之见，畏难苟安，不能奋兴。若一旦下造铁路之诏，显露自强之机，则气势立振。彼族闻之，必先震聋，不独俄约易成，日本窥伺之心亦可从此潜消矣。”刘铭传立意高远，不但说明铁路“裕国便民”的作用，还把铁路与伸张国势、震慑俄日联系起来。不料事情刚一提起就遭到强烈反对，顽固派内阁大学士张家骧抱病上书，力陈开造铁路有三弊："恐洋人深入内地，借端生事；恐民不乐从，徒滋纷扰；恐虚糜帑项，赔累无穷。"李鸿章针锋相对，写了一份4 000多字的奏章《筹建铁路以图自强折》，力言修建铁路的9条好处，尤其从"自强要策"的高度论述了铁路建设的重要性，认为铁路建设是"国家远大之图，御外固本之术"。而顽固派也毫不退让，纷纷上书反对，通政使司参议刘锡鸿说："火车实西洋利器，而断非中国所能仿行也。臣窃计势之不可行者八，无利者八，有害者九。"他一口气给修铁路列出了25条罪状，其中有一条竟荒唐地说修铁路会惊动"山川之神，龙王之宫，河伯之宅"。由于顽固派群起反对，朝廷打了退堂鼓，慈禧太后通过光绪皇帝下诏说："叠据廷臣陈奏，佥以铁路断不宜开，不为无见。刘铭传所奏，著毋庸议。"对于这样的结局，李鸿章感到忍无可忍，一改过去循规蹈矩的惯例，破天荒地自行其是，于1880年擅自修建了唐山至胥各庄的铁路，用于开平煤矿的煤炭外运，建成通车后才上奏朝廷，还不便明言，只好把铁路说成"马路"。有趣的是：这时没有机车牵引，而用马拉着走，是一条名副其实的"马路"，第二年才改为蒸汽机车牵引，机车是开平煤矿用一台旧锅炉改造的，算是国产，只是马力很小，只能牵引百吨。火车刚一启用就遭到顽固派的攻击，说什么"震动东陵、惊扰祖宗"，机车一度被迫停驶，后经李鸿章多方协调，几经波折，朝廷才同意恢复机车牵引。唐胥铁路是中国自建的第一条完整意义上的铁路。

19世纪60年代初期到90年代，出现了暂时的"中外修好"的局面，清政府统治集团内的一些开明人士为了维护清政府的封建统治，而采取了一系列"自强""求富"的措施，虽然其目的是摆脱"内忧外患"，维护封建统治，但这一运动是符合历史潮流的，在客观上推动了中国生产力的发展，促使了中国民族资本主义的产生与发展，在一定程度上抵制了外国资本主义的经济输入，促进了中国教育的近代化和国防的近代化。

洋务运动历时三十余年时间，从西方国家引入了先进的科学技术，培养了大批科技人才，刺激了我国资本主义的发展，促进了民族资本主义的产生，加快了我国资产阶级的出现和无产阶级队伍的壮大，并在一定程度上抑制了西方列强在我国的扩张，最终开启了中国社会现代化的进程。

洋务运动的积极意义主要表现在以下几个方面：

第一，洋务运动客观上促进了生产力的发展。洋务运动的主要内容，是在"自强"和"求富"的口号下采用西方资本主义的生产技术。洋务运动为中国社会提供了前所未有的新事物。继一批军事工业出现之后，采矿业、冶炼业、交通运输业、纺织业等近代企业也随之出现。这样，在中国土地上便第一次出现了新兴的资本主义生产力。在封建政权的控制下，虽然早期的近代企业一般采取“官办”“官督商办”“官商合办”等经营方式，具有浓厚的封建性，但就其生产方式而言，仍属于资本主义性质。通过这些近代企业，中国培养了一大批科学技术人才，积累了一定的经营管理经验，并开阔了人们的视野，使学习西方蔚然成风。这便在一个重要的方面为中国民族资本主义的产生和发展准备了条件。

1873 年，第一个民族资本主义近代企业在我国出现后短短的六七年内，这种企业就创办了 20 多个。到甲午战争前夕，民族资本主义近代企业便达到了 100 多个。随着近代企业的建立，中国社会的阶级结构也开始发生变化。据统计，1884 年中国无产阶级的人数已增至近 10 万人。

洋务运动兴办军事工业的过程中，最难解决的问题就是资金、原料、交通等方面的问题，于是在“自强”口号兴办军事工业之后，洋务派又在“求富”口号之后开始兴办民用企业，着重点是采矿、冶炼、航运、铁路等一系列配合军事工业的项目。在洋务派的倡导下，许多达官显贵以兴办洋务为荣，深深地动摇了从商鞅变法开始的，中国几千年文明中“重农轻商”的概念，促使中国近代经济、资本主义的发展，使资本主义经济成分在社会经济中明显增长，对中国近代企业、民族资本主义的诞生和发展具有重大意义。

第二，洋务运动是近代教育的开端。要开始洋务运动、兴办洋务，就必须有精通洋务的人才，但是中国传统的科举制教育却远远无法满足洋务运动对人才的需要。因此兴办新式学堂、派遣留学生，就成了洋务运动进行下去的一项重要的举措。(1) 开办新式学堂。从 19 世纪 60 年代到 90 年代，洋务派共创办 24 所新式学堂，主要为翻译、工程、兵器、通信、医务等培养新型人才，虽然学堂规模不大，但是依旧打破了古老的科举制度，培养了一批不同于传统的近代科技知识分子，一定程度上打通了社会文化风气，为后面科举制的废除奠定了一定的基础。(2) 派遣留学生。为了更系统地学习西方先进的科学技术，洋务派向西方派遣 200 多位留学生，为洋务事业培养了一大批具有西学知识的新式人才，一方面也对中国的教育近代化起了极大的推动作用，为中国社会迈向近代化准备了最初始的文化条件。①

然而，洋务运动并没有使中国走上繁荣富强的道路，这场轰轰烈烈的改革运动终究没能摆脱失败的命运。而洋务运动最终的失败也有以下几点原因：

首先，洋务运动的指导思想“中学为体，西学为用”，其结果只能是“新其貌，而不新其心”。

其次，西方列强并不愿意中国富强起来，在表面上扶植洋务的同时，不断采取政

---

① 白澍钰，牟珊．浅析洋务运动的历史影响研究［J］．科技展望，2014（23）．

治、经济、外交、军事的手段侵略和控制中国。洋务运动进行之时，清政府已经与西方国家签订了一批不平等条约，西方列强正是依据种种特权，从政治、经济各方面加紧对中国的侵略和控制。洋务派在“内须变法”的同时又不得不“外须和戎”，在不少方面仰赖外国，无异于与虎谋皮。

最后，新式企业在管理方面采取封建衙门式的管理方法，缺乏活力。洋务派所创办的一些新式企业虽然具有一定的资本主义性质，但其管理基本上是封建衙门式的。“名曰保商实剥商，官督商办势如虎”，郑观应的这句话描摹出了洋务派所办企业的现状，这些都是洋务运动最终失败的重要因素。

总之，洋务运动是中国历史上第一次近代化运动，它虽然失败了，但失败中却包含着成功的因素。洋务运动的经验和教训，对我们今天有一定的借鉴意义。

（三）中国近代科技的没落

在前面的章节中，我们看到了中国 IT 曾经的辉煌，以及古代中国科技的巨大成就，而到了近代中国，科技却处在相对落后的位置。1840 年鸦片战争爆发，英国人的坚船利炮将中国大门打破，五千年的文明古国、泱泱华夏从此沦为半殖民地半封建社会。中国开始被迫进行救亡图存的自救运动。

古代中国的科技发现取得了较高的成就，主要体现在以下四个方面：第一，首屈一指的经济规模；第二，领先的技术水平；第三，活跃的市场经济；第四，繁华的城市。就技术水平而言，在 17、18 世纪之前，中国的技术处于全世界领先的水平。英国的著名政治家、哲学家弗兰西斯·培根曾经指出，有四项技术让欧洲走出黑暗时代，分别是火药、指南针、造纸术和印刷术。

然而到了近代，中国科学技术的发展水平与世界先进国家的距离逐渐拉大。此时的西方，已经在文艺复兴的浪潮下开启了工业革命，科技不断发展。

反观中国，为何近代之后却处在科技落寞的境地？回顾那段历史，我们可以看到，当时的中国，仍然处于且长期处于一种自给自足的小农经济模式。而我们回望中国古代前期的科技成就也大多是为农耕经济服务的，比如观测天象、“敬授民时”的天文学，以计算为主的算筹和算盘，以及驿站和镖局等，几乎都是传统科技的表现形式，而且这些传统科技大多是以感性和人们的农耕经验成果为主，对于客观规律和事理的探究，表现为较强的描述性、经验性和实用性。一直到了明清时代，当时的政府更加注重农业发展，闭关锁国，以致阻碍了中国科技的继续发展。

在近代中国，人才的选拔依然通过科举制度，八股取士、文字狱严重地扼杀了人们的创造性和探索性。封建政府中，研究科技的官员比重少之又少，而且社会地位较低。相反，已经完成工业革命的英国，此时对科研人员的重视和保护程度都大大优于中国。其中，专利保护就是重要措施之一。在当时，英国在全世界大量招贤纳士，以至于出现了中西方在科技方向的不同发展路径和截然相反的结果。

（四）中国近代科技没落的原因

谈到中国的科技成绩及发展历程，是一个既自豪又略显沉重的话题。四大发明的出现在传入西方后，给资本主义社会提供了强大的物质基础支撑，在文艺复兴和工业革命中都起到了不可磨灭的作用。而当时的中国，却处在科技进展缓慢、停滞不前的地步。归结近代科技发展相对滞后的原因，主要有以下几点：

1. 经济模式的制约

中国近代以自给自足的自然经济为主体的生产关系阻碍了中国科技的发展。男耕女织的小农经济给当时社会的政治经济带来一种天然的优越感和无形的惰性。乾隆帝给英王的信中写道："天朝物产丰盈，无所不有，原不籍外夷货物，以通有无。"由于当时的中国在经济、文化等各个方面都已达到鼎盛，因此，如郑和七次下西洋所带给政府的更多的是天朝上国的虚幻和虚荣心的满足。中外交流更多体现在政治层面，并没有经济的刺激。封建统治者采取重农抑商政策，限制了手工业规模，不利于科学技术成果的发明、推广和应用，特别是封建社会后期对商业、手工业的大力掠夺、摧残、压制，限制了商业资本的发展及手工业向手工工场转化，对科技的发展提不出更高的迫切要求，使近代科技在中国找不到适合自己生长的土壤。

与西方近代以商品经济为主导的资本主义生产关系相对应，中国近代仍然是自给自足的自然经济为主体的生产关系。而这种生产关系不能把生产力中劳动者的生产积极性和创造性充分调动起来，阻碍了近代科技的发展。以一家一户为单位，农业和手工业相结合自给自足的小农经济，一直是中国封建社会的经济基础。在自给自足的自然经济中，很少进行交换，手工业和商业缺乏其发展所需的广大市场，始终没有形成科技产品的交换机制。

2. 封建制度的束缚

由于中国经历了漫长的封建社会，长期封建思想的束缚反映在思想文化上，便是重道轻器、重政轻技、重官轻专的风气弥漫于整个封建时代。身份往往与官位联系在一起，知识分子的价值取向大多是"学而优则仕"，科技工作者缺乏独立的社会地位。科技的发展受到专制制度的禁锢。科学的精髓在于大胆怀疑，在于思想的自由。然而，在中国封建社会，讲的是"君权神授""三纲五常"，因此，封建统治者对于一切非官方的科学技术，怀有天生的恐惧。尤其像天文学，因为被认为与封建王朝气运相关，所以更受到严格控制。

在中西方历史发展过程中，虽然都经历过封建主义阶段，但是西方的封建主义和中国的封建主义有着显著不同。中国的封建官僚制度通过科举制度选拔官员，并由皇帝直接管理，国家权力高度集中。这种制度一方面选拔人才使得社会管理井然有序，有效发展科技，实行重大工程，另一方面高度集权使得技术开发缺乏动力和竞争，新观念难以被社会接受。

3. 文化底蕴的影响

我国古代是一个以人文思想为主导的国家，自春秋战国以来，儒家学派不断发展，直到汉代董仲舒提出“罢黜百家，独尊儒术”，儒学更是成为中国的主流思想。中国古代文化对于世界文明的贡献，不仅有“四大发明”，以“四书”“五经”为代表的政治文化，对于人类近代文明也有过积极的贡献。明清之际，欧洲的耶稣会传教士沟通中西文化，把中国当时的主体文化——儒学和程朱理学，用轮船运往17—18世纪的欧洲，在那里曾经形成过100年的中国文化热。儒家思想与意大利文艺复兴以来所形成的欧洲新思想相结合，成为欧洲近代历史发展的主导精神——启蒙思想的一个重要思想渊源。

在半个世纪以前就有西方人指出，以儒学为代表的中国传统文化曾经是17—18世纪欧洲资本主义社会形成和发展的一种精神动力；半个世纪之后的今天，东亚的一些国家和地区，尤其是中国近几十年的飞速发展的历史，向世人显示了中国的传统文化、东方文明，是一种巨大的精神动源。儒学的精神内核中，对发展变化也持积极态度：苟日新，日日新，又日新，变动不居，变则通，一阴一阳之谓道，反者道之动也。

然而从明代开始采取“八股取士”的科举制度，却进一步禁锢了知识分子的思想。很多人偏重于可以给自己带来功利的八股文，相对于古代的科学探究就失去了独立性和客观性，以至于科学精神也少被提及。

儒家传统价值观认为知识分子应该规避风险、明哲保身，主张“学而优则仕”。许多知识分子走上了仕途，直接结果就是知识分子思想僵化，把大部分时间用在官场上，而很少用于研究科学技术上。“皓首穷经”，使科技发展缺少动力。

4. 中国古代科学技术体系的内在因素

科技的发展与前代的积累有着密切的关系，继承是科技发展的前提。自春秋战国至汉代以来，古代科技已积累了丰硕的成果，宋代科技的繁荣正是在汲取前代丰厚的科技遗产的基础上逐步形成的。譬如：早在战国时，我国根据磁石吸铁和指示方向的性能，创造了指示南北方向的“司南”，宋代在此基础上发明了用于航行的指南针。制造火药的原料硝石、硫黄和木炭在西汉时已被发现，唐代的炼丹家们在用这三种原料炼丹时，发生了起火爆炸现象，以后就用它们来制成“飞火”，杀伤敌人。北宋初年制成“火箭”“火球”。宋仁宗时有了制作火药的配方。毕昇也是在唐代雕版印刷日臻成熟的基础上发明了活字印刷术。三大发明的例子说明，继承前人成果，是宋代科技发展的前提条件之一。宋代科技很多是继承唐代的成果，并在此基础上有所创新的，如在数学、医学、地学和交通工具方面均有所继承和创新。我国科技正是在这种继承和突破、综合和提炼、积累和创新交替作用中不断发展，从而达到一个高峰。

但是，我们也不得不承认，中国古代的科技体系注重实效性而忽视理论性，注重判断，而轻视分析。进入 19 世纪，世界开始更加注重科技的运用，世界科技发展与进步进入高潮阶段。新科技的运用、新工具的产生，让西方国家受益于此。而此时的中国，仍然处在一种停滞不前的阶段，中国长期积累起来的诸多科研成果、发明创造，则在封建专制主义高压政策下，或被埋没，或被遗忘。在西方科学技术普遍发展的年代，中国科技却陷入了停滞状态，这对中国历史发展、社会进步都造成了很大的影响。

（五）“洋”字背后的困境

旧时我们称自行车为“洋车”，很多日用工业品前面都要加上一个“洋”字，比如，“洋火”（火柴）、“洋油”（煤油）、“洋烟”（香烟）、“洋糖”（糖块）、“洋布”（机器生产的布，区别于传统的老棉布）等，直到现在仍有部分地区和人群使用。旧中国工业产量低，工业部门残缺不全，有很多工业产品都需要从国外进口，因此很多工业产品都以“洋”字命名。而清末及民国时期的中国人喜欢把外国人称为“洋人”。

知识拓展

“洋”字背后的故事

以“洋”字开头的表述，能让我们直观地感受到当时中国科技乃至生产领域的落后和困境。但实际上，当时的中国政府和中国人民还在封建落后的思想中不肯走出来。在热播剧《那年花开月正圆》中，洋布和土布你死我活的市场之争、开办陕西机器织布局等故事，也让观众重新了解了清朝末年纺织业的跌宕发展。

那时的陕西省泾阳县土地肥沃，物产丰富，盛产棉花，家家户户纺线织布，衣服材料基本为家织土布。大大小小的纺织作坊逐渐出现了，泾阳土布也销往外埠。剧中吴家东、中、西三院联手，成立了集棉花种植、纺纱织布、土布销售为一体的吴家布业，经营规模很可观。泾阳县还是一个商业重镇，是丝绸之路上东西方商贾贸易往来和大宗货物的集中、加工、转运站，纺织品是重要的商品。当时大量机织洋布通过不同渠道进入国内市场，主要是英国的细布和美国的粗布。1894 年，洋布占到全国棉布供给量的近 15%，幅宽、质量和价格都有优势，给土布市场造成了极大的冲击。内地的纺织手工业因为机器纺织而危机重重，手工业开始衰落，大的手工业作坊为适应经济发展也发生分化重组，发展机器动力纺织业。这些大手工业作坊引进了先进的设备和技术，进行商品生产，其实也是开拓近代纺织之先河。

剧中一个场景也能展现出当时人们对于西方科技的抵触和认识不清。剧中周莹这个角色为了将西方技术引进国内，打算购买国外织布机，成立陕西织布局，这本是一件利国利民的好事。为了能够让机器织布深入人心，周莹决定对土布织户们进行科普，但很多土布织户认为，机器织布会阻碍土布的发展和售卖，在开业当天，砸了所有的织布机器。这个剧情其实就体现了当时人们愚昧落后的思想，只看到眼前的利益，故步自封，而忽视了科技对于当时中国的重要影响和意义。

同时，“洋”字背后也体现了当时中国科技落后的困境。中国古代文明的特征主要是技术发明。大多数的发明创造难以形成一个产业、一个大方向，大多数的发明来自普通民众，很零散，无法集中利用、统一规划，发明力量无法有力发挥。

二、李约瑟之谜的启示

中国的科技成就，曾经长期领先于全球，但为何近代中国科技发展相对落后？对此，很多学者都有深入的研究，其中，研究最多的是英国学者李约瑟，他撰写了 15 卷的《中国科学技术史》，并提出了知名的李约瑟之谜，即：尽管中国古代科技长期领先，并对世界作出重要贡献，但为什么现代科学和工业革命没有在近代中国发生？

（一）李约瑟之谜的表述

中国古代科学技术领先西方，为什么没有像西方那样产生近代科学呢？这一由英国学者李约瑟提出的问题，长久以来都是学术界研究的热点。

为什么资本主义和现代科学起源于西欧而不是中国或其他文明古国？李约瑟之谜其实是：为何近现代科技与工业文明没有诞生在当时世界科技与经济最发达繁荣的中国？欧洲经历了一千年宗教的黑暗时期，古希腊、古罗马的典籍也被欧洲中世纪的焚书毁灭，欧洲从阿拉伯帝国保存的古希腊、古罗马典籍复兴了古希腊、古罗马文化的同时消化吸收了中华文明的科技与产业、体制与文艺等成就，从而诞生了近现代科技与工业文明——全球化地球文明。

从马可·波罗游记到哥伦布发现新大陆，欧洲掀起了文艺复兴与研究东方文明之潮。从 1643 年牛顿诞生到 1765 年瓦特蒸汽机开启工业革命、1783 年美国独立战争结束，欧美进入了工业文明时代。然而，1840 年的中国却进入了鸦片战争时期。1840 年前后，英国的机器化生产已基本取代手工业生产；1831 年英国科学家法拉第发现了电磁感应现象；1847 年西门子—哈尔斯克电报机制造公司建立，开启了电气化时代。从马可·波罗的诞生到工业革命电气化的开始，欧洲经历了约 600 年的努力终于彻底超过了中国。

李约瑟之谜是一个两段式的表述，第一段是：为何在公元前 1 世纪到公元 16 世纪之间，古代中国人在科学和技术方面的发达程度远远超过同时期的欧洲？中国的政教分离现象、文官选拔制度、私塾教育和诸子百家流派为何没有在同期的欧洲产生？第二段是：为何近代科学没有产生在中国，而是在 17 世纪的西方，特别是文艺复兴之后的欧洲？"为何科学发生在西方社会？"是李约瑟之谜的反面。

李约瑟在其著作《中国科学技术史》第一卷的序言中是这样表述李约瑟之谜的："中国的科学为什么持续停留在经验阶段，并且只有原始型的或中古型的理论？如果事情确实是这样，那么在科学技术发明的许多重要方面，中国人又怎样成功地走在那些创造出著名'希腊奇迹'的传奇式人物的前面，和拥有古代西方世界全部文化财富的阿拉伯人并驾齐驱，并在 3—13 世纪之间保持一个西方所望尘莫及的科学知识水平？中国在理论和几何学方法体系方面所存在的弱点为什么并没有妨碍各种科学发现和技术发明？中国的这些发明和发现往往远远超过同时代的欧洲，特别是在 15 世纪之前更是如此。欧洲在 16 世纪以后就诞生了近代科学，这种科学已经被证明是形成近代世界秩序的基本因素之一，而中国文明却未能在亚洲产生与此相似的近代科学，其阻碍因素是什么？"

1976 年，美国经济学家肯尼思·博尔丁称之为"李约瑟之谜"。很多人把李约瑟之谜进一步推广，提出了"中国近代科学为什么落后""中国为什么在近代落后了"等问题。对此问题的争论一直非常热烈。中国著名科学泰斗钱学森曾提出著名的"钱学森之问"，与李约瑟之谜同是对中国科学技术的关怀。

人物简介

李约瑟

李约瑟（1900—1995），英国近代生物化学家、科学技术史专家，其所著《中国科学技术史》对现代中西文化交流影响深远。

李约瑟 1922 年、1924 年先后获英国剑桥大学学士、哲学博士学位，1942—1946 年在中国历任英国驻华大使馆科学参赞、中英科学合作馆馆长，1946—1948 年在法国巴黎任联合国教科文组织科学部主任，1966—1977 年任英国剑桥大学冈维尔-基兹学院院长。1983 年，李约瑟在英国剑桥任李约瑟研究所首任所长，1990 年任名誉所长。

李约瑟对中国文化、科技作出了极为重要的研究，被中国媒体称为"中国人民的老朋友"。

（二）李约瑟之谜的由来

李约瑟之谜正式提出以后，在国内和国际上引起热烈的讨论。不过大量资料表明，类似的问题和讨论早已出现，无论在国内还是在国际上。但李约瑟是以中国科技史的西方专家这一独特身份重提这一问题，使这一问题更为引人注目。关于该问题已有的例证是，爱因斯坦在李约瑟正式表述此问题之前就讨论了此问题，并给出了他自己的解答，而李约瑟后来得知后给予反驳。另一个例证是，李约瑟正式提出此问题的著作《中国科学技术史》的参考资料中包括冯友兰的《中国哲学史》，而这本书中包含了他在《为什么中国没有科学?》中所表达的观点。有资料表明，李约瑟读过冯友兰这篇文章并持有不同看法，而这正是他最初思考李约瑟之谜的诱因之一。当然，不容否认的是，李约瑟对这一问题赋予了一定的新含义。其新在哪里，是对还是错？李约瑟之谜和先前的类似问题之间是何关系？

1. 传教士们的提问

在近代中国，有许多生活在中国的传教士，这些传教士的工作就是将国内外文化、科技等他们的所见所闻进行传播。这些传教士将其在中国的见闻编辑成册，这些著作从一定程度上为西方国家了解当时的中国社会提供了途径。其中一位传教士利玛窦所写的《利玛窦中国札记》较为全面地介绍了近代中国的情况，包括中国的富饶及其物产科技的发展，关于中国的机械工艺，关于中国的某些习俗，也介绍了人文科学、自然科学的运用。巴多明是一位法国传教士，他最早系统地提出了中国的“落后问题”，给他带来深刻印象的是中国的统治方式和手工艺，但中国的科技一直止步不前却使他困惑不已。

2. 17—18 世纪欧洲学者的提问

启蒙运动发生于 17、18 世纪的欧洲，是继文艺复兴之后西方思想和文化的又一次解放运动，以理性主义为主要特征。由于古代中国的不重神权的思辨哲学及对伦理道德的强调，与追求理性主义的启蒙运动相符，因此，一些启蒙思想家对以中国文化为代表的东方文化表现出极大的兴趣。西方学者认为，中国的学术历史已有千年之久，而且实用性很强，伏尔泰还对中国古代政治、法律制度和道德加以称颂。“百科全书派”代表人物狄德罗曾经高度评价中国儒家经典《四书》《五经》。

3. 中国专家学者的提问

中国科技的落后这个问题，也得到了中国学者的关注。1915 年，任鸿隽作为中国现代科学技术的领头人，在《科学》杂志的第一卷发表了《说中国无科学之原因》，他认为中国古代有没有科学，很大程度上是一个定义问题。“科学”的定义是相当明确而一致的：“科学”是指在近代欧洲出现的科学理论、实验方法和机构组织。梁启超也在《清代学术概论》中说道：“清代的考据说是非常科学的，而自然科学之所以落后，应归罪于传统伦理对科学的忽视。”

（三）李约瑟之谜的启发与思考

中国的古代文明灿烂辉煌，有技术上的成就“四大发明”。中华民族早在西方科学昌盛之前就有极其卓越的科学成就，15 世纪之前，中国的技术处于世界领先地位，以中华文明为代表的东方文明遥遥领先于当时的西方文明。李约瑟在《中国科学技术史》中认为中国“在公元前 3 世纪到 13 世纪之间保持一个西方所望尘莫及的科学知识水平”，中国的科学发明和发现“往往远远超过同时代的欧洲，特别是 15 世纪之前更是如此”。

自晚清以来，中华爱国志士莫不痛感国力衰弱，屡遭列强侵略，纷纷起来探求中国近代科学技术落后的原因，以期找出富国强兵之道。

如果我们解开“落后情结”，就不难发现，我国古代的社会、文化、思想体系，较之西方有一些突出的特点和明显的优越性，它们与我国古代科学技术的发展高度相关，值得认真研究。其一，我国著名哲学家任继愈先生指出：“中国历史在世界史上有很特殊的地位，在世界上没有哪一个国家历史文化像我们中国这样长，而且自古至今五千年没有中断过。自从秦朝统一中国后，中国在大多数的时间里都是统一的，其间虽有短暂的割据，但即使在当时，分裂也被认为是不正常的。民族的认同感，使得中华文化能够一脉传承，绵延不绝。”① 中国古代历朝历代的统治者，都以“莅中国而抚四夷”（《孟子·梁惠王（上）》）为最高理想。而西欧各国长期处于分裂状态，它们形成统一的国家比中国晚得多。中国古代社会的这种长期性、稳定性无疑为科学技术的发展创造了有利条件。为什么像中国这样一个多民族的庞大国家，能在如此漫长的历史中保持基本统一？是什么因素维系了这种统一？

中国古代的思想体系中，首要的因素无疑是儒学。从汉代以来，儒学几乎一直是思想界的主流。我国的一些学者也认为，儒家确有重人事、轻自然的思想，这对科学技术的发展是不利的。但是正因为重人事，儒家对关系国计民生的科学技术是十分重视的。首先是医学，医关人命，儒家认为“为人子者不可不知医”，儒家的理想是“不为良相，便为良医”，可见其对医学的重视程度；其次是农学，民以食为天，儒家将农业视为立国之本，给予高度关注，中国古代精耕细作的农业是其他各国望尘莫及的。季节对农事关系极大，因此很重要，中国古代一直有专门掌管天文的官员，天文学的研究在世界上遥遥领先；数学是研究天文学必不可少的工具，中国古代的数学曾长期领先于西方。

美国著名学者塞缪尔·亨廷顿曾经在 20 世纪 90 年代预言，21 世纪人类最大的冲

---

① 夏欣．任继愈：重学史才能强“立志”［N］．光明日报，2002－01－29．

突，不是政治冲突，也不是经济冲突，而是文明冲突。而文明冲突中最大的，则是以中国为代表的东方儒家文明与以美国为代表的西方普世价值观之间的冲突。

李约瑟之谜很耐人寻味。众所周知，中国是享誉世界的文明古国，在技术上曾有过令人自豪的成就。除了“四大发明”外，其他科学发明和发现也有不少。然而，从17世纪中叶之后，中国的科学技术却如同江河日下，跌入窘境。从公元6世纪到17世纪初，在世界重大科技成果中，中国所占的比例一直在54%以上，而到了19世纪，骤降为只占0.4%。中国与西方为什么在科学技术上会一个大落、一个大起，拉开如此之大的距离，这就是李约瑟觉得不可思议、久久不得其解的难题。而在当下助力“科技中国梦”和IT强国实现的路途中，怎样从李约瑟之谜中有所启发和思考，也是值得我们去深思的问题。

1. 加快创新型人才的培养

长期以来，西方学术界的思潮是把科学仅仅视为知识，在一个自主的封闭体系中去探讨科学的发生和发展。但是，李约瑟通过对中国古代技术的长期研究，发现仅仅用内在原因去研究李约瑟问题是远远不够的，需要从外部，即外在的影响如社会经济、人文思想方面去研究它们对于中国古代科学发展的影响。科学哲学中社会历史学派的代表人物库恩说过：“把科学实体作为知识体系来考察，经常称之为‘内部方法’，这仍然是主要的形式。把科学家的活动作为一个更大文化范围中的社会集团来考察，经常称之为‘外部方法’，这是‘内部方法’最新的对立面。怎样把这二者结合起来，也许就是这个学科现在所面临的最大挑战，而现在也已有了日益增多的解决迹象。”

20世纪人类在知识和技术领域所取得的巨大进步表明，科学进步、技术变革和创新是财富创造、竞争优势以及生活质量提高的关键和主要源泉，而在加速科学和技术发展的进程中，起重要作用的是人的创造力，是掌握先进科学技术和创新能力的高素质人才。我们看到，当今世界各国的经济竞争和综合国力竞争，正在演化为人才和国民素质的竞争，大力培养各个领域的科技创新人才，已经成为世界各国实现经济科技发展和提升综合国力的重要途径。在科技进步日新月异、经济全球化深入发展和综合国力竞争日益激烈的当今世界，谁拥有更多高素质的科技创新人才，谁就将在21世纪雄踞世界科技与经济的制高点。

“科学技术是第一生产力”，如何将科技发展提高到一个新的高度，开拓新的领域，这需要一大批有知识、高素质的科技人才。人才兴国，人才强国，全社会都必须真正形成尊重人才的意识，为科技发展创造良好的氛围，只有造就数以千万计的专门人才和一大批科技创新人才，建设规模宏大、结构合理、素质较高的科技人才队伍，充分发挥科技人才的积极性、主动性和创造性，我们才能出现一系列科技创造和发明，才能大力提升国家核心竞争力和综合国力，为实现中华民族伟大复兴提供重要保证。我国政府制定了实施“科教兴国”的战略，顺应了时代发展的潮流，全社会应充分估量未来科技特别是高科技发展对综合国力、社会经济结构和人民生活的巨大影响，把加速科技进步放在经济社会发展的关键地位，使经济建设真正转到依靠科技进步和提高劳动者素质上来。随着“科教兴国”战略的逐步落实，它必将加速我国社会的全面进步，为人类文明再次作出重大贡献。

2. 不断推进教育改革

国家综合国力的竞争关键是科技的竞争，而科技的关键取决于教育，所以教育是基础，必须大力加快教育改革，以适应激烈的国际竞争和社会发展的需要。要不断更新课程内容，调整课程结构，拓宽知识领域，以适应现代科技综合交叉的需要。努力培养受教育者的主动探究精神，着力培养创新意识和创造能力，着重培养受教育者获取、运用、创新知识的意识和能力。培养学生坚持实事求是的科学态度、开拓创新能力和奉献合作精神。确立探索式学习方式，把学习与科学研究结合起来，激发和培养学生批判性和创造性思维，促进科学理论研究与生产实践的紧密结合。注重发展学生个性，使学生有更多的选择机会和自由发展空间，为学生禀赋和潜能的充分开发创造宽松的环境。

3. 积极实施对外开放战略

20 世纪 70 年代末我国实行改革开放，是我们党在当时历史条件下作出的关键战略决策和伟大实践探索，具有鲜明的中国特色。对外开放是我国的基本国策，是实现中华民族伟大复兴中国梦的必然选择。对外开放理论是中国特色社会主义理论体系的重要组成部分。对外开放在促进技术进步方面的作用，既表现在通过参与国际竞争激发本国自主研发的潜能，也表现在通过充分吸引人类社会创造的先进科学技术成果和有益管理经验实现技术的优化配置。中国对外开放的初衷之一，便是引进吸收先进的科学技术。改革开放初期，中国严重缺乏资金、先进技术和科学的管理经验。为此，中国创办经济特区，并鼓励创建经济技术开发区。这些特区通过创造良好的投资环境，配以关税减免等优惠措施，吸引外商投资，进而引进先进的科学技术、科学的管理理念和方法等，带动和促进了区域经济进而国民经济的快速发展。当今时代，技术进步对经济增长的促进作用愈益凸显，国家之间的竞争也更多地集中在科技领域。科学技术是世界性的、时代性的，发展科学技术必须具有全球视野。因此，自主创新必须是开放环境下进行的创新，绝不能关起门来搞，要聚四海之气、借八方之力来推动实现自主创新。正是在这个意义上，坚持以全球视野谋划和推动科技创新，全方位加强国际科技创新合作，积极主动地融入全球科技创新网络，深度参与全球科技治理，是新时代我国推进对外开放的应有之义。

第三节 新中国的奋起直追

一、向科学进军的国家战略

（一）新中国科技起步

近代中国，科技事业一度落后于西方国家。新中国成立之初，面对严峻的国际形势，为保卫国家安全、抵制帝国主义的武力威胁与核讹诈、维护世界和平，党中央高瞻远瞩，提出了“向科学进军”的重要使命。由此，中华儿女在科技的舞台上尽情挥洒汗水，中国的科技事业也进入发展快车道。回顾过去，科技立国，给民族以自信；展望未来，科创驱动，必将托起强国之梦想。

1949 年，在新中国成立之际，制约科技发展的因素很多，国内资源严重不足，国际环境十分恶劣。整个中国的科研机构只有 40 多个，科研人员不到 1 000 人，科技成果寥寥无几，新型学科近乎空白。“科技兴则民族兴，科技强则国家强”，当中华民族跨越百年沧桑重新走上复兴之路，如何实现创新发展的赶超，是中国共产党领导下的新中国必须面对的时代课题。

1949 年 9 月 21 日，中国人民政治协商会议第一届全体会议在北平中南海怀仁堂隆重开幕，会议代行全国人民代表大会的职权，通过了具有临时宪法性质的《中国人民政治协商会议共同纲领》。《中国人民政治协商会议共同纲领》第 43 条提出“努力发展自然科学，以服务于工业、农业和国防的建设。奖励科学的发现和发明，普及科学知识”。

1949 年 10 月 31 日，毛泽东亲自将中国科学院的印信颁给院长郭沫若。第二天，代表着我国建立的以国家科学研究为目标的最高科学机关——中国科学院正式成立。这一举措在全国及海外华裔科技人员中引起了强烈反响。中国科学院是国家自然科学最高学术机构、科学技术最高咨询机构、自然科学与高技术综合研究发展中心。它的成立，推动全国上下逐步建立起由中央各部门、高等院校和地方组成的科学研究体系。中国科学院建立时，侨居国外的科学家大约有 5 000 人。1949 年 12 月 18 日，周恩来总理通过北京人民广播电台，热情地向海外知识分子发出“祖国需要你们”的号召，表达了对海外人才的渴望和尊重，并代表新中国政府邀请散落在世界各地的海外知识分子回国参加建设。到 1956 年年底，近 2 000 名科学家回到祖国。到 1955 年，全国科学技术研究机构已发展为840多个，科学技术人员增加到40多万人。以华罗庚、钱学森等为代表的一批旅外知名科学家怀揣着强烈的爱国之心，相继辗转回国，带头挑起建设新中国的重担，积极投入科技强国建设中，开创了新中国科技发展的新纪元。

1951年，我国财政首次实现收支平衡、略有节余，国家立即注视新兴产业，决定发展航空工业。1955年，我国又作出了发展核技术和核工业的决定，全军和全国人民努力学习科学知识，为迅速赶上世界科学技术先进水平而努力奋斗。1956年1月，中共中央召开全国知识分子问题会议。毛泽东在讲话中指出："我们国家大，人口多，资源丰富，地理位置好，应该建设成为世界上一个科学、文化、技术、工业各方面更好的国家。"也就是在这次会议上，中共中央发出了"向科学进军"的伟大号召。不久，毛泽东在最高国务会议第六次会议上指出："社会主义革命的目的是为了解放生产力。""我国人民应该有一个远大的规划，要在几十年内，努力改变我国在经济上和科学文化上的落后状况，迅速达到世界上的先进水平。"他还特别指出："为了实现这个伟大的目标，决定一切的是要有干部，要有数量足够的、优秀的科学技术专家。"

1956年4月25日的中共中央政治局扩大会议上，毛泽东主席在题为《论十大关系》的讲话中明确指出："我们不但要有更多的飞机和大炮，而且还要有原子弹。在今天的世界上，我们要不受人家欺负，就不能没有这个东西。"正如一位著名外国科学家所说："要反对原子弹，必须自己有原子弹。"为了响应"我们国家应该建设成为世界上一个科学、文化、技术、工业各方面更好的国家"以及"我们不但要有更多的飞机和大炮，而且还要有原子弹"的号召，由周恩来和聂荣臻等牵头，成立了科学技术规划委员会，提出了首个中长期科技发展规划——《1956—1967年科学技术发展远景规划纲要》。这一规划提出了"重点发展、迎头赶上"的方针，对百废待兴的新中国尽快建立自己的科学技术体系并支撑经济社会发展发挥了重要的指导作用。毛泽东从时代发展的高度，对党和国家领导班子的人才结构进行了思考，在党的八大预备会议上说：我们现在的中央委员会是一个政治中央，还不是科学中央，将来它的成分是会改变的，应该有许多工程师、科学家，那样就是一个科学中央委员会了。1958年，毛泽东又提出要把工作重点转移到技术革命和经济建设上去，发出了"我们也要搞人造卫星"的号令。

在遭遇世界资本主义国家普遍封锁的恶劣环境中，20世纪50年代中国对来自苏联的技术和设备援助十分珍惜。尽管所有的技术和设备都是通过贸易形式交换取得的，中国却一直称之为"国际主义的无私援助"，虚心向苏联专家学习科学技术知识。在苏联的帮助下，从20世纪50年代到60年代初，我国成功地实现了航空、核能、火箭、电子、自动化等现代科技的启动。

然而在关系到国防尖端技术上，苏联的援助并不可靠。1960年6月，二机部部长刘鼎率代表团赴苏联谈判两种导弹的七个项目以及一个大口径炮厂、三个配套的扩建项目的设计与设备供应期限问题。苏联方采取了既不拒绝又不积极援助的态度，设计要在1961—1963年才能完成，设备要在1965—1968年才能供应，把建设时间拖到8年之久。经反复谈判，苏联方始终坚持原来意见不变。这次谈判后不久，7月苏联政府就照会中国政府，撤离全部在华专家并带走全部设计图纸。8月16日苏联外贸部通知中国，停止对中国签合同，并对核子仪器、微波设备零件、电子管等已达成协议的商品提出撤销供应。苏联撤走专家，对中国的建设项目、科技合作、特种国防技术、和平利用原子能、与东欧各国合作的技术等方面造成了巨大的损伤，使“大跃进”后已经严重困难的中国经济雪上加霜，更加难过。

（二）打好科学技术这一仗

从1959年到1962年，我国连续遭遇重大自然灾害，对国计民生以及经济发展造成了严重影响。在这种恶劣的内部环境下，对于先进科学技术的研发和探索，中国是放弃还是继续坚持？党和国家的领导人面临新的抉择。毛泽东带领中国共产党和广大科技人员再次发扬领导革命战争时的大无畏精神。毛泽东在抗日战争时期曾经说过：“往往有这种情形，有利的情况和主动的恢复，产生于‘再坚持一下’的努力之中。”运用这种辩证唯物主义的思维方式，在困难和挫折面前，中国共产党带领广大干部和科技工作者千方百计地继续研发和探索先进科学技术。

在得知苏联政府撤走专家并要带走设计图纸的情况下，毛泽东提出了关于引进技术与自主创新的辩证思维。1960年7月18日，毛泽东在北戴河中央工作会议上说：“要下决心，搞尖端技术。赫鲁晓夫不给我们尖端技术，极好！如果给了，这个账是很难还的。”1961年，中央批准了《关于自然科学研究机构当前工作的十四条意见》，纠正“左”的因素的不良影响，其中最突出的是明确科研单位的根本任务是“出成果，出人才”。后来，中央又制定了《1963—1972年科学技术规划纲要》，这个规划安排了重点科研374项，其中国民经济和国防建设急需的有333项，基础研究有41项。20世纪60年代初，毛泽东在读苏联《政治经济学教科书》的谈话中，第一次完整地表述了四个现代化的思想。他说：“建设社会主义，原来要求是工业现代化，农业现代化，科学文化现代化，现在要加上国防现代化。”1963年，毛泽东指出：“人的正确思想，只能从社会实践中来，只能从社会的生产斗争、阶级斗争和科学实验这三项实践中来。”他把生产斗争、阶级斗争和科学实验并列为人类的三项实践之一。1964年12月，毛泽东在修改第三届全国人民代表大会第一次会议的政府工作报告草稿时，再次指出现代科学技术在我国现代化建设中的重要作用：“我们不能走世界各国技术发展的老路，跟在别人后面一步一步地爬行。我们必须打破常规，尽量采用先进技术，在一个不太长的历史时期内，把我国建设成为一个社会主义的现代化的强国。”根据毛泽东的建议，周恩来在三届全国人大一次会议上正式提出了四个现代化的宏伟目标。周恩来总理在三届全国人大一次会议的政府工作报告中提出，把我国建设成为一个具有现代农业、现代工业、现代国防和现代科学技术的社会主义国家，并进一步强调："建成社会主义强国，关键在于实现科学技术现代化。"自此，毛泽东规划的社会主义建设战略目标，就以四个现代化的形式清晰地展现在全国人民面前。

毛泽东洞见先进技术在发展中国家追赶发达国家中的作用，他指出："资本主义各国，苏联，都是靠采用最先进的技术，来赶上最先进的国家，我国也要这样。""最先进的技术"与"最先进的国家"连接，既是因果关系，又是手段与目的行为，只有技术的跨越才能完成"赶上"的目标。毛泽东还将"技术革命"与"技术革新"作了区分：一般小的技术改革，叫作技术革新；而在技术上具有根本性的改革，并且产生了广泛、深刻影响的，叫作技术革命。毛泽东认为外国有的我们要有，外国没有的我们也要有，提出了引进与自主创新的问题。

毛泽东将大力发展科学技术视为国家的重要职能："科学技术这一仗，一定要打，而且必须打好。过去我们打的是上层建筑的仗，是建立人民政权、人民军队。建立这些上层建筑干什么呢？就是要搞生产。搞上层建筑、搞生产关系的目的就是解放生产力。现在生产关系是改变了，就要提高生产力。不搞科学技术，生产力无法提高。"1964 年年初，国家科委向毛泽东和刘少奇汇报工作时，毛泽东针对科学规划问题作出以下指示：（1）十年科学规划既然搞了，就一定要认真执行，所需经费不多，可以保证。（2）这一仗是要打的，生产关系的仗打了以后，还要打生产力这一仗，不打科学仗，生产力就上不去。（3）理论研究要专门搞，摆上一批人，不要催他马上拿成果，好好搞点研究工作。战争向来有两手，一手防，一手攻。讲数量我们赶不上人家，因此，要考虑一点办法，从防的方面想办法，可以胜过别人，可以超过他们。（4）要培养一支强大的科学技术队伍，这支队伍必须又红又专。留学生不要都派往国外，国内也有很多很好经验值得学习。

（三）科学技术是第一生产力

邓小平一贯重视科学技术在社会发展中的重要作用。改革开放以来，他多次论述"科学技术是第一生产力"的重要思想。早在 1975 年，他就提出了"科学技术是生产力"的思想。这年的 9 月 26 日，在听取中国科学院工作汇报时，针对当时的实际情况，他明确指出："科学技术叫生产力，科技人员就是劳动者！"1977 年 5 月 24 日，尚未复职的邓小平在同两位中央负责同志谈话时，特意就科学和教育工作阐述了自己的意见，他强调：我们要实现现代化，关键是科学技术要能上去，发展科学技术，不抓教育不行。

1978 年 3 月 18 日，邓小平同志在全国科学大会上发表重要讲话，强调"科学技术是生产力"，要求把"尽快培养一批具有世界第一流水平的科学技术家，作为我们科学、教育战线的重要任务"。本次会议是党中央动员全党、全国人民向科学技术现代化进军的大会，是我国科学技术发展的春天来临的空前盛会。邓小平在大会开幕式上发表了重要讲话。他说：四个现代化，关键是科学技术的现代化。没有现代科学技术，就不可能建设现代农业、现代工业、现代国防。他指出：科学技术就是生产力，这是马克思主义历来的观点。现代科学技术的发展，使科学与生产的关系越来越密切了。科学技术作为生产力，越来越显示出巨大的作用。现代科学为生产技术的进步开辟道路，决定它的发展方向。一系列新兴的工业，都是建立在新兴科学基础上的。当代自然科学正以空前的规模和速度，应用于生产，使社会物质生产的各个领域面貌一新。社会生产力有这样巨大的发展，劳动生产率有这样大幅度的提高，靠的是什么？最主要的是靠科学的力量、技术的力量。知识分子的绝大多数已经是工人阶级和劳动人民自己的知识分子，是工人阶级自己的一部分。

1985 年，在全国科技工作会议上，邓小平同志进一步指出，世界新科技革命蓬勃发展，经济、科技在世界竞争中的地位日益突出，这种形势，无论是美国、苏联以及其他发达国家，还是发展中国家都不能不认真对待。邓小平在接见与会同志和首都科技界的代表时发表讲话，他说："七年前，也是三月份，开过一次科学大会，我讲过一篇话。主要讲了两个意思，两句话。一句叫做科学技术是生产力；一句叫做中国的知识分子已经成为工人阶级的一部分。……我很高兴，现在连山沟里的农民都知道科学技术是生产力。他们未必读过我的讲话。他们从亲身的实践中，懂得了科学技术能够使生产发展起来，使生活富裕起来。"

80 年代中后期，科学技术进步推动社会经济发展的作用愈加显著，国际间以科技发展进步为主要支柱和主要动力的经济、军事、国家实力的竞争更趋激烈。1988 年，邓小平以全新的视角，高瞻远瞩，对科学技术在当代生产力和社会经济发展中第一位的作用，作出了及时、明确的理论概括。1988 年，邓小平在会见捷克斯洛伐克总统胡萨克时说："马克思说过，科学技术是生产力，事实证明这话讲得很对"，"依我看，科学技术是第一生产力"。这一论断精辟阐明了科学技术是经济发展的首要推动力，继承并发展了马克思主义的生产力学说。

1992 年年初，在视察南方时的谈话中，邓小平再次强调：科学技术是第一生产力。要让高科技领域的一个突破，带动一批产业的发展。

1985 年 3 月，党中央作出《关于科学技术体制改革的决定》。1986 年 3 月，瞄准世界高新技术前沿的"863 计划"开始实施。1988 年 8 月，国务院批准实施以高新技术商品化、产业化、国际化为宗旨的"火炬计划"，先后批准建立 53 个国家级高新技术产业开发区，中国高新技术产业由此迅速发展壮大。

（四）教育为本，科教兴国

进入 20 世纪 90 年代，以江泽民同志为核心的党中央领导集体全面落实"科学技术是第一生产力"的思想，提出科教兴国等重要发展战略。

1995年5月6日，中共中央、国务院作出《关于加速科学技术进步的决定》，提出科教兴国的战略。5月26日至30日，中共中央、国务院在北京召开全国科学技术大会。江泽民在大会上指出，党中央、国务院决定在全国实施科教兴国战略，是总结历史经验和根据我国现实情况作出的重大部署。科教兴国战略把科技、教育进步作为经济和社会发展的强大动力，是确保国民经济持续、快速、健康发展，增强国际竞争力的根本措施，对建设国家创新体系、促进科技创新与产业化、促进我国科技自主创新能力的提高、实现跨越式发展具有重要作用。在中共十五大上，江泽民同志再次提出把科教兴国战略和可持续发展战略作为跨世纪的国家发展战略。他指出要充分估量未来科学技术特别是高新技术发展对综合国力、社会经济结构和人民生活的巨大影响，把加速科技进步放在经济社会发展的关键地位，使经济建设真正转到依靠科技进步和提高劳动者素质的轨道上来。

1996年3月，八届全国人大四次会议正式批准的《国民经济和社会发展"九五"计划和2010年远景目标纲要》，将科教兴国作为一条重要的指导方针和发展战略上升为国家意志。1997年，中共十五大进一步明确了将科教兴国战略作为我国经济发展的战略之一。

1999年8月，江泽民同志在全国技术创新大会上指出："科技创新越来越成为当今社会生产力解放和发展的重要基础与标志，越来越决定着一个国家、一个民族的发展进程。如果不能创新，一个民族就难以兴盛，难以屹立于世界民族之林。""我们必须把以科技创新为先导促进生产力发展的质的飞跃，摆在经济建设的首要位置，这要成为一个重要的战略指导思想。"在这次大会上，"加强技术创新、发展高科技、实现产业化"被确立为中国科技跨世纪的战略目标。

加速科技成果向现实生产力的转化，大力发展高新技术产业，始终是江泽民同志优先考虑的一个问题。1998年6月1日，他在会见两院院士及外籍院士时指出："当今世界，以信息技术为主要标志的科技进步日新月异，高科技成果向现实生产力的转化越来越快，初见端倪的知识经济预示人类的经济社会生活将发生新的巨大变化。世界各国都在抓紧制定面向新世纪的发展战略，争先抢占科技、产业和经济的制高点。面对这个态势，我们必须顺应潮流，乘势而上。"1999年2月10日，江泽民同志在北京考察工作时又强调："发展高新技术及其产业，不仅研究和开发要搞上去，还要注意建立一整套的有效机制。一项技术和一个产品要发展，必须同市场结合起来，没有市场需求的推动就难以发展。"

2001年7月1日，江泽民同志在庆祝中国共产党成立80周年大会上的讲话中指出，科学技术是第一生产力，而且是先进生产力的集中体现和主要标志。

这一时期，我国持续发展精尖端技术，加速科技成果向现实生产力的转化。其中，深圳作为改革开放的窗口，除了大量引进外资，还积极支持本土高科技企业的崛起，以华为为代表的一大批优质科创企业涌现。

（五）为建设创新型国家而努力奋斗

2006 年 1 月 9 日，胡锦涛同志在全国科学技术大会上发表题为《坚持走中国特色自主创新道路，为建设创新型国家而努力奋斗》的讲话。他强调，21 世纪头 20 年，是我国经济社会发展的重要战略机遇期，也是我国科技事业发展的重要战略机遇期。我们必须认清形势、坚定信心、抢抓机遇、奋起直追，围绕建设创新型国家的奋斗目标，进一步深化科技改革，大力推进科技进步和创新，大力提高自主创新能力，推动我国经济社会发展切实转入科学发展的轨道。同时在大会上，胡锦涛等党和国家领导人分别向获得 2005 年度国家最高科学技术奖的中国科学院院士、中国科学院大气物理研究所名誉所长叶笃正，中国科学院院士、中国人民解放军第二军医大学东方肝胆外科医院院长吴孟超颁发奖励证书和奖金，以及向获得国家自然科学奖、国家技术发明奖和国家科学技术进步奖的代表颁发奖励证书。颁奖结束后，胡锦涛进一步强调科学技术是第一生产力，是推动人类文明进步的革命力量。

面对世界科技发展的大势，面对日趋激烈的国际竞争，我们只有把科学技术真正置于优先发展的战略地位，真抓实干，急起直追，才能把握先机，赢得发展的主动权。本次大会部署实施《国家中长期科学和技术发展规划纲要（2006—2020 年）》，动员全党全社会坚持走中国特色自主创新道路，为建设创新型国家而努力奋斗。

进入 21 世纪，中国经济进入高速增长时期。党中央适时提出“自主创新”，并将其放在科技工作的突出位置，把提高自主创新能力作为调整经济结构、转变增长方式的中心环节。这既是历史的传承和延伸，也是时代的发展和突破。

2000 年 6 月，中国西北农林科技大学“克隆羊”诞生，表明中国科学家掌握了体细胞克隆的尖端技术。2003 年 10 月 15 日，“神舟”五号飞船载着航天员飞入太空并顺利返回地球，中国成为世界上第三个掌握载人航天技术的国家。2008 年 9 月 25 日，“神舟”七号发射成功，实现了中国人的第一次太空行走。

这一时期，无论是在天空、海洋，还是在生物医药、计算机等领域，中国都取得了快速发展的可喜成就。

（六）创新驱动战略为科技发展再添新动能

新时代，我国正在深入实施科教兴国战略和人才强国战略，深入实施创新驱动发展战略，统筹谋划，加强组织，优化科技事业发展总体布局。要实现创新驱动，需要科技创新继续冲锋陷阵，奋勇向前。“十三五”规划建议提出：“发挥科技创新在全面创新中的引领作用，加强基础研究，强化原始创新、集成创新和引进消化吸收再创新。推进有特色高水平大学和科研院所建设，鼓励企业开展基础性前沿性创新研究，重视颠覆性技术创新。实施一批国家重大科技项目，在重大创新领域组建一批国家实验室。积极提出并牵头组织国际大科学计划和大科学工程。”

党的十八大提出：“科技创新是提高社会生产力和综合国力的战略支撑，必须摆在国家发展全局的核心位置。”习近平总书记指出：“当今世界，科技创新已经成为提高综合国力的关键支撑，成为社会生产方式和生活方式变革进步的强大引领，谁牵住了科技创新这个牛鼻子，谁走好了科技创新这步先手棋，谁就能占领先机、赢得优势。”2013 年 5 月，在天津视察期间，习近平总书记来到位于滨海新区的天津国际生物医药联合研究院，观看了该院自主研发产品展示，察看了分析测试中心、药物筛选中心等，详细了解国家创新药重大专项课题研发情况。习近平总书记指出：“科技创新是提高社会生产力和综合国力的战略支撑，必须摆在国家发展全局的核心位置。”

新一轮的科技革命中，世界各国都在以科技为核心推动创新发展，争取主动权。美国强调“对科技创新的支持是经济竞争力的关键”，力图保持领先优势和对全球经济的领导地位；欧盟提出要建立创新型欧洲，探索欧洲复兴之路。我国也早已意识到，科学技术将逐步成为推动经济社会发展的主要动力。2013 年 7 月 17 日，习近平到中国科学院考察工作时强调：“科技兴则民族兴，科技强则国家强，要结合实际坚持运用我国科技事业发展经验，积极回应经济社会发展对科技发展提出的新要求，深化科技体制改革，增强科技创新活力，集中力量推进科技创新，真正把创新驱动发展战略落到实处。”

2013 年 9 月 30 日，习近平主持中共中央政治局第九次集体学习时指出：“当前，从全球范围看，科学技术越来越成为推动经济社会发展的主要力量，创新驱动是大势所趋。”机会稍纵即逝，抓住了就是机遇，抓不住就是挑战。从国内看，创新驱动是形势所迫。我国经济总量已跃居世界第二位，同时，我国人口、资源、环境压力越来越大。我们要推动新型工业化、信息化、城镇化、农业现代化同步发展，必须及早转入创新驱动发展轨道，把科技创新潜力更好地释放出来，充分发挥科技进步和创新的作用。2014 年 6 月 9 日，习近平总书记在中国科学院第十七次院士大会、中国工程院第十二次院士大会上说：“老路走不通，新路在哪里？就在科技创新上，就在加快从要素驱动、投资规模驱动发展为主向以创新驱动发展为主的转变上。”

2016 年 5 月 30 日，在全国科技创新大会、两院院士大会、中国科协第九次全国代表大会上，习近平总书记指出，实施创新驱动发展战略，是应对发展环境变化、把握发展自主权、提高核心竞争力的必然选择，是加快转变经济发展方式、破解经济发展层次矛盾和问题的必然选择，是更好地引领我国经济发展新常态、保持我国经济持续健康发展的必然选择。

同年，党中央颁布《国家创新驱动发展战略纲要》，明确科技事业发展的目标是，到2020年时使我国进入创新型国家行列，到2030年时使我国进入创新型国家前列，到新中国成立100年时使我国成为世界科技强国。

与之相伴，国家发展改革委、科技部印发了《关于同意建设上海张江综合性国家科学中心的复函》；国务院印发《上海系统推进全面创新改革试验加快建设具有全球影响力的科技创新中心方案》。同时，我国着力打造北京、上海、粤港澳大湾区三大具有全球影响力的科技创新中心，加速推进建设北京怀柔、上海张江、安徽合肥三个综合性的国家科学中心。

新形势下，打造具有全球影响力的科技创新中心是实现科创强国梦的重要基石。一方面，要全力打造重点领域的国家实验室；另一方面，要更好地发挥大科学设施的支撑引领作用，为国家中长期大科学设施储备库提供支撑。

总之，我们要坚持走自主创新之路，把热爱祖国、无私奉献、自力更生、艰苦奋斗、大力协同、勇于攀登的精神永久地镌刻在中国大地上。也正是这种精神的支撑，以及以习近平同志为核心的党中央的正确领导，使得我们在新时代取得了举世瞩目的成绩。

首先，原始创新方面。在国家自然科学基金、国家重点基础研究发展计划（973计划）支持下，我国在量子科学、铁基超导、暗物质粒子探测卫星、CIPS干细胞等基础研究领域取得重大突破。屠呦呦研究员获得诺贝尔生理学或医学奖，王贻芳研究员获得基础物理学突破奖，潘建伟团队的多自由度量子隐形传态研究位列2015年度国际物理学十大突破榜首。

其次，高新技术领域，在国家科技重大专项和国家高新技术研究发展计划（863计划）等的支持下，我国高新技术领域也有突破：神舟飞船与天宫空间实验室在太空交会，蛟龙号载人潜水器、海斗号无人潜水器创造最大深潜纪录，北斗导航卫星实现全球组网，第四代隐形战斗机和大型水面舰艇相继服役。国产大飞机、高速铁路、三代核电、新能源汽车等领域取得了一批在世界上叫得响、数得着的重大成果。

另外，我国的科研创新基地和平台的建设数量在大幅度增加。我国新建了中国散裂中子源、500米口径球面射电望远镜（FAST）、“科学”号海洋科考船、JF12激波风洞等一批重大科技基础设施，建立了众多的国家重点实验室和国家技术创新中心，规范了管理国家科技资源共享服务平台。截至2018年年底，正在运行的国家重点实验室达501个，已累计建设国家工程研究中心132个、国家工程实验室217个。

70年来，中国科技事业走过不平凡的发展之路，印证了科技兴则民族兴、科技强则国家强这一颠扑不破的真理。党的十九大将科技创新提升到前所未有的重要位置，对新时代如何加快建设创新型国家指明了突破方向、提出了具体任务、剖析了薄弱环节，使广大科技工作者倍感振奋、使命光荣。

人物简介

华罗庚

华罗庚（1910—1985 年，如图 2-7 所示），中国人民政治协商会议第六届全国委员会副主席，出生于江苏常州，祖籍江苏丹阳，数学家，中国科学院院士，美国国家科学院外籍院士，第三世界科学院院士，联邦德国巴伐利亚科学院院士，中国科学院数学研究所研究员。

华罗庚主要从事解析数论、矩阵几何学、典型群、自守函数论、多复变函数论、偏微分方程、高维数值积分等领域的研究，并解决了高斯完整三角和的估计难题、华林和塔里问题改进、一维射影几何基本定理证明、近代数论方法应用研究等。华罗庚被列为芝加哥科学技术博物馆中当今世界 88 位数学伟人之一。国际上以华氏命名的数学科研成果有“华氏定理”“华氏不等式”“华-王方法”等。

图 2-7　华罗庚

知识拓展

知识分子在我国科技发展中的作用

1956 年 1 月 14 日到 20 日，中共中央在北京召开全国知识分子问题会议。参加会议的有：中央委员、候补中央委员，各省、自治区、直辖市党委负责人，中央各部委负责人，中央国家机关各部委党组负责人，各全国性群众团体党组负责人，全国重点高等学校、科研机关、工厂、矿山、设计院、医院、文艺团体、军事机关党委负责人，共1 279 人。会议由刘少奇主持。周恩来代表中共中央作了《关于知识分子问题的报告》，报告由周恩来拟定提纲，胡乔木负责起草。

周恩来在用他特有的亲切语调所作的报告中，着重讲了知识分子在社会主义建设中的地位和作用，指出，“在社会主义时代，比以前任何时代都更加需要充分地提高生产技术，更加需要充分地发展科学和利用科学知识”。“科学是关系我们的国防、经济和文化各方面的有决定性的因素”，进行社会主义建设，“必须依靠体力劳动和脑力劳动的密切合作，依靠工人、农民、知识分子的兄弟联盟”。周恩来特别加重语气代表党中央郑重宣布：“知识分子中的绝大部分现在已经成为国家工作人员，已经是为社会主义服务的，已经是工人阶级的一部分。”这番话赢得了全场一致热烈的掌声。毛泽东在会议最后一天讲话，号召全党努力学习科学知识，同党外知识分子团结一致，为迅速赶上世界科学先进水平而奋斗。会后，全国开始出现“向科学进军”的新气象。

1956年，中国成立了国家科学规划委员会，组织全国600多位科学家和技术专家，制定出“十二年科技规划”，以“重点发展，迎头赶上”的方针，拟定57项重大任务。规划的主要任务，除基础理论一项外，都于1962年提前五年完成，为中国的原子能、电子学、半导体、自动化、计算技术、航空和火箭技术等新兴科学技术奠定了基础，促进了一系列新兴工业部门的诞生和发展。

1963年，我国制定了“十年科技规划”，安排重点科研项目374项，规划了农业、工业等各方面的最新科学技术的研究和运用。仅三年时间，我国就取得了“两弹一星”、电子计算机、射电望远镜等一批重要成果。两次科技长远规划的制定和实施，使中国科学技术事业在现代化的道路上迈出了坚实的两大步。

1978年3月18日，全国科学大会开幕，5 586名科学工作者汇聚北京，如图2-8所示。“科学技术就是生产力”“四个现代化关键是科学技术的现代化”，邓小平的讲话极大地鼓舞了科技工作者。中国进入改革开放的历史新时期，迎来了科学的春天。1978年3月18—31日，中共中央、国务院在北京隆重召开了全国科学大会。这是我国科学史上空前的盛会，标志着我国科技工作经过“十年动乱”后终于迎来了“科学的春天”。

图2-8　全国科学大会

改革开放以来，中国科技发展日新月异，科技实力伴随经济发展日益壮大，一系列重大科学工程达到国际先进水平，在科技进步与创新上取得重大进展。

二、艰难条件下的斐然成就

新中国成立时，面临以美国为首的西方国家的孤立和封锁。当时，我国的工业基础特别是重工业基础十分薄弱，现代工业不到国民经济的 10%，且相关人才匮乏。如何在短时间内改变贫穷落后面貌，把中国建设成为一个工业化的富强的社会主义国家，是共和国领导人殚精竭虑思考和解决的主要问题。

1951 年 2 月正值抗美援朝战争期间，中共中央已开始谋划大规模经济建设问题。2 月 14 日，毛泽东在中央政治局扩大会议上提出了“三年准备，十年计划经济建设”的思想，首次明确提出了编制国民经济发展计划的设想。会议决定，自 1953 年起实行发展国民经济的第一个五年计划，并要求立即开始编制五年计划的准备工作。

五年计划，是中国国民经济计划的重要部分，主要是对国家重大建设项目、生产力分布和国民经济重要比例关系等作出规划，为国民经济发展远景规定目标和方向。第一个五年计划，简称“一五”计划（1953—1957 年），是在党中央的直接领导下，由周恩来、陈云同志主持制定的，1955 年 7 月经全国人大一届二次会议审议通过。在全党全国人民同心同德、齐心协力的共同努力下，“一五”计划顺利实施，工业化建设捷报频传。1953 年 12 月 26 日，鞍山钢铁公司三大工程——大型轧钢厂、无缝钢管厂、七号炼铁炉举行开工生产典礼。这是新中国重工业建设中首批竣工投入生产的重要工程，大大加强了以鞍钢为中心的东北钢铁基地建设，为全国钢铁工业的进一步发展奠定了基础。与此同时，包头钢铁公司和武汉钢铁公司也先后正式开工，为在内地建立大型钢铁基地开了头。上海和其他沿海城市的工业基础大为加强，华北、西北地区开始建成一批新的工业企业。到 1956 年，中国第一个生产载重汽车的长春汽车制造厂建成投产，中国第一个飞机制造厂试制成功中国第一架喷气式飞机，中国第一个制造机床的沈阳机床厂建成投产，中国第一座长江大桥在武汉开始修建，大批量电子管生产工厂在北京正式投产，在“世界屋脊”青藏高原上修建的康藏、青藏、新藏公路相继建成通车。一大批旧中国没有的基础工业部门、重型和精密机器制造业、发电设备制造业、冶金和矿山设备制造业、高级合金钢和有色金属冶炼业等，开始一个个建立起来。交通运输业、轻工业、农业、商业及文化教育等事业得到相应发展，人民生活得到了较大改善，从而极大地改变了国家经济发展的面貌，有力地增强了国家基础工业的实力。到 1957 年年底，第一个五年建设计划的各项指标大多大幅度地超额完成了。“一五”期间，我国工业生产所取得的成就，远远地超过了旧中国 100 多年的发展。

虽然建国初期的条件艰苦，但是在中国共产党的领导下，在新中国成立后的近 30 年间仍然取得了很多辉煌的成就。

（一）大庆油田发现

松辽平原是中国勘探远景最大的地区之一。在李四光等杰出的地质学家科学论断的指导下，1955 年开始在松辽平原找油，1959 年 9 月 26 日，位于安达县大同镇的松基三井喷出了工业油流，发现了大庆油田。

大庆油田是中国最大的油田，无论是探明的地质储量还是年产量均居全国第一位。它也是世界著名的特大型陆地油田，探明的地质储量列世界大油田的第 15 位，可采储量列世界大油田的第 13 位。自 1960 年投产到 1985 年，大庆油田已开采 25 年，1976 年原油产量达到 5 000 万吨以上，到 1985 年已稳产 10 年，为中国的社会主义现代化建设作出了巨大贡献。

人物简介

王进喜

王进喜（1923—1970 年，如图 2-9 所示），出生于甘肃省玉门县赤金堡，中国黑龙江省大庆市大庆油田石油工人。王进喜出生于一个贫苦家庭，玉门解放后成为一名新中国石油工人，因用自己身体制伏井喷而家喻户晓，人称“铁人”。1970 年 4 月，王进喜被确诊为胃癌晚期。1970 年 11 月 15 日 23 时 42 分，王进喜因胃癌医治无效不幸病逝，终年 47 岁。2009 年 9 月 10 日，王进喜当选“100 位新中国成立以来感动中国人物”之一。

图 2-9　“铁人”王进喜

（二）成渝铁路通车

1903 年，清政府提出修建川汉铁路意向，其西段为成渝铁路；1936 年，国民政府成立成渝铁路工程局，次年开始修筑；1937 年 7 月，因抗日战争爆发而停工，仅完成工程量的 14%，一寸钢轨未铺。其后，国民政府更以修路为借口，搜刮民脂民膏，结果只在地图上画了一条“虚线”。

新中国成立后，党和政府为了西南人民，决定在极其艰难的条件下兴建成渝铁路。

1950 年 6 月，成渝铁路全线开工，1952 年 6 月竣工，西南人民近半个世纪的梦想终于成为现实，如图 2－10 所示。成渝铁路是中国西南地区第一条铁路干线，是新中国成立后建成的第一条铁路，是新中国成立以前任何时代不可想象的奇迹，在中国铁路发展史上具有极其重要的意义。

图 2－10　成渝铁路通车

（三）中国第一台计算机诞生

20 世纪 50 年代中期，我国制定了“十二年科学技术发展规划”，并提出“向科学进军”的口号。著名数学家华罗庚敏锐地意识到计算机的发展前景广阔，便提出要自主研制我国的电子计算机。

1956 年，国家成立中科院计算技术研究所筹备委员会，科研人员开始对计算机技术快速地消化吸收。国营 738 厂用时 8 个月，完成了第一部计算机的制造工作。1958 年 8 月 1 日，这部计算机完成了四条指令的运行，宣告中国人制造的第一架通用数字电子计算机的诞生，如图 2－11 所示。虽然起初该机的运算速度仅有每秒 30 次，但它也成为我国计算技术这门学科建立的标志。

图 2－11　103 型通用数字电子计算机

103 机研制成功后一年多，104 机问世，运算速度提升到每秒 1 万次。1964 年，第一部由我国完全自主设计的大型通用数字计算机 119 机研制成功，运算速度提升到每秒 5 万次。随后我国计算机的研发不断加速和升级，并创造着更多的第一。1973 年，我国第一部百万次集成电路大型计算机 150 机研制成功。紧接着 1983 年，我国第一部每秒运算亿次级计算机“银河一号”问世，它将我国带入了研制巨型机国家的行列。

几十年来，中国的计算机从无到有，从跟随到走在世界最前沿。在 2021 年 6 月公布的最新一期全球超算 500 强榜单中，中国以拥有 219 台超级计算机继续蝉联全球拥有超算数量最多的国家。

（四）武汉长江大桥

武汉长江大桥是中国湖北省武汉市境内连接汉阳区与武昌区的过江通道，位于长江水道之上，是中华人民共和国成立后修建的第一座公铁两用的长江大桥，也是武汉市重要的历史标志性建筑之一，素有“万里长江第一桥”美誉。

1949 年，中华人民共和国成立后不久，时年 63 岁、自 1913 年起多次参与武汉长江大桥规划和勘探的李文骥，联合茅以升等一些科学家、工程师向中央人民政府上报《筹建武汉纪念桥建议书》，提议建设武汉长江大桥，作为“新民主主义革命成功的纪念建筑”，并详述前四次规划经过和受挫的原因，论述当时中国能建成大桥的可能性与具体工程内容、经费预算等。中央政府对此甚为重视，1949 年 9 月 21 日至 30 日，中国人民政治协商会议第一届全体会议在北平召开，会议上通过建造长江大桥的议案，并于 1949 年年末电邀李文骥、茅以升等桥梁专家赴京，共商建桥之事。根据中央人民政府政务院的指示，中央人民政府铁道部立即着手筹划修建武汉长江大桥。

经国务院批准后，武汉长江大桥于 1955 年 9 月 1 日提前正式动工。武汉长江大桥全部工程除了大桥本身以外，还包括大量配套工程，包括汉水铁路桥、大桥联络线、由丹水池站经江岸西站至汉水铁路桥头的汉口迂回线（今京广铁路正线）、江岸站至江岸西站的联络线、江岸西编组站、汉西站、汉阳站等设施，其中汉水铁路桥和长江大桥正桥和引桥工程由铁道部武汉大桥局负责施工，其余铁路及跨线桥工程由铁道兵施工。

1957 年 5 月 4 日，大桥钢梁顺利合拢，同日举行了庆祝大会，如图 2-12 所示。武汉长江大桥（连同配套工程）总投资预算 1.72 亿元，实际只用了 1.384 亿元；大桥本身造价预算 7 250 万元，实际只用了 6 581 万元。

1956 年，毛泽东从长沙到武汉，第一次游泳横渡长江，当时武汉长江大桥已初见轮廓，毛泽东即兴写下《水调歌头·游泳》一词，其中广为传诵的一句“一桥飞架南北，天堑变通途”，正是描写武汉长江大桥的气势和重要作用。1957 年 9 月 6 日，毛泽东第三次来到武汉长江大桥工地视察，并从汉阳桥头步行到武昌桥头。

图2-12　武汉长江大桥建成通车典礼

（五）解放牌汽车下线

1956年7月13日，吉林省长春市第一汽车制造厂内，崭新的总装线装配出第一辆解放牌汽车（如图2-13所示），从此中国结束了不能制造汽车的历史。14日，第一批解放牌汽车徐徐驶出装配线。中国汽车工业发展史也从1956年7月14日开始记录。第一辆解放牌汽车也是中国生产的第一款卡车，绿皮，汽车的鼻尖上顶着“解放”两个字，载重4吨。“当时奔驰在马路上的汽车，每两辆就有一辆是解放牌。”据老一汽人回忆，直至1986年停产，第一代解放创造了1 281 502辆产量的历史，这个数字几乎是当时全国汽车产量的一半。

图2-13　第一辆解放牌汽车

1956年7月14日，《人民日报》头版刊发《解放牌汽车试制出来》，庆祝我国第一批汽车诞生。报道写道：“汽车在人们狂热的掌声中开到了调整间。这时，工厂的设计部门和工艺部门的工程技术人员立即赶上去，抱着车头，倾听发动机的转动声。当发动机转动声渐渐停止的时候，人群中随着又引起了胜利的欢笑。”

（六）第一台万吨水压机

新中国成立以来，虽然确立了优先发展重工业的国家战略，但重工业发展所需的设备条件和技术能力却严重不足。当时的中国，只有几台中小型水压机，重型锻件长期依赖进口。

1958 年，中央决定在上海制造一台万吨水压机。在那个物资匮乏的年代，江南造船厂、上海重型机器厂与上海许多单位的科研人员从零起步，他们用纸片、木板、铁皮、胶泥、沙土等材料做各种模型，反复试验。在没有计算机的条件下，技术员们还凭借自己的数学功底，化解了大量计算难题。

1962 年 6 月 22 日，万吨水压机制造成功（如图 2－14 所示），不但标志着中国重型机器制造业步入了新的水平，而且使得中国产业工人自力更生、发奋图强的精神成为“大国工匠”一词的最佳诠释。如今在江南造船厂应斌路上矗立的“匠心精神”雕塑，也依然在激励着广大江南人争当大国工匠、打造国之重器。

图 2－14　万吨水压机

人物简介

沈鸿

图 2－15　沈鸿

沈鸿（1906—1998 年，如图 2－15 所示），浙江海宁人，机械工程专家，中国科学院院士（学部委员），中华人民共和国机械工业部高级工程师，中国第一台万吨水压机总设计者。

（七）两弹一星

20 世纪 50 年代、60 年代是极不寻常的时期，当时面对严峻的国际形势，为抵制帝国主义的武力威胁和核讹诈，50 年代中期，以毛泽东同志为核心的第一代党中央领导集体，根据当时的国际形势，为了保卫国家安全、维护世界和平，高瞻远瞩，果断地作出了独立自主研制“两弹一星”的战略决策。大批优秀的科技工作者，包括许多在国外已经有杰出成就的科学家，以身许国，怀着对新中国的满腔热爱，响应党和国家的召唤，义无反顾地投身到这一神圣而伟大的事业中来。他们和参与“两弹一星”研制工作的广大干部、工人、解放军指战员一起，在当时国家经济、技术基础薄弱和工作条件十分艰苦的情况下，自力更生，发奋图强，依靠自己的力量，用较少的投入和较短的时间，突破了核弹、导弹和人造卫星等尖端技术，取得了举世瞩目的辉煌成就。1964 年 10 月 16 日，中国成功爆炸第一颗原子弹（如图 2－16 所示），成为世界上第五个拥有核武装的国家。1967 年 6 月 17 日，中国第一颗氢弹爆炸成功（如图 2－17 所示），中国成为世界上第四个掌握氢弹技术的国家。1970 年 4 月 24 日，中国发射首枚地球人造卫星“东方红一号”（如图 2－18 所示）。

图 2－16　第一颗原子弹爆炸

图 2－17　第一颗氢弹爆炸

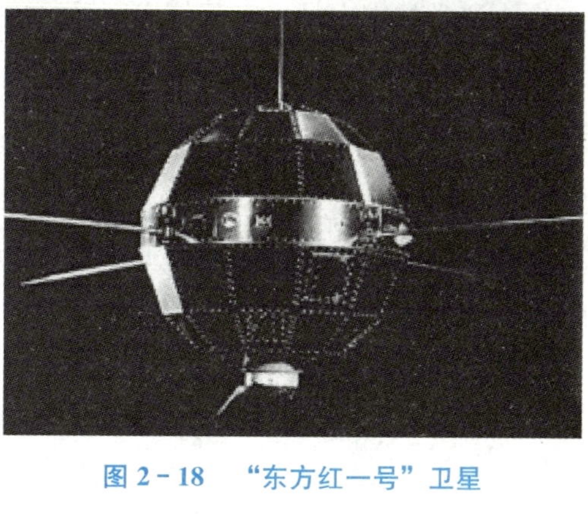

图 2－18　“东方红一号”卫星

对于中国而言，“两弹一星”是在非常艰苦、没有外援的环境下所开发出来的成果。而“两弹一星”精神象征了中华民族自力更生、在社会主义之下集中力量从事科学开发研究，并创造“科技奇迹”的态度与过程，组合的元素则为“爱国主义”“集体主义”“社会主义”与“科学精神”，并可以衍生至“科技创新”“知识经济”等领域。“两弹一星”精神，是中国人民在20世纪为中华民族创造的新的宝贵精神财富。我们要继续发扬光大这一伟大精神，使之成为全国各族人民在现代化建设道路上奋勇开拓的巨大推动力量。

1999年9月18日，在庆祝中华人民共和国成立50周年之际，党中央、国务院、中央军委决定，对当年为研制“两弹一星”作出突出贡献的23位科技专家予以表彰，并授予于敏、王大珩、王希季、朱光亚、孙家栋、任新民、吴自良、陈芳允、陈能宽、杨嘉墀、周光召、钱学森、屠守锷、黄纬禄、程开甲、彭桓武“两弹一星功勋奖章”，追授王淦昌、邓稼先、赵九章、姚桐斌、钱骥、钱三强、郭永怀“两弹一星功勋奖章”。江泽民在大会上，阐述了“两弹一星”的伟大精神：

（1）热爱祖国、无私奉献的精神。“两弹一星”的研制者高举爱国主义旗帜，怀着强烈的报国之志，自觉把个人理想与祖国命运、个人志向与民族振兴联系在一起。许多功成名就、才华横溢的科学家放弃国外优厚的条件回到祖国。许多人甘当无名英雄，隐姓埋名，默默奉献，有的甚至献出了宝贵的生命。他们用自己的热血和生命，写就了一部为祖国为人民鞠躬尽瘁、死而后已的壮丽史诗。

（2）自力更生、艰苦奋斗的精神。“两弹一星”的研制者，在极其艰苦的环境中，克服了各种难以想象的艰难险阻，经受住了生命极限的考验。他们运用有限的科研和试验手段，依靠科学，顽强拼搏，发愤图强，锐意创新，突破了一个个技术难关。他们所具有的惊人毅力和勇气，显示了中华民族在自力更生的基础上自立于世界民族之林的坚强决心和能力。

（3）大力协同、勇于登攀的精神。在研制“两弹一星”的过程中，全国有关地区、部门、科研机构、院校和广大科学技术人员、工程技术人员、后勤保障人员和解放军指战员，团结协作，群策群力，求真务实，大胆创新，突破了一系列关键技术，使中国科研能力实现了质的飞跃。他们用自己的业绩，为中华民族几千年的文明创造史书写下了新的光彩夺目的篇章。

“两弹一星”精神是爱国主义、集体主义、社会主义精神和科学精神的生动体现，是中国人民在20世纪创造的宝贵精神财富，对于全面建成小康社会、实现中华民族伟大复兴的中国梦具有重大意义。

人物简介

于敏

图 2-19　于敏

于敏（1926—2019 年，如图 2-19 所示），出生于河北省宁河县（今天津市宁河区）芦台镇。1949 年毕业于北京大学物理系。1980 年当选为中国科学院学部委员（院士）。原中国工程物理研究院副院长、研究员、高级科学顾问。他在中国氢弹原理突破中解决了一系列基础问题，提出了从原理到构形基本完整的设想，起了关键作用。此后他长期领导核武器理论研究、设计，解决了大量理论问题，对中国核武器进一步发展到国际先进水平作出了重要贡献。从 20 世纪 70 年代起，于敏在倡导、推动若干高科技项目研究中，发挥了重要作用。1982 年，于敏荣获国家自然科学奖一等奖；1985 年、1987 年和 1989 年，三次获得国家科技进步奖特等奖；1994 年，荣获求是基金杰出科学家奖；1999 年，被国家授予“两弹一星”功勋奖章；1985 年，荣获“五一劳动奖章”；1987 年，荣获“全国劳动模范”称号。2019 年 1 月 16 日，于敏在北京逝世，享年 93 岁。同年 9 月 17 日，国家主席习近平签署主席令，授予于敏“共和国勋章”。

王淦昌

图 2-20　王淦昌

王淦昌（1907—1998 年，如图 2-20 所示），出生于江苏常熟，中共党员、九三学社社员。生前曾任中国原子能研究院院长，九三学社中央名誉主席，核物理学家、中国核科学的奠基人和开拓者之一、中国科学院院士、“两弹一星”功勋奖章获得者。1929 年，王淦昌毕业于清华大学物理系；1933 年，获得柏林大学博士学位。1964 年，他独立地提出了用激光打靶实现核聚变的设想，是世界激光惯性约束核聚变理论和研究的创始人之一。王淦昌参与了中国原子弹、氢弹原理突破及核武器研制的试验研究和组织领导，是中国核武器研制的主要奠基人之一，曾荣获两项国家自然科学一等奖、国家科学技术进步特等奖等奖项。

邓稼先

邓稼先（1924—1986 年，如图 2-21 所示），安徽省怀宁县人，中共党员，核物理学家，中国科学院学部委员。1945 年，邓稼先毕业于西南联合大学物理系，后在北京大学任教。1948 年 10 月，邓稼先赴美国普渡大学物理系留学；1950 年，获得物理学博士学位，同年回国。邓稼先历任中国科学院近代物理研究所助研、副研究员，二机部第

图 2-21 邓稼先

九研究所理论部主任，第九研究院副院长、院长，国防科工委科技委副主任，核工业部科技委副主任等职。中共第 12 届中央委员。1986 年逝世。在原子弹、氢弹研究中，邓稼先领导开展了爆轰物理、流体力学、状态方程、中子输运等基础理论研究，对原子弹的物理过程进行了大量模拟计算和分析，迈出了中国独立研究核武器的第一步。邓稼先领导完成原子弹的理论方案，并参与指导核试验的爆轰模拟试验。原子弹试验成功后，邓稼先立即组织力量，探索氢弹设计原理，选定技术途径。1982 年，邓稼先获国家自然科学奖一等奖，1985 年获两项国家科技进步奖特等奖，1986 年获全国劳动模范称号，1987 年和 1989 年各获一项国家科技进步奖特等奖。

(八) 第一代籼型杂交水稻

新中国成立以来，我国在农业科技上的一项举世瞩目的成就是籼型杂交水稻的育成。这项技术自 1976 年在全国大面积推广以后，仅至 1994 年，就已使我国的稻谷累计增产达 2 400 亿千克。此外，该技术还被出口到美国等国家和地区。

杂交水稻的研究始于 1964 年。当时任职于湖南省安江农校的袁隆平最先发现了水稻天然雄性不育株，便带领助手们开展了有关研究（如图 2-22 所示）。他们利用野生不育株在中国首先实现了杂交水稻三系（不育系、保持系和恢复系）配套的重大突破（1973 年），并解决了杂交水稻“优而不旱”“旱而不优”等许多技术难题。杂交水稻技术在全国的推广应用使我国成为世界上第一个在水稻生产上利用杂种优势的国家。

图 2-22 袁隆平和助手

袁隆平的杂交水稻是现代生物技术的重大成就，被誉为“第二次绿色革命”。杂交水稻不仅对中国具有深远的意义，而且对世界具有深远的影响。杂交水稻解决了中国人的吃饭问题，同时杂交水稻在世界范围推广，被许多国家引种，有助于解决未来世界性饥饿问题。

（九）世界首次人工全合成结晶牛胰岛素

人和动物胰脏内有一种岛形细胞，分泌出的激素叫胰岛素，具有降低血糖和调节体内糖类代谢的功能。胰岛素是蛋白质的一种，蛋白质是生物体内不可缺少的物质，生命活动主要通过蛋白质来体现。人工合成胰岛素，首先要把氨基酸按照一定的顺序联结起来，组成 A 链、B 链，然后再把 A、B 两条链连在一起，这是一项复杂而艰巨的工作。

1958 年 12 月，中国科学院上海分院组成一支强有力的科研队伍，联合攻关。中科院上海有机化学研究所和北京大学化学系负责合成 A 链，中科院生物化学研究所负责合成 B 链。1965 年 9 月 17 日，在经历 600 多次失败之后，世界上首批用人工方法合成的牛胰岛素晶体，在新中国生物化学家手中诞生了（如图 2－23 所示）。人工牛胰岛素的合成，标志着人类在认识生命、探索生命奥秘的征途中，迈出了关键性的一步，开辟了人工合成蛋白质的时代，在我国基础研究，尤其是生物化学的发展史上有巨大的意义与影响。

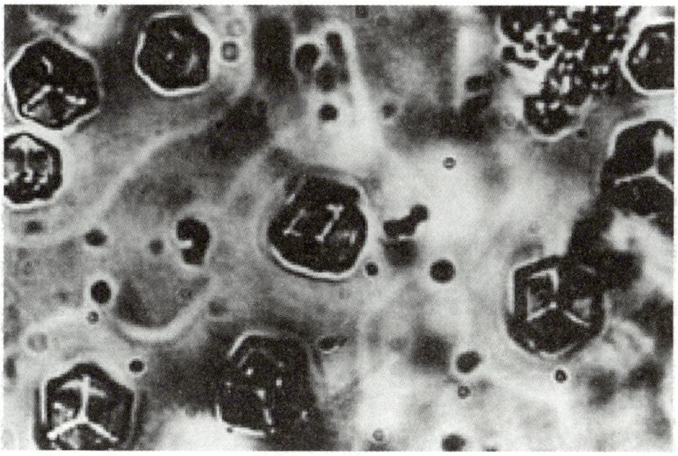

图 2－23　晶体胰岛素

（十）新型抗疟药——青蒿素的发现

疟疾是人类最古老的疾病之一，至今依然还是一个全球广泛关注且亟待解决的重要公共卫生问题。

20 世纪 60 年代，为了抵抗疟疾给人类带来的危害，卫生部中医研究院实习研究员屠呦呦带领团队承接国家疟疾防治的抗疟研究项目。屠呦呦在研究过程中大量查阅了中医药典籍，最终在《肘后备急方》中获得灵感："青蒿一握，以水二升渍，绞取汁，尽服之。"在青蒿提取物实验药效不稳定的情况下，正是这句出自东晋葛洪《肘后备急方》

中对青蒿截疟的记载，给了屠呦呦新的研究思路。通过改用低沸点溶剂的提取方法，富集了青蒿的抗疟组分，屠呦呦团队最终于 1972 年发现了青蒿素。“青蒿素的研究成功，是当年研究团队集体攻关的结果。”屠呦呦说，中国医药学是一个伟大宝库，青蒿素正是从这一宝库中发掘出来的。

（十一）哥德巴赫猜想与陈景润

哥德巴赫猜想是数学中最著名的问题之一，凡是不小于 6 的偶数都可以表示为两个奇素数之和。挪威数学家布朗（V. Brun）改进了古老的筛法，证明了充分大的偶数可以表示为两个正整数之和，而这两个正整数的素因子个数都不超过 9，简称为（9 9）。一些外国著名数学家作了进一步改进。王元证明了（3 4），开创了中国数学家在此课题上研究的先河。之后，王元、潘承洞又取得了一些重要的进展。意大利数学家邦别里（Bombieri）和苏联数学家维诺格拉多夫（A. I. Vinogradov）独立地证明了（1 3），邦别里（Bombieri）因此结果获得了菲尔兹奖。

陈景润对于前人所用的筛法作了重大的改进，并由此证明了（1 2），1966 年，他将结果发表在《科学通报》上。1973 年，陈景润在《中国科学》杂志上发表了完整的结果，题名为《大偶数表为一个素数及一个不超过两个素数的乘积之和》。论文发表之后在国内外引起了很大反响，受到世界数学界和国际著名数学家的高度重视和称赞。

人物简介

陈景润

陈景润（1933—1996 年，如图 2－24 所示），汉族，无党派人士，1933 年 5 月出生，福建福州人。中国科学院原数学研究所研究员。他在逆境中潜心学习，忘我钻研，取得解析数论研究领域多项重大成果。1973 年在《中国科学》发表了（1　2）详细证明，引起世界巨大轰动，被公认是对哥德巴赫猜想研究的重大贡献，是筛法理论的光辉顶点，国际数学界称之为“陈氏理论”，至今仍在“哥德巴赫猜想”研究中保持世界领先水平。他的先进事迹和奋斗精神，激励着一代代青年发愤图强，永攀科学高峰。陈景润荣获国家自然科学奖一等奖、华罗庚数学奖等。

图 2－24　陈景润

（十二）激光照排系统研制成功

传统的报纸图书都是用铅字印刷，因此离不开“铅”与“火”。当时先用火熔化金属铅，然后再铸成铅字。这种工艺劳动强度大，污染环境，有碍排字工人身体健康。随着计算机技术的发展，电子激光技术逐步取代了“铅”与“火”，“华光”激光照排系统则是中国电子出版领域的先行者。

知识拓展

“华光”激光照排系统

“华光”激光照排系统的研制工作始于 1974 年 8 月。1975 年 5 月北京大学开始研制照排系统，由王选教授等主持这项工作（如图 2-25 所示）。1979 年 7 月 27 日，在北京大学汉字信息处理技术研究室的计算机房里，科研人员用自己研制的照排系统，在极短的时间内，一次成版地输出一张由各种大小字体组成、版面布局复杂的八开报纸样纸，报头是“汉字信息处理”六个大字。就是这六个大字后来彻底改变了中文排版印刷系统，有人将其称之为“中国印刷界的革命”。1981 年 7 月，我国第一台计算机激光汉字照排系统原理性样机华光 I 型通过国家计算机工业总局和教育部联合举行的部级鉴定，鉴定结论是“与国外照排机相比，在汉字信息压缩技术方面领先，激光输出精度和软件某些功能达到国际先进水平”。

随着研究工作的不断深入，“华光”激光照排系统日臻完善，1988 年推出的华光系统，既有整批处理排版规范美观的优点，又有方便易学的长处，是国内唯一的具有国产化软、硬件的印刷设备，也是当今世界汉字印刷激光照排的领衔设备，在国内和世界上汉字印刷领域有着不可替代的地位。

图 2-25　王选与科技人员

人物简介

王选

王选（1937—2006 年），江苏无锡人，出生于上海，计算机文字信息处理专家，计算机汉字激光照排技术创始人，当代中国印刷业革命的先行者，被称为“汉字激光照排系统之父”，被誉为“有市场眼光的科学家”。

第四节 信息技术的飞速发展

一、第一颗人造地球卫星：东方红一号

1970 年 4 月 24 日，我国自行设计、制造的第一颗人造地球卫星“东方红一号”发射成功。我国成为世界上第五个用自制火箭发射国产卫星的国家。

随着“东方红一号”卫星的发射成功，《东方红》乐曲传遍全世界，中国人从此打开了通向太空的大门。50 年来，在迈向航天强国的征程中，“东方红一号”不仅仅是一颗卫星的名字，它更多地凝聚着一个民族厚重的精神，承载着一个国家的荣誉。这个荣誉背后是国家领导人的高瞻远瞩、沉稳果断、心思缜密以及科研人员永不服输、克难攻坚、一丝不苟的付出。

1955 年 1 月 15 日，毛泽东在中南海的住处召集中央书记处全体成员开了一次扩大会议，作出了一项重大决策——发展航天和原子能事业，从此拉开了火箭、导弹和人造卫星研制的序幕。

此前，一直留学海外的中国科学家们受到了毛泽东和周恩来的关注，其中就有著名的空气动力学家钱学森。当时，他正和冯·卡门一起从事空气动力学、固体力学和火箭、导弹的研究。美国的一位将军曾对美国政府说过，不能让钱学森回国，他的价值相当于 5 个师的力量。

新中国的成立，让钱学森看到了民族复兴的曙光。1950 年，他决定以探亲的名义回国，却遭到美国当局无理拘禁，在联邦调查局特务的监视下被滞留达 5 年之久。直到 1955 年 10 月，在周恩来总理的亲自安排下，中国代表在中美大使级会谈中经过多次严正交涉，钱学森一家才得以安全回到祖国。44 岁的钱学森从此伴随着中国的航天事业，

走上了艰辛的创业之路。图 2－26 是钱学森归国时拍摄的照片。

图 2－26　钱学森归国时照片

1956 年 10 月 8 日，中国火箭、导弹事业正式启动奠基。经过中央军委批准，中国第一个火箭导弹研究机构——国防部第五研究院正式成立。这一天也被作为了中国航天事业创建的纪念日。钱学森先生当时是国防部五局的副局长。从那天开始，他兼任第五研究院的院长，领导大家从事火箭和导弹的研究工作。

1957 年 10 月 4 日，世界上第一个人造地球卫星由苏联发射成功。随后美国、法国、日本相继发射人造卫星。

1958 年 5 月 17 日，毛泽东在中国共产党第八次全国代表大会第二次会议提出："苏联人造卫星上天，我们也要搞人造卫星，我们也要搞一点，要搞就搞得大一点。"

1964 年，中国相继成功发射了第一枚弹道式导弹、爆炸了第一颗原子弹。这一系列进展为发展人造卫星奠定了基础，卫星计划被重新提上议事日程。

1965 年 1 月 8 日，钱学森建议中国暂停研制的人造地球卫星应该重新列入国家任务，并得到了聂荣臻副总理的赞同。同年 5 月，周恩来总理指示中国科学院拿出第一颗人造卫星的具体方案。负责卫星总体组的钱骥带领年轻的科技工作者很快便拿出了初步方案。该方案由钱骥等直接向周恩来总理作了汇报。

1965 年 7 月，周恩来总理在主持的中央专委会议上批准了中国科学院《关于发展中国人造卫星工作规划方案建议》，确定将人造卫星研制列为国家尖端技术发展的一项重大任务，还确定整个卫星工程由国防科委负责组织协调，卫星本体和地面检测系统由中国科学院负责，运载火箭由七机部负责，卫星发射场由国防科委试验基地负责建设。

1965 年 9 月，在中国运载火箭技术取得一定进展的情况下，中国科学院开始组建了由赵九章任院长、代号叫"651"的卫星设计院（公开名称为"科学仪器设计院"），并把中国第一颗卫星命名为"东方红一号"。从此，中国人造地球卫星研制工作正式开始。这样，中国的人造地球卫星事业从多年的学术和技术准备转入有计划、有步骤地开展工程研制的时期。

1965 年 10 月 20 日至 11 月 30 日，中央召开了中国第一颗人造地球卫星总体方案论证会，最后确定“东方红一号”卫星属于科学探测性质。“东方红一号”的发射时间定在 1970 年，第一颗人造地球卫星的总体要求是：“上得去，抓得住，听得到，看得见”。“上得去”，就是首先要保证卫星飞上天；“抓得住”，就是卫星上天以后地面设备能对卫星实施测控；“听得到”，就是卫星要播送音乐，且可被地面接收和听到；“看得见”，就是卫星在轨飞行时能让地面上的人用肉眼直接看得见，以便鼓舞人心。

1967 年年初，中央正式确定中国第一颗人造地球卫星播送《东方红》乐曲，以便让全世界人民都能听到中国卫星的声音。

1967 年年底，中央最后审定了中国第一颗人造地球卫星的方案，规定该卫星不小于 150 千克（最终确定为 173 千克），用长征一号运载火箭发射。

1970 年 1 月 30 日，供预期飞行实验用的两极火箭发射成功，标志着我国已经具备卫星发射能力。与此同时，广大科技工作者们忍辱负重，殚精竭虑，先后完成了空间模拟实验和地面测控跟踪系统。

4 月 1 日，装载卫星和火箭的专列秘密运到酒泉卫星发射基地。

4 月 2 日晚上 7 点半，周恩来召集科学家在人民大会堂专门听取第一线的情况。人们不会忘记，年过古稀的周恩来，趴在地毯上和科学家们一起查看地图，测算卫星飞越世界各城市的时间，他亲自将一些非洲国家的首都写在预报方案中，要让这些第三世界国家也能看到中国的卫星。

12 天后，钱学森和其他专家一道，再次乘专机到北京向周恩来作发射前的汇报。而让钱学森为难的是，假如发射不成功，卫星上的《东方红》乐曲不但上不了天，反而会葬身大海，这又是一个政治问题。为此钱学森想在火箭的第三级上加一个“过载开关”。但如果发射成功，卫星上天后“开关”出现问题，就听不见《东方红》，那么也同样是件大事情。怎么办？周恩来听说后，和专家们慎重商量，最后要求专家们写出书面报告，汇报中央。

4 月 16 日，周恩来亲自打电话通知国防科委：中央同意摘掉“过载开关”，并批准卫星和运载火箭转入发射阵地。

4 月 17 日，“长征一号”运载火箭和“东方红一号”卫星顺利进入 2 号发射阵地。18 日，火箭与卫星开始垂直测试。19 日，各分系统测试。

4 月 24 日下午 3 点 50 分，毛主席批准了当晚的发射。

21 时 34 分，发射指挥员杨恒下达了“一分钟准备”的口令。

21 时 35 分，发射控制台操纵员胡世祥按下了发射电钮。

21 时 48 分，星箭分离，卫星入轨。

21 时 50 分，国家广播事业局报告，已经收到卫星播送的《东方红》的乐曲。

4 月 25 日，“美国之音”抢先向世界发布了中国发射卫星的消息，并公布了“东方红一号”的入轨参数。结果与中国相差无几。从此，中国成为世界上第五个发射卫星的国家。

“东方红一号”发射成功 7 天后的五一劳动节，晚上的天安门沸腾了，不仅仅因为“东方红一号”卫星要经过天安门上空，而且毛主席、周总理还要在天安门城楼接见钱学森等 17 位代表组成的“卫星功臣代表团”，与他们一起看卫星，度良宵，一起通过半导体收音机收听从遥远的太空传来的“东方红，太阳升，中国出了个毛泽东……”的音乐。

“东方红一号”卫星的发射，永载史册，尽管比日本的第一颗卫星晚了两个多月，但日本的运载火箭使用了美国的惯性器件，并且发射成功前有几次失败。而我们的“东方红一号”是完全自力更生研制出来的，并且一次发射成功。就技术水平而言，其播放信号形式、跟踪手段和温控水平都处于当时世界先进水平。还有它 173 千克的重量超过了苏联、美国、法国、日本第一颗人造卫星重量的总和，表明了火箭的威力大，这本质上是一种震慑力。诚如邓小平后来所说：如果 60 年代以来中国没有原子弹、氢弹，没有发射卫星，中国就不可能叫有重要影响的大国，就没有现在这样的国际地位。这些东西反映一个民族的能力，也是一个民族、一个国家兴旺发达的标志。

“东方红一号”卫星成功发射，宣告中国正式开启了太空时代。到现在 50 多年的时间已经取得了众多引人骄傲的成果。而在中国综合国力不断增强的今天，载人航天事业的发展也在极大程度上实现了中国科技力量的跨越式发展。

此外，从更广泛的意义上来说，载人航天技术使得我们的活动空间从陆地、海洋拓展到了大气层外的宇宙空间，我们看到了孕育人类的地球是怎样一个美丽的蓝色宝石。美丽浩瀚的宇宙需要我们不断去探索和征服，相信中国力量一定能再次创造出更多的奇迹。①

人物简介

钱学森

钱学森（1911—2009 年），出生于上海，祖籍浙江省杭州市。空气动力学家、系统科学家，工程控制论创始人之一，中国科学院学部委员、中国工程院院士，两弹一星功勋奖章获得者。1934 年毕业于国立交通大学（今上海交通大学），同年考取清华大学“庚子赔款”留美生，1935 年 9 月入麻省理工学院航空系学习，仅用一年时间就获得航空工程硕士学位，后转入加州理工学院航空系，师从冯·卡门攻读博士学位，由此成为冯·卡门的最得意的中国弟子，并于 1939 年 6 月获得加州理工学院航空、数学博士学

① 周武，夏丹，陈彩莲．东方红一号上天纪实［J］．太空探索，2010（4）。

位，成为中国最著名的科学家。在我国科学发展史上，钱学森不仅帮助我国成功研制了第一颗氢弹，而且成为我国航天科学发展的中梁砥柱。

钱骥

钱骥（1917—1983 年），出生于江苏省金坛县（今常州市金坛区）。空间技术和空间物理专家，两弹一星元勋，中国空间技术的开拓者，中国地球物理学科的主要创业者。1943 年毕业于国立中央大学师范学院。曾任中国科学院地球物理研究所主任，中国第一颗卫星“东方红一号”方案的总体负责人，中国科学院“651”人造卫星设计院技术负责人，第七机械工业部第五研究院卫星总体设计部主任，中国空间技术研究院副院长、科技委副主任，中国宇航学会理事，中国空间科学学会副理事长等职务。

赵九章

赵九章（1907—1968 年），籍贯浙江吴兴（今浙江湖州），出生于河南开封，九三学社社员，大气科学家、地球物理学家、空间物理学家，中国动力气象学的创始人，中国人造卫星事业的倡导者和奠基人之一、中国现代地球物理科学的开拓者，“东方红一号”卫星总设计师，“两弹一星”元勋。1933 年赵九章毕业于清华大学物理系；1938 年获得德国柏林大学博士学位；1951 年加入九三学社；1955 年被选聘为中国科学院院士；1965 年主持人造卫星的科学、工程技术方面的工作；1966 年 1 月中国科学院成立卫星设计院，被任命为院长。

知识拓展

我国第一颗人造地球卫星：东方红一号

1.“东方红一号”发射准备中的一个小插曲。

卫星发射的通信网络是以酒泉卫星发射基地为中心，遍及全国。而当时全国所有的线路都是靠电线杆拉的明线。只要有一处损坏，则通信全部中断。为此总参和邮电部专门作了安排，并由有关部门下令在所有沿线路途上，无论白天还是黑夜，每一根电线杆下都站着一个值勤的民兵，防止阶级敌人搞破坏。所以说，一个伟大的奇迹背后是无数人的努力和牺牲，这不就是伟大的中国力量吗？

2. 是哪个运载火箭将“东方红一号”送入太空的呢？

“长征一号”是为发射我国第一颗人造地球卫星“东方红一号”而研制的三级运载火箭。它的一、二级火箭采用当时的成熟技术，并为发射卫星做了适应性修改，第三级是新研制的以固体燃料为推进剂的发动机。

3．“东方红一号”现在还在运行吗？

“东方红一号”采用银锌电池为电源，设计的工作寿命为20天，但它实际工作了28天，在1970年5月14日停止发射信号，与地面失去了联系。虽然实际发出的歌声已经在那一刻停止，但《东方红》的音乐早已写入了我们的记忆。那为什么直到今天“东方红一号”还没有坠入大气层呢？卫星能飞行至今是因为它所处的轨道较高，大气阻力很小，轨道衰减很慢。早期的卫星设计的轨道高度都很高，“东方红一号”如果不发生撞击，再飞几百年也没问题，但它也不会飞离地球，因为没有动力，它的轨道只会在大气微小的阻力下慢慢下降。因此，所有在天上的航天器需要互相避让。

4．为什么将人造地球卫星工程的代号定名为“651”？

因为是1965年1月正式提出建议（即钱学森的建议时间），国家就将人造地球卫星工程的代号定名为“651”任务。

二、20世纪我国重大工程技术成就：汉字信息处理与印刷革命

现代汉字信息处理的载体是计算机，古代文字的载体是纸张，而印刷术让纸张的用途大大提高。

（一）我国古代的印刷术

我国的印刷术源远流长，它是中华文化的重要组成部分，它随中华文化的诞生萌芽，随中华文化的发展演进。如果从其源头算起，我国的印刷术迄今已经历了源头、古代、近代、当代四个历史时期，长达五千余年的发展历程。

我国在西汉晚期已出现纸张，但那时的纸张纤维粗糙，着墨性能差，主要是代替布用作包裹、衬垫之物，也有偶尔在包装纸上写字记事的现象，如悬泉或者是居延（遗址发现写有药名的纸张）。造纸技术先是借鉴我国早已成熟的缫丝技术，把纤维物质浸于水捣碎以分散纤维，将碎纤维捞出摊凉而成，纤维粗、纸质厚，书写性能差，未能广泛用作书写材料。东汉和帝时的蔡伦改革造纸法，制出薄而均匀、纤维细密的新型纸，大大提高了纸的书写性能，纸的主要用途才被转向书写。

纸的发明，使拓印成为可能。最初的雕版印刷术发明于唐朝，在唐朝中后期已经广泛使用。随着印刷品种和数量的急剧增长，每印一种书就要雕刻一回板，耗费的人力、物力相当可观。于是，人们就想寻求一种更简便、更经济的印刷技术。直到唐代后期，有了用单个佛像印连续重复印制的千佛像手卷。过去，英、法、德、日等国家的考古队

在中国新疆各地曾发现过大量的这种千佛像手卷。英国博物馆藏有一幅这样的手卷，全长 17 英尺，约合 5.18 米，上面印着 468 个佛像。另外，在雕版过程中，刻错字是难以避免的。如果刻错一个字就废掉一块板太可惜、太浪费了。聪明的工匠们想出一个补救的办法，就是用凿子将错字挖掉，再用一块同样大的木块刻好字补上。这些都为毕昇的活字印刷术的发明提供了经验和借鉴。

毕昇觉得用刻板印刷术印刷文字很麻烦，而且很费精力。他经过刻苦研究，多次实验，再结合他当工人多年积累的经验，成功地创造出了世界上第一套胶泥活字印刷术。他把繁体文字刻在胶泥上，一个字刻一块，然后再把这些字块扔到火里烧硬，再把这些文字按照一定的排列顺序装进盒子里。等到印书的时候，他再从盒子里把字一个一个地拿出来排在铁盒子里，而在铁框的底部放上一些黏性很强的松香、蜂蜡和纸灰等，把排好字的铁矿放到火上烤，再经过冷却之后就成为模型。最后在模型上涂上墨水就可以进行印刷了。印刷完了之后，再把模型放到火上去烤，就可以取出铁框里面的字块。这样不同的字块就可以多次重复使用。就这样，在当时大部分地区都使用刻板印刷术的时候，毕昇发明出了活字印刷术。

从雕版印刷到活字印刷，人们在复制知识的道路上迈出了重要一步。文字不再是以“页”为单位，而是转化成了更小的单位“字”。而活字印刷术虽然是毕昇个人的发明创造，但这里面也凝聚着前朝历代很多劳动者的智慧。

（二）印刷术的发展

中国是印刷技术的发明地，很多国家的印刷技术或是由中国传入，或是由于受到中国的影响而发展起来。日本是在中国之后最早发展印刷技术的国家，公元 8 世纪日本就可以用雕版印佛经了。朝鲜的雕版印刷技术也是由中国传入的，高丽穆宗时（998—1009 年）就开始印制经书。中国的雕版印刷技术经中亚传到波斯，大约 14 世纪由波斯传到埃及。波斯实际上成了中国印刷技术西传的中转站，14 世纪末欧洲才出现用木版雕印的纸牌、圣像和学生用的拉丁文课本。中国的木活字技术大约 14 世纪传入朝鲜、日本。中国的活字印刷技术由新疆经波斯、埃及传入欧洲。印刷技术传到欧洲，加速了欧洲社会发展的进程，它为文艺复兴的出现提供了条件。

中国发明的活字印刷术，在国外得到了进一步的发展和完善，成为现代印刷术的主流。对中国古代活字印刷术，有突出改进和重大发展的是德国人谷腾堡，他创造的铅活字印刷术，被世界各国广泛应用，直到今天，仍为当代印刷方法之一。

谷腾堡创建铅活字印刷术在公元 1440—1448 年，虽然比毕昇发明泥活字印刷术晚了 400 年之久，但是，谷腾堡在活字材料的改进、脂肪性油墨的应用，以及印刷机的制造方面，都取得了巨大的成功，从而奠定了现代印刷术的基础。各国学者公认，现代印刷术的创始人，是德国的谷腾堡。

谷腾堡创造的铅活字印刷术，先从德国传到意大利，再传到法国，到1477年传至英国时，已经传遍欧洲了。一个世纪以后传到亚洲各国，1589年传到日本，翌年，传到中国。谷腾堡的铸字、排字、印刷方法，以及他创造的螺旋式手板印刷机，在世界各国沿用了400余年。这一时期，印刷工业的规模都不大，印刷厂多为手工业性质。

1845年，德国生产了第一台快速印刷机，这以后才开始了印刷技术的机械化过程。

1860年，美国生产出第一批轮转机，以后德国相继生产了双色快速印刷机和印报纸用的轮转印刷机，到1900年，制造了6色轮转机。从1845年起，大约经过一个世纪，各工业发达国家都相继完成了印刷工业的机械化。

从20世纪50年代开始，印刷技术不断地采用电子技术、激光技术、信息科学以及高分子化学等新兴科学技术所取得的成果，进入了现代化的发展阶段。70年代，感光树脂凸版、PS版的普及，使印刷迈入了向多色高速方向发展的途径。80年代，电子分色扫描机和整页拼版系统的应用，使彩色图像的复制达到了数据化、规范化，而汉字信息处理与激光照排工艺的不断完善，使文字排版技术产生了根本性的变革。

90年代，彩色桌面出版系统的推出，表明计算机全面进入印刷领域。总之，随着近代科学技术的飞跃发展，印刷技术也迅速地改变着面貌。

早在1867年，英国物理学家开尔文男爵就申请了连续喷墨打印机的专利。但是他设想的连续式喷墨打印直到1951年才由西门子的工程师变成现实，到今天，连续式喷墨打印已经成为大型喷绘机的标准技术。在家庭中，则往往使用另外的两种喷墨技术：1978年，惠普和佳能公司的两个研究小组分别独立发明的按需喷墨打印技术。惠普公司的工程师约翰·沃特用施加电流时会变形的压电材料覆盖在喷头上，通电就能从喷头里挤出一小滴墨水。佳能的工程师远藤一郎从一件小事中得到了启发，开始考虑加热打印喷头的可能性。结果我们就有了两种不同原理的按需式喷墨打印机，而且直到今天还是这样。

印刷术的发明，是人类文明史上的光辉篇章，而建立这一伟绩殊勋的莫大光荣属于中华民族。

（三）我国印刷技术的第二次革命

2001年12月20日，由39位中国工程院和中国科学院院士组成的评委会评出了“20世纪我国重大工程技术成就”，“两弹一星”“汉字信息处理与印刷革命”等25项工程技术成就将作为20世纪我国重大工程技术成就的代表载入史册。而“汉字信息处理与印刷革命”仅以一票之差位居“两弹一星”之后，而列次席。这项被称为影响汉字传承乃至中华文明进程的重大科研工程与一个名字紧紧联系在一起，他就是王选。

如果说从雕版印刷发展到活字印刷是我国印刷史上的第一次革命，那么因王选汉字激光照排技术研发的成功，我国由铅排铅印发展到照排胶印则是我国印刷史上的第二次革命。

40 多年前，我国的计算机还主要用于科学运算和国防尖端工程，系统里没有精密汉字。报纸、书刊主要用铅制的活字排版印刷，手工挑字、人工排版，效率很低。为此，新中国在 1974 年 8 月设立国家重点科技攻关项目“748 工程”，研发汉字信息处理系统。最难的一步，就是让精密汉字进入计算机。

由于西方字母文字数量少，字形简单，信息量少，因此相对比较容易实现对文字的信息处理。而我们汉字构字复杂，字数众多，字体多变，要将信息量庞大的汉字在计算机中快速地存储和输出，存在不少的难题。因此当时许多人认为汉字信息化是一道难以解开的难题。

1975 年，王选通过反复研究汉字字形的特点和规律，进行艰苦复杂的统计和比较，采用“参数表示规则笔画，轮廓表示不规则笔画”这种独一无二的方法，把几千兆的汉字字形信息大大压缩后存进了只有几兆内存的计算机，这是新中国在世界上，首次把精密汉字存入了计算机。经过 4 年的连续攻关，王选团队又采用当时超前的激光照排技术，成功地从计算机里输出了汉字。

1979 年 7 月 27 日，北京大学旧图书馆研究室机房里采用第一代原理性样机（华光Ⅰ型）首次输出报纸样张《汉字信息处理》，是新中国诞生后第一张用“计算机汉字激光照排系统”整张输出的中文报纸。1980 年 9 月 15 日，我国成功排出样书《伍豪之剑》。汉字激光照排版系统成为新中国第一个计算机中文信息处理系统，后来不仅风靡全国，也出口到日本和欧美等发达国家。

1984 年，调节后的汉字激光照排系统（华光Ⅱ型）在新华社开始试验，成功排印了《新华社新闻稿》《前进报》等。新华社试点的成功说明了系统可用，但是要做到实用，还必须做到能排出每日出版的报纸。《经济日报》此时主动请缨，成为激光照排的试点单位。1987 年 5 月 22 日出版的《经济日报》，实现了全部用上激光照排，这是世界上第一张用计算机屏幕组版、用激光照排系统输出的整张中文日报。然而，在排版成功之后，新系统也暴露了不少问题，有串行、漏行、空白、丢失标点符号等问题，经过不断地改进和努力，同年 8 月系统最终稳定下来。

《经济日报》在采用激光照排之后，不仅大大改进了生产环境，消除了铅污染，而且大大提高了生产效率。《经济日报》试点的成功，在我国印刷界很快掀起了应用激光照排技术的热潮。到了 1990 年，我国中央和省市级报纸除《西藏日报》外，全部都用上了国产的激光照排系统。1993 年，国内 99％的报社和 90％以上的书刊印刷厂采用了国产激光照排系统。1995 年，全国 1 500 多家报社全部采用了激光照排系统。我国印刷业终于甩掉了铅字，得到了彻底的改造，我国印刷从此进入了“光与电”的时代。[①]

改革开放 40 多年来，王选团队自主研发的一系列高科技成果，不仅颠覆性改造了

---

① 我国印刷技术的第二次革命．(2018－12－11)．http://www.printingmuseum.cn/News/Details/32e4f48c－02e9－489a－8e70－79ebe2208ca6.

新中国的新闻出版印刷行业，也在世界范围内推动了中文信息化的全面发展，电子书、新闻类应用软件等广泛应用在日常生活中。

如今，“748 工程”已经过去了 40 多年，中文信息处理的研究已经从用计算机处理和显示汉字字形，转向了用计算机对汉字语义的理解和再生成。根据深度学习算法，计算机可以模仿手写笔迹造字，也可以写文章、作诗，还能把文字、音频、图像、视频都转化为同一标准的表达方式，中文信息处理迈入人工智能时代。

在同一时期，还有一个当代发明家我们不得不敬佩，那就是发明“五笔字型”的教授级高级工程师王永民。1978 年起，历时五年自主创新，王永民创立了汉字键盘设计三原理及数学模型和汉字字根周期表，据此于 1983 年发明了“王码五笔字型”，解决了只用字母键、准确高效地输入成千上万个汉字的科技难题，被新华社誉为中国文化史上“其意义不亚于活字印刷术”的重大发明，开辟了我国计算机时代汉字应用的新纪元。微软、苹果、IBM 等均购买其专利。

虽然，现在很多人在打字时并没有选择用“五笔字型”输入方法，但王永民对我国古老汉字的文化传承和信息技术革命，以及对汉字文化走向世界，都作出了重大贡献，被誉为“当代毕昇”。

人物简介

王永民

王永民，1943 年 12 月 15 日生于河南省南阳南召县一个农民家庭。1967 年，王永民毕业于中国科学技术大学无线电电子学系，现任北京王码公司董事长，中国科协委员，中国发明协会荣誉副会长。

知识拓展

印刷小疑问

1. 为什么活字印刷术在中国发展缓慢，而在西方得到了快速发展和改进?

造成活字印刷术发展缓慢的原因比较复杂。在中国的封建制度之下，落后的封建生产关系抑制了科学技术和生产力的发展，而且活字印刷术在工艺技术的应用实践方面也遇到了一定的阻碍，致使活字印刷这一先进技术在古代封建社会没有得到广泛应用和普及的市场，势必导致中国印刷技术的落后。而欧洲的是古腾堡印刷术，虽然该印刷术借鉴了中国印刷术的技术，但是经过各方面的改进，效率比雕版的要高。

2. 为什么现在大家都很少使用“五笔字型”输入法？

在“五笔字型”之后，有人研究出了拼音输入法，最开始的拼音输入法并不具有联想功能，每次敲完拼音最多也只能打出一个词语，还比不上“五笔字型”的打字速度。

“五笔字型”的使用需要花时间背字根，并不断地练习和加深记忆。而现在，只要会拼音就能打出汉字、词组甚至句子，而且拼音打字记忆很好，有的词语你打一次，下次它就能记住了，而且具有联想功能，能想到你下一个字或者词打的是什么。而今还有语音输入法，使得输入汉字更加方便和快捷。

三、第一台巨型计算机：银河-Ⅰ

说起计算机，我们第一时间就会想到非常熟悉的日用电脑，但如果是巨型计算机的话，大家可能就不是那么了解了。

在湖南长沙，国防科技大学计算机学院宽敞明亮的机房里，就存放着一个红黄相间的大机柜，它就是我国自行设计和研制的第一台每秒运算速度达到亿次的巨型计算机——“银河-Ⅰ巨型机”，如图 2－27 所示。它的诞生，使我国成为当时世界上第三个能够独立设计和研制巨型计算机的国家。

图 2－27　银河-Ⅰ巨型机

20 世纪 70 年代，由于没有自己的巨型机，中国经济社会发展常常被人卡脖子。“银河”巨型机项目总指挥慈云桂带队调研时，石油部门某勘探所所长指着立在大厅中央的机器说，这是美国高价卖给我们的一台落后设备，还有一大堆附加条件：一是为机器修建一间专门的机房；二是使用维修人员必须由美国公司派遣；三是中方人员严禁入内，计算数据只能交由美方人员处理。在旧中国，外国人设立租界，高悬“华人与狗不得入内”的警示牌，但新中国成立 20 多年了，中国土地上竟然还有禁止中国人入内的地方。慈云桂听后心潮澎湃，激愤难平，强烈的民族自尊心激发了他研制我国巨型计算机的决心。1978 年 3 月，邓小平同志亲自决断，研制亿次计算机的任务由慈云桂任技术总指挥和总设计师。慈云桂热血涌到头顶，在第二次巨型机研制论证会上掷地有声地说：“今年我刚好六十岁，就是豁出我这条老命，也一定要把咱们自己的巨型机搞出来！”①

人物简介

慈云桂

慈云桂（1917—1990 年，如图 2－28 所示），安徽桐城人，计算机专家、教育家，中国科学院院士，中国计算机科学与技术的开拓者之一，长期致力于计算机研究和教学工作，主持研制了中国第一台亿次级巨型计算机系统。慈云桂在中国计算机从电子管、晶体管、集成电路到大规模集成电路的研制开发历程中，作出了重要贡献。

图 2－28　慈云桂

然而，想要研制出巨型计算机，谈何容易？当时我国的技术比较落后，资料匮乏。要求高、起点低、条件差，国家工艺水平极端落后。但我们的科研人员迎难而上，打响了这场没有硝烟的战役。

任务重，他们向休息时间要效益。为了赶任务，六年时间没有节假日、星期天，吃在工厂、睡在机房。软件系统研制最紧张的时刻，他们租下了韶山滴水洞，所有人员封闭两个月足不出洞，甚至足不出屋。

工艺差，他们向精密管理要质量。数以万计的信号线相互缠绕，就像从未梳理的头发，科研人员把脑袋伸进机柜一根一根地查，250 多万个焊点全靠手工焊接，竟无一虚焊。

结构复杂，负责系统设计的同志没日没夜干了 15 个月，绘制了 5 000 多张密如蛛网的逻辑图，哪怕有一个部件复核不合格，都要立刻返工。

1983 年 12 月 22 日，这是一个载入史册的历史时刻，“银河-Ⅰ”计算机研制成功了，这标志着继美国、日本之后，中国成为世界上第三个能够独立设计和制造亿次巨型

① 历史上的今天，“银河-Ⅰ”计算机横空出世！.（2019－12－06）. https://www.nudt.edu.cn/zjkd/kdgs/b45a347ebbe1482291c7ef2879164100.htm.

机的国家，实现了我国巨型机“零”的突破。

到了1984年10月1日，在国庆大典上，我国首台“银河”巨型机模型受阅通过天安门广场，向世人展示了它那迷人的风采。

“银河-Ⅰ”巨型计算机的横空出世，可以说是震惊中外，引起世界各国一片哗然。没过多久，西方国家突然同意把每秒亿次级巨型机向中国出口，而且价格十分低廉，降价幅度在50%以上。

“银河人”心里明白，这是西方国家试图用“价格战”打入中国巨型计算机市场，把刚刚问世的“银河-Ⅰ”巨型计算机冲垮。由于当时我国的经济尚不乐观，国内有需要的行业都想选择性价比高的计算机，于是“银河-Ⅰ”巨型计算机就被逐渐挤出了巨型机应用市场。这种情况在不断地警示我们，如果我们的巨型机研制工作不奋起直追，最后只会被西方越甩越远。因此，除了继续创新发展，我们别无选择。

1987年，中华人民共和国国防科学技术工业委员会（简称国防科工委）在北京邀请全国巨型机主要用户和同行专家对“银河-Ⅱ”进行方案论证，确定了“银河-Ⅱ”的应用方向主要是面向气象、石油、航空与航天等大型科学计算、工程计算与大规模数据处理，并与用户密切合作，支持用户建立应用系统，开发应用软件。

通过商讨，我国抢占世界巨型机“制高点”的重任，落在以陈福接等人为代表的第二代“银河人”的肩上。党的支持、人民的信任、科研条件的改观，给了“银河人”前所未有的勇气与信心。为了节省科研经费，采购元器件时“银河人”精打细算，货比三家，能自己开发的元件设备坚决不采购，“银河人”的艰苦奋斗创造了“银河-Ⅱ”的高性价比。

此后，我国“银河人”又研制出“银河-Ⅲ”“银河-Ⅳ”等一系列巨型计算机，孕育形成了“胸怀祖国、团结协作、志在高峰、奋勇拼搏”的“银河精神”。

然而，那英年早逝的一位位科研战士，永远将他们的生命，定格在向计算机高峰冲刺的伟大征途上。37岁的樊葆华倒在了讨论攻关的现场，35岁的俞午龙牺牲在出差路途中，41岁的王育民倒下时手中还紧紧攥着一支万能表测试笔……银河人把生命化作“燃料”，用身躯铺设“台阶”，推动着巨型机研制不断向前发展，支撑着战友们继续向上攀登。慈云桂教授在参加张树生送别会时，含着泪水说：“同志们，将来等我去见马克思，在九泉之下，把咱们这些同志集合起来，都可以再组建一个地下银河队伍了啊！”

回望激情燃烧的岁月，是为了更好地延续老一辈“银河人”的优良传统，让新一代“银河人”领悟“银河精神”的真谛，让我们的祖国在世界科技领域不断谱写出新的辉煌。

“银河”巨型机的研制，让我们深深懂得，中国高科技技术研究走得多远，中国人就能把头昂得多高。

现如今，在国防科技大学的天河楼机房里，天河二号长达数十米的庞大身躯上，无数明暗闪烁的指示灯，代表着我国气象、医学、水利等各领域的重要数据，正以每秒亿亿次的速度运行，它们犹如天上银河星辰一般璀璨美丽，照耀着中国科技强国的事业一路前行。

知识拓展

“银河-Ⅰ”巨型机的另一个名字

“亿万星辰汇银河，世人难知有几多。神机妙算巧安排，笑向繁星任高歌。”30多万条金色线路像发丝一样密布，250多万个焊点全都是手工焊接……这台已经有36年历史的“古董”，就是“银河-Ⅰ”巨型机，中国第一台超级计算机，人们又叫它“争气机”。当时大家把这台机器叫做“争气机”，就是要争一口气，争出民族尊严，不让外国人卡我们的脖子。所以，面对前所未有的困难，所有科研人员都憋足了一股劲：豁出命也要搞出巨型机来，为中华民族争光。

第三章
中国IT的强国未来

新中国成立70多年来，尤其是改革开放40多年来，中国的科技发展及其产业化取得了举世瞩目的成就。本章讲述了超级计算机、量子通信、人工智能、5G移动通信、网络安全、物联网、北斗卫星导航系统等高精尖IT技术的飞速发展历程，展示了中国智能手机、中国无人机、城市大脑、智慧交通等蓬勃发展的IT产业及丰富多彩的IT生活，不仅展现了中国IT业从无到有、从小到大、从弱到强的发展历程，展现了科技工作者们筚路蓝缕、披荆斩棘的成长创业之路，也高屋建瓴地揭示了IT强国之路所面临的问题和挑战，从而激励着年轻一代，让我们在从哪里来的回望中，更加清晰地意识到应该向哪里去，从而接过前辈的责任，树立信心，走好中国的IT强国之路，完成民族复兴的历史使命。

第一节 IT 技术的飞速发展

一、超级计算机从“跟随”到“引领”

超级计算机（Super Computer，简称超算）是指能够执行一般个人电脑无法处理的大量资料与高速运算的电脑。超级计算机和普通计算机的构成组件基本相同，但在性能和规模方面却有差异，主要特点表现为高速度和大容量，配有多种外部和外围设备及丰富的、高功能的软件系统。因此，超级计算机可以在多个领域进行一些人们或者普通计算机无法进行的工作。

目前，在我国天津、深圳、长沙、济南、广州、无锡、郑州分布着七个国家级超级计算中心。每天，超级计算中心里一台台“中国血统”的超级计算机日夜不停地工作，以每秒数千万亿乃至数亿亿次的速度处理着全国各地发来的运算指令。

从“天宫一号”回家路线的计算到汽车冲撞问题模拟仿真，从 C919 大飞机的研制到石油、天然气钻井位置的确定，从基因测序到新药筛选，从破解密码到宇宙演化模拟，从家装 3D 效果设计到酷炫的影视特效，超级计算机的应用无处不在。可以说，大到宇宙航天计算、跨海大桥设计、灾难天气预测，小到洗衣液瓶子设计、冰激凌的口感都可以数字化，只要将数字输入超级计算机就可以算出最佳答案。上算天，下算地，中算人，无论国家安全、科技发展还是造福民生，都离不开超级计算机的支撑。超级计算机，可谓名副其实的“国之重器”。

依靠强大的数据处理能力和高速的运算能力，未来的超级计算机将会是大数据时代的重要工具，而且会进一步普及到我们的具体生活中来，为我们的社会发展作出巨大贡献。

（一）超级计算机的前世今生

超级计算机的名称来源于 1929 年《纽约世界报》的报道。1976 年，美国克雷公司推出了世界上首台运算速度达每秒 2.5 亿次的超级计算机，在诸如天气预报、生命科学的基因分析、核工业、军事、航天等高科技领域大展身手，让各国科技精英竞折腰，都开始着手研发亿亿级超级计算机。

超级计算机能执行一般个人计算机和服务器无法处理的大资料量与高速运算。如果把普通计算机的运算速度比作人步行，那么超级计算机的速度就相当于火箭。

那么超级计算机究竟是什么呢？我们都知道，中国的高铁世界领先，下面就以它打个比方：高铁几乎每个车厢都有车轮，几乎每个车轮都有动力旋转，这样一来，动车组前进时就像赛龙舟一样，个个都奋力划桨。所有的车轮一致地旋转，团结力量大。

超级计算机就是由很多计算单元组成在一起的，这些计算单元并行操作，同时发力，协同工作，所以具有很强的计算和处理数据的能力，主要特点表现为高速度和大容量，配备多种外部设备及丰富的高功能软件系统，从而实现了不同领域的运算需求。

超级计算机采用涡轮式设计，每个刀片就是一个服务器，能实现协同工作，并可根据应用需要随时增减。通过先进的架构和设计，超级计算机实现了存储和运算的分开，确保用户数据、资料在软件系统更新或 CPU 升级时不受任何影响，保障了存储信息的安全，真正实现了保持长时、高效、可靠的运算并易于升级和维护的优势。

世界第一台超级计算机 CDC6600 于 1964 年在美国问世，运算速度为每秒 300 万次，这在当时已是绝无仅有的高速。12 年后诞生的"克雷一号"，把超级计算机带进了亿次时代。1992 年，英特尔的"Paragon"率先突破万亿次大关。2009 年，IBM 的"走鹃"开启了千万亿次的大门……

（二）"中国军团"崛起

超级计算机的世界很残酷，衡量标准简单、粗暴——速度。从 1993 年起，美、德两国联合编制了一个 TOP500（全球超级计算机 500 强）榜单，榜单每半年更新一次，每次总能引起全世界的关注。

2001 年以前，中国没有一台机器能入围 TOP500。虽然我们起步较晚，但是我们的研发却从来没有懈怠过，科研团队在国家的大力支持下，夜以继日，不断攻坚克难，以期待厚积薄发，一飞冲天。2010 年，"天河一号"横空出世，登上世界超算之巅。2013 年起，"天河二号"更是豪取六连冠，令世界瞩目。"中国军团"崛起速度之快，不仅令人瞩目，当然也令人眼红。2015 年，美国对中国禁售超算芯片，给需要升级的"天河二号"造成了麻烦。

2016 年 6 月 20 日，是 TOP500 第 47 届榜单发布的日子，虽然"天河二号"未能蝉联冠军，但取代它称王的不是其他机器，而是同属中国制造的"神威·太湖之光"。这台 100%使用"中国芯"的新晋王者，速度比它的前任快了近 2 倍，效率提升了 3 倍。

如果说"天河"夺冠，尚因用了英特尔处理器而令某些人颇有微词，那么每一个部件均由中国研发、在中国本土制造的"神威"则用漂亮的成绩，向世界证明了中国制造的品质。

荣誉背后，历经多少风雨坎坷，只有中国超算人知道，"玻璃房子"的故事在他们之中口口相传：那是"文化大革命"刚刚结束、我国超算研制刚刚起步的时候，某企业因工作需要向外国高价租用了一台中型计算机，却被要求放在独立的机房里，只有外国工程师才可进入使用。一道玻璃墙，就像刀子一样深深扎进了中国超算人的心里。“为了这口气，拼了命也得加油干出来!”

是的，只有掌握自主权才有出路，才能不仰人鼻息、受制于人。正是凭着这股劲儿，“神威”“天河”在随后三届榜单上继续包揽冠亚军，直到 2018 年 6 月才被美国的 Summit（顶点）反超。但我国的集团优势业已形成，虽然在性能上暂时落后于美国，但是在入围 Top500 的整体数量上绝对领先。

（三）最新 TOP500 排名

2021 年 11 月，最新一期、第 58 届全球超级计算机 TOP500 榜单公布，夺得冠军的是蝉联四届冠军的名为 Fugaku（富岳）的日本超级计算机。

第二名还是美国的 Summit（顶点），这是 IBM 制造的超级计算机。Summit 在田纳西州的橡树岭国家实验室（ORNL）运行，并且仍然是美国最快的超级计算机。

排在第三位的是美国的 Sierra，位于加利福尼亚州的劳伦斯 · 利弗莫尔国家实验室（LLNL）。

排在第四位的是“神威 · 太湖之光”（中国），是由中国国家并行计算机工程与技术研究中心（NRCPC）开发的系统，2016 年 6 月在中国无锡国家超级计算机中心安装使用。

（四）超级计算机的未来发展

超级计算机的“下一顶皇冠”，是每秒可进行百亿亿次运算的 E 级超算。如今世界各国正争相朝这一目标努力，谁先成功，谁就将掌握未来世界的方向。

超算“江湖”里，没人敢说能永立于不败之地，创新的步伐，始终不能停歇。跟“神威 · 太湖之光”登上世界舞台差不多同时，我国下一代 E 级（百亿亿次级）超算也低调地开始了研发。2018 年 7 月 28 日，由国防科技大学牵头研制，运算速度预计可达“天河二号”10 倍以上的“天河三号 E 级原型机系统”已在国家超级计算天津中心完成研制部署，并于 7 月 22 日顺利通过项目课题验收，将逐步进入开放应用阶段。随后，“神威”“曙光”E 级原型机也相继交付，“三头并进”，全力向整机研制成功的目标冲刺。

而在超算的另一个指标——绿色节能方面，中国人有更大的雄心。

平时我们使用小型个人计算机或手机，时间长了就会感觉到发热厉害；同样的道理，超级计算机、大型机、巨型机的用电量更是惊人，这即使是节电小能手“天河二号”，功耗也有 17 兆瓦之多，每年仅电费就要 1 亿元。到“神威 · 太湖之光”“顶点”的级别，满负荷运转起码要 30 兆瓦电力。至于 E 级超算，可能要配一个独立的发电站才行。这也是一些云计算中心或数据中心会在天气比较凉爽且电力充沛的内蒙古等地区部署的一个重要原因。据估计，若不改变设计方式，到 2040 年，全球超算需要的电力将超过全球的发电量。

那时，站出来“拯救世界”的将是超导计算机。所谓超导，就是某些物质在极低温度下电阻消失的现象。超算要求集成电路芯片上的元件和连线密集排列，故工作时会产生大量热量。这样一来，散热就要耗费很多电力，同时这也成为集成电路规模的“天花板”，决定着超算发展的上限。但如果使用超导材料制作集成电路，因电阻为零，散热将不再是问题。因此，超导计算机所需的电量预计只有传统计算机的 1/1 000 到 1/40，而其运算速度却可能超越 E 级。

美国、日本、俄罗斯等国都有尝试制造大规模的低温超导电路，但目前进展最大的还是我国。我国已于 2017 年实现拥有 1 万个超导结的计算机芯片的大规模生产，计算机系统结构的设计也几乎完成，接下来的目标，是要在 2022 年完成样机制造——这是一项“一旦完成，将会成为改变世界”的宏图伟业。

（五）“全球最快计算机”——量子计算机

国际学术期刊《科学》2020 年 12 月 4 日凌晨在线发表我国科学家量子计算研究进展，76 个光子的原型机“九章”问鼎全球最快计算机，这使得我国成功达到“量子计算优越性”里程碑。

中国科学技术大学教授潘建伟、陆朝阳等组成的研究团队与中国科学院上海微系统所、国家并行计算机工程技术研究中心合作，构建了 76 个光子的量子计算原型机“九章”，实现了具有使用前景的“高斯玻色取样”任务的快速求解。该量子计算系统处理“高斯玻色取样”的速度比目前最快的超级计算机日本“富岳”快 100 万亿倍，等效地比 2019 年美国谷歌公司发布的 53 个超导比特量子计算原型机“悬铃木”快 100 亿倍，并且它的量子计算优越性不依赖于样本数量，克服了谷歌 53 比特随机线路取样实验中量子优越性依赖于样本数量的漏洞。

量子计算机具有超快并行计算能力，相比于经典计算机，量子计算机通过特定算法在一些具有重大问题方面实现指数级别的加速。当前，研制量子计算机成为世界科技前沿的最大挑战之一，是国家间角逐的焦点。

潘建伟团队在光量子信息处理方面处于国际领先水平，成功构建了 76 个光子 100 个模式的高斯玻色取样量子计算原型机“九章”，输出量子态空间规模达到 10 的 30 次方。这一成果牢固确立了我国在国际量子计算研究中的第一方阵地位，为未来实现可解决具有重大实用价值问题的规模化量子模拟机奠定了技术基础。

量子计算机速度有多快呢？在处理高斯玻色取样方面，量子计算机需要一分钟，而最快的超级计算机需要一亿年。那么，未来，量子计算机会取代传统计算机吗？

其实，量子计算技术正处于起步阶段，在量子计算机成为主流计算技术前，从事量子计算机研发的公司必须克服诸多挑战。过高的噪声、数据的丢失和错误只是量子计算机面临的几个挑战。他们还必须找到一个解决方案，解决量子处理器只有在接近绝对零度的环境下才能正常运行的问题。即使环境温度出现0.01%的变化，也会影响其计算能力。除了以上这些，量子计算机的成本非常高，这都是目前限制量子计算机发展的瓶颈。

不过，无论是美国的“悬铃木”，还是比“悬铃木”快100亿倍的中国的“九章”，目前都只是仅能够处理运算特定数学问题的“原型机”。而我们的“星辰大海”是造出有大规模容错能力的通用量子计算机。毕竟，量子时代的“未来已来”，超强的量子计算机值得期待。

所以，可以这样理解，超级计算机是现在，E级超算和超导超算是不远的未来，量子计算机是“未来100年内最重要的计算机技术”“第四次工业革命的引擎”……

无论如何，我们始终坚信，在党的正确领导和全力支持下，我们的“超算人”奋斗的脚步始终不会停歇，我国的超算事业“未来可期”!

知识拓展

“天河二号”与“天河”团队

黑色机柜被整齐排成数行，高速运转的机器持续发出低沉的嗡鸣声，星星点点的负载指示灯不断闪烁……这里是“天河二号”的机房，硕大的超级计算机正在飞速运行。过去的两年，新冠肺炎疫情席卷全球，来势汹汹。凭借超强算力，“天河二号”助力药物虚拟筛选，只用了3天时间便迅速定位了30余种潜在有效药物。在“天河二号”上搭建的新冠肺炎CT影像智能诊断平台，15秒即可完成一次CT图像诊断，为抗击疫情作出了重大贡献。

作为幕后功臣，国防科技大学计算机学院“天河”高性能计算团队功不可没。20余年，从反向设计起步，到正向设计前行，再到向自主创新跨越；从架构设计，到前端验证，再到后端实现，“天河”团队一路过关斩将，最终孕育出了芯片领域响当当的“飞腾”品牌。

2017年，“天河二号”系统升级完成，当时国内性能最优的4 000余颗“飞腾”芯片被装在“天河二号”的“心脏”部位；2019年，在庆祝新中国成立70周年阅兵式上，嵌有“飞腾”芯片的多款战机、导弹在天安门广场亮相；2020年，“北斗三号”组网、“嫦娥五号”奔月、“天问一号”飞赴火星，这些装备上都镶嵌着“飞腾”的“中国芯”。

有人提出，“神威·太湖之光”采用国产申威处理器，为什么国产 PC 的 CPU 却仍有很长的路要走呢?

其实超算 CPU 与通用 CPU 并不能一起比较。简单来说，神威这么强的运算能力实际是堆出来的，神威使用的是 SW26010 处理器，整套系统使用了 40 960 颗处理器，总计拥有 10 649 600 颗核心、1.31PB 内存，理论峰值性能达 125PFlops，实际最大性能达 93PFlops。神威使用的 SW26010 处理器的众核架构并不适合 PC 的 CPU，主要原因就是在于单核性能较弱，而一般普通的 PC 机的应用大多数使用单核性能。

注解：Flops 是 floating point operations per second（每秒所执行的浮点运算次数）的英文缩写，它是衡量电脑计算能力的一个标准。PFlops 最后面的 s 是秒的意思，最前面的 P 是个常量，1P＝1 024T，1T＝1 024G，1G＝1 024M，1M＝1 024K。这里的 PFlops 就是每秒运算能力为 1 000 万亿次，1PFlops 等于 1 000 万亿次浮点指令/秒。

人物简介

潘建伟

潘建伟，汉族，1970 年 3 月生，浙江东阳人，中国科学技术大学常务副校长，中国科学技术协会副主席，中国科学院院士。他是国际量子信息实验研究领域的开拓者，突破了量子信息处理关键技术，解决了量子保密通信在现实条件下的安全性问题。他牵头研制成功国际上首颗量子科学实验卫星“墨子号”，主导完成量子保密通信“京沪干线”技术验证机应用示范项目，构建了首个空地一体的广域量子保密通信网络雏形，使我国量子保密通信的实验研究和应用研究处于国际领先水平。潘建伟获国家自然科学奖一等奖、军队科技进步奖一等奖，荣获“改革先锋”称号。

知识拓展

国家超级计算郑州中心

国家超级计算中心新成员——国家超级计算郑州中心，于 2019 年 5 月获得科技部批复筹建。2020 年年底科技部批复：同意国家超级计算郑州中心通过验收，并纳入国家超级计算中心序列管理。郑州中心成为继天津、长沙、深圳、济南、广州、无锡之后全国第 7 家国家超级计算中心。

国家超级计算郑州中心通过验收并投入运营，对促进河南科技创新、推动产业转型升级、引领和支撑经济高质量发展具有重要意义。中心配备了技术先进、自主可控的中科曙光新一代高性能计算机，峰值计算能力达 100PFlops，存储 100PB，主机系统实测持续计算性能居国际同期前列。

国家超级计算郑州中心将面向国家重大战略需求和区域经济社会发展需要，立足中原、辐射周边、服务全国，围绕数字经济、社会管理、环境治理、高端装备、人工智能等方面开展一批重点特色应用，为河南乃至周边地区经济社会发展提供强大算力支撑。

二、我国量子通信技术领先世界

30 年前，人类历史上首次量子通信在实验室诞生时，传输距离仅为 32 厘米。而今，中国人将这个距离扩展了 1 400 多万倍，实现了从地面到太空的多用户通信。2021 年 1 月 7 日，中国科学技术大学宣布，中国科研团队成功实现了跨越 4 600 千米的星地量子密钥分发，标志着我国已构建出天地一体化广域量子通信网雏形。该成果已在英国《自然》杂志上刊发。《自然》杂志审稿人评价称，这是地球上最大、最先进的量子密钥分发网络，是量子通信“巨大的工程性成就”。

那么，什么是量子？它有哪些特性？量子通信为什么能保证安全？这张网对我们的生活有何影响？我国量子通信技术攻克了哪些难关？

（一）量子是物理量的最小单元

量子就是质量、能量等各种物理量的最小单元，它以某种粒子状态存在。比如光其实是以光子为单位一份一份变化的，一个光子就是一个量子。一个普通的 15 瓦灯泡每秒钟辐射出的光量子个数可达 10 万亿亿个。

“纠缠特性”让一对量子“心灵相通”，就像是人类的双胞胎所具有的“虽然身隔万里，却能瞬间心灵感应”一样玄妙，一对纠缠量子即使相距遥远距离，其中一个量子的行为也会瞬间影响另一个量子的状态，这种空间影响速度甚至可以超越光速。当其中一个量子被操作（例如量子测量）而状态发生变化时，另一个量子也会即刻发生相应的状态变化。

这种跨越空间的、瞬间影响双方的量子纠缠，曾经被称为“鬼魅似的超距作用”，爱因斯坦曾据此来质疑量子力学的完备性，因为这个超距作用违反了他提出的定域性原理，即任何空间上相互影响的速度都不能超过光速。

（二）被严格证明的无条件安全

科学家利用量子不可分割、不可克隆的特性，可以制作出最安全的保密钥匙，从而让信息传输变得更加安全。说得通俗一些，就是任何窃听者试图拦截量子通信时，都会对量子态造成破坏。收发信息双方只要对比部分密钥，就能断定信息是否被截获。

复制（即克隆）任何一个量子的状态前，首先都要测量这个状态。但是量子态非常脆弱，任何测量都会改变量子态本身，即令量子态坍缩，因此量子态无法被任意克隆。这种量子的不可克隆特性已经经过了数学上的严格证明。

窃听者试图拦截经典信息时，就会复制这份经典信息。在量子态传输过程中，因为无法克隆任意量子态，于是在窃听者窃听拦截量子通信的时候，就会销毁他所截获到的这个量子态。

正因为如此，我们直接传输量子比特时，不用建立量子密码。量子密钥的产生过程，同时就是分配过程，通信双方同时获得密钥，并不需要第三者信使在中间传输。

量子密钥分配，就是建立起完全安全的密钥传输通道。因为光子有两个偏振方向，而且相互垂直，所以信息的发送方和接收方都可以简单地选取 90 度的测量方式或 45 度的测量方式来测量光子。得到全部测量结果后，他们之间通过经典信道，如电话、QQ 等建立联系，互相分享各自用过的测量方式，相同的测量方式所对应的二进制比特，就是他们最终生成的密码。需要注意的是，只有当发送方和接收方所选择的测量方式相同的时候，传输比特才能被保留下来用作密钥。

想知道是否存在截获者，发送方和接收方只需要拿出一小部分密钥来对照。如果发现互相有 25%的不同，那么就可以断定信息被截获了。同理，如果信息未被截获，那么二者密码的相同率是 100%。如果发现窃听，就立刻关闭通信，或重新分配密钥，直到没人窃听为止。

正是由于量子不可克隆定理，让接收方能够察觉密钥的错误，停止密钥通信，因此也就保证了量子加密信息的绝对安全性。

始于“纠缠”，终于安全，量子通信让“窃听风云”成为历史。

（三）量子通信：给数据加上牢不可破的锁

中国科学家们构建的量子通信网络，就是给传统通信方式加上量子密钥。

现有的密码体系是通过增加计算复杂性来保证安全的。以目前世界上最快的超级计算机之一——我国“天河二号”为例，以其运算速度破译一个 300 位的密码需要 15 万年，而如果用量子叠加并行计算，1 秒钟就可以计算出来。

量子密钥由于作为信息载体的单光子不可分割、量子状态不可克隆，因此能保证用其加密的内容不可破译。量子密钥分发是迄今为止唯一被严格证明是原理上无条件安全的通信方式。

可以毫不夸张地说，在未来没有量子通信的国家，其信息安全在别国看起来就等同于“透明”。打个比方，就像没有栅栏围挡的“不设防的羊圈”，怎么能够防得住别有用心“偷吃的狼”呢？所以，没有了量子通信支撑的信息安全，国家安全将毫无保障可言。

（四）量子通信已在我国多领域应用

经过 20 多年努力，我国在量子通信领域实现了从跟跑到领跑的重大转变。

2016 年，我国成功发射全球首颗量子科学实验卫星“墨子号”；2017 年 9 月，世界首条量子保密通信干线——“京沪干线”正式开通。2021 年 1 月 7 日，中国科学技术大学宣布，我国科研团队成功实现了跨越 4 600 千米的星地量子密钥分发，标志着我国已构建出天地一体化广域量子通信网雏形。

目前，量子通信技术已经在我国获得应用。其中，量子保密通信技术已经为纪念抗战胜利 70 周年阅兵、党的十九大等国家重要会议和活动提供了信息安全保障。此外，银行业监管信息报送、人民币跨境收付信息管理系统、网上银行数据异地灾备系统等都应用了量子保密通信技术。未来，量子通信在金融、政务、国防、电子信息等领域可进一步广泛应用。

（五）爬坡过坎，攻破技术难关

我国量子通信团队取得的成果举世瞩目，在这当中他们遭遇了怎样的技术难关呢？

难关一：单个光子制备

在量子通信技术的研发过程中，首先要面对的是制备单个光量子的技术难题。中科院院士、中国科技大学常务副校长潘建伟举了一个非常形象的例子，来解释这一关键技术的难度：一个普通的 15 瓦左右的灯泡每秒钟辐射出的光量子个数可达 10 万亿亿个，想要实现单个光量子的制备就如同在这 10 万亿亿个光量子发射出来的瞬间捕捉到其中的某一个。

难关二：单光子的探测

单个光子已经是光能量的最小单元，能量是非常微弱的，需要发展出非常精密和高效的单光子探测技术。只有具备单个光量子的制备和探测能力后，才能够实现安全的量子通信。

难关三：星地通信好比万米高空投硬币

“墨子号”卫星常务副总设计师王建宇举例说：“要从 1 000 千米的高度把一个个光子发射到地面站，就好比在万米高空高速飞行的飞机上，同时向地面两个旋转的投币口细长的储蓄罐扔进一个个硬币。储蓄罐的投币口是细长的，相当于光的偏振，它是有方向的，硬币要把方向对好才能扔进去，而且不是扔一个，要两边同时都扔准才行。”

难关四：地面探测难度远超千里眼

根据计算，一根火柴划一下大概有 1 017 个光子，而卫星地面站的探测能力，相当于在地球上的人要发现在月亮上有人划了一根火柴。此外，还要在每秒一亿个光子里面弄明白地面探测到的是第几个光子，这些光子都是排好队的，探测一个就要知道它是第几个，这样才能用来做密钥。

潘建伟科研团队在光学系统等方面发展了多项先进技术，化解了这些难题。

目前，整个广域量子通信网络覆盖我国四省三市 32 个节点，包括北京、济南、合肥和上海 4 个量子城域网，通过两个卫星地面站与“墨子号”相连，总距离 4 600 千米，目前已接入金融、电力、政务等行业的 150 多家用户。

基于“不可分割”“不可克隆”等量子特性，量子通信被称为“原理上无条件安全”的通信方式，在多领域具有应用前景。星地量子通信网的建成，为未来实现覆盖全球的“量子网”奠定科技基础，也为相对论、引力波等科学研究提供了前所未有的“天地实验室”。

正是有无数“中国量子人”深藏功与名，几十年深入科研攻关，“俯首甘为孺子牛”，才使得我国量子通信技术处于领跑世界的地位，让我们向这些可敬可爱的科研工作者致敬，因为他们才是真正值得我们年轻人追逐的“明星”。

知识拓展

“墨子号”的命名由来

首颗量子通信卫星以我国古代科学家墨子的名字来命名。

墨子是我国古代伟大的思想家、科学家、教育家、军事家和社会活动家，是一位名副其实的百科全书式工匠学者，他在光学、力学、数学、几何、工程、技术等众多科技领域都有精深造诣。墨子不仅是中国科学家的始祖，还被后世科学家尊称为“科圣”。

墨子最早提出了光是沿直线传播的观点，还做了世界上第一个小孔成像实验，第一次对光直线传播进行了科学解释——这在光学中是非常重要的一条原理，比古希腊欧几里得的光学记载早了百余年，为量子通信的发展打下了一定的基础。墨子最早有关端的提法，同古希腊的原子论相类似，这不仅跟我们量子中不能再分的最小单元光量子息息相关，还比牛顿的提法早了 1 000 多年。墨子有关方、圆、高、长等的提法，也与古希腊几何之父欧几里得不谋而合。墨子的圆规理论助力中国后世科学家建成“世界第一大锅”——500 米口径球面射电望远镜——天眼 FAST，用来探寻宇宙奥秘、捕捉外星信号。此外，墨子还提出了某种意义上的粒子论。

因此，光量子学实验卫星以中国科学家先贤墨子来命名，既为了纪念墨子在早期物理光学方面的成就，更体现了中国的文化自信。

量子计算

1. 我国科学家展示实现拓扑量子计算新方法

中国科学技术大学郭光灿院士团队李传锋、韩永建、许金时等研究时发现：仲费米子零模编织过程对局域噪声免疫，并且保持量子互文资源守恒，因此有望通过编织操作和魔术态萃取等手段进行普适、容错的量子计算。该成果 2021 年 8 月 9 日以研究长文的形式在线发表在美国物理学会期刊《PRX 量子》上，并被选为编辑推荐文章。

该成果为拓扑量子计算的实现提供一种可行的物理途径。审稿人高度评价：“不仅展示了全新的物理机制，而且扩展了他们先前对马约拉纳费米子体系的研究。”

2. 戴口罩也能识别——用量子计算处理人像获指数级加速

合肥本源量子计算科技有限责任公司（简称“本源量子”）团队基于自主研发的量子机器学习框架 VQNet，设计实现的量子生成对抗网络（QGAN）可用于图像处理领域，比如人像的修复。与经典计算机相比，量子计算处理图像在时间上有指数级提升，在空间上处理的数据量也将随之呈指数级增加。其应用体验于 2021 年 8 月 5 日正式上线。

此次发布的新算法是基于本源量子团队自主研发的量子机器学习框架 VQNet，在量子计算机操作系统“本源司南”上，验证了设计的 QGAN 算法的可行性和有效性。研发人员利用 QGAN 网络实现了一个在图像修复方面的应用示例，展现了量子计算机的生成对抗网络在人像修复领域拥有相对于经典计算机的速度优势和空间优势，证明了基于超导量子比特技术的量子机器学习可行性，在量子领域迈出了重要一步。

“简单来说，比如你戴口罩经过一个需要人脸识别的安检系统，基于量子计算的这套算法，综合大数据分析和图像修复，我们能识别你，给出一个不戴口罩的面部。”该算法的工程师介绍说。

据研发人员介绍，GAN 网络在人工智能领域已有广泛应用，但在实际算法及应用处理过程中，数据集的训练收敛性及计算速度上，GAN 网络结构、模型的评估上，判别模型的对抗性和稳健性上，都是考验和挑战。结合量子计算，实现量子生成对抗网络，即QGAN，就能利用量子计算的并行计算的优势，通过量子线路实现量子生成对抗网络，可以加速数据集训练速度，并有效提升网络模型精度。该网络模型和算法的实现，在理论和算法实验运行上都证明了与经典的GAN网络相比，具有指数级的算法优势。

"我们的算法和应用在原理和示例演示上证明了这一点。"本源量子研发负责人表示，一旦该应用成熟，处理人像技术将从速度、算法、空间效率和准确率上实现强有力的效果。

三、人工智能技术跻身第一方阵

人工智能（Artificial Intelligence，AI），它是研究、开发用于模拟、延伸和扩展人的智能的理论、方法、技术及应用系统的一门新的技术科学。

人工智能是计算机科学的一个分支，它企图了解智能的实质，并生产出一种新的能以人类智能相似的方式作出反应的智能机器。该领域的研究包括机器人、语言识别、图像识别、自然语言处理和专家系统等。

人工智能是一门极富挑战性的科学。人工智能从诞生以来，理论和技术日益成熟，应用领域也不断扩大，可以设想，未来人工智能带来的科技产品，将会是人类智慧的"容器"。人工智能研究的一个主要目标是使机器能够胜任一些通常需要人类智能才能完成的复杂工作。

1956年夏季，以麦卡赛、明斯基、罗切斯特和申农等为首的一批有远见卓识的年轻科学家在一起聚会，共同研究和探讨用机器模拟智能的一系列有关问题，并首次提出了"人工智能"这一术语，它标志着"人工智能"这门新兴学科的正式诞生。60多年来，人工智能取得长足的发展，成为一门广泛的交叉和前沿科学，目前被广泛应用于军事、科研、生产、生活、医疗卫生等多个领域。

人工智能技术正润物细无声地改变着人类生活。人脸识别、刷脸支付、新冠肺炎疫情防控期间的人群红外测温、核酸检测机器人、机器辅助诊疗、无人驾驶车辆、无人船、24小时监测水质的水下机器人、为员工供应午餐的无人车、自动识别并分拣垃圾的智慧垃圾箱、可进行人脸识别的智慧安防、火情监测……历经60余年的发展，人工智能从只存在于科幻小说中的愿景逐渐演变为赋能百业的澎湃动力。如果说几年前的人工智能带来的是"令人惊诧的变革和冲击"，那么近几年其落地应用已经给人习以为常的感觉。

《中共中央关于制定国民经济和社会发展第十四个五年规划和二〇三五年远景目标的建议》提出把科技自立自强作为国家发展的战略支撑，瞄准人工智能、量子信息、集成电路等领域实施一批具有前瞻性、战略性的国家重大科技项目。人工智能被置于首位，重要程度可见一斑。

作为引领未来社会发展的支撑性技术之一，人工智能的发展一直受到高度重视。人工智能作为第四次工业革命的核心驱动力之一，正深刻重构人类社会生产、分配、交换、消费等各个环节，并持续催生新技术、新产品和新产业，释放历次科技革命和产业变革所集聚的巨大能量。

（一）人工智能技术的发展阶段

近年来，人工智能在很多领域得到了实际应用。但整体而言，目前人工智能发展仍在初级阶段。业内专家称，我们处在人工智能发展的第三次黄金时期，与前两次不同，这次我们有大数据、深度学习和大算力。这次的黄金时期虽然开始不过七八年，但发展速度惊人。

这个时期可细分为三个阶段，目前正处在第二阶段到第三阶段的过渡中。这三个阶段都可以称为“无行业不 AI”，但每个阶段的具体含义不同。

第一阶段，我们意识到 AI 技术可能会改变几乎所有的行业。但此时更多是点状的技术和应用。

在目前所处的第二阶段，从业者发现，没有深入行业的数据、场景和流程，就无法让 AI 技术真正在应用中发挥价值。这个阶段，人工智能技术在智慧城市、互联网等领域取得了令人瞩目的成果，技术上从单点技术逐步走向平台化；在工业领域、医疗健康等领域出现了令人振奋的技术和应用，但尚未形成规模；在教育、农业等场景，其研发和应用正在路上。

到第三阶段，人工智能从技术到应用的分层会更加清晰，技术上更多专注 AI 技术能力和平台能力的研发，业务应用层会有更多的行业技术人员和业务人员参与甚至引导。业内专家称：没有行业的深度参与甚至主导，就没有 AI 的遍地开花与结果。

目前，AI 技术发展仍将围绕着数据、算法和算力的方向展开。业内专家说，AI 具体的发展趋势，将从专用智能向通用智能跨越，从人工智能向自主智能蜕变，从“纯粹的人工智能”向“人机混合型智能”演进，加速与相关学科领域的渗透交叉。AI 技术将持续赋能智能终端、互联网娱乐、车联网、智慧城市等垂直领域，图像识别、文本识别、视频分析、无人驾驶、智能分析、自主决策等 AI 技术将得到创新应用，在教育、金融、交通、安防等行业广泛落地。

（二）人工智能科技产出显著

近年来，我国人工智能科技产出显著。2020 年，国内人工智能论文发表量近 3 万篇，保持超过 10%的复合增长率；专利申请数量超 3 万件，首次超过美国位居世界第一。在自动机器学习、神经网络可解释性方法、异构融合类脑计算等领域，国内涌现出一批具有国际影响力的创新性成果。

我国发展人工智能有鲜明的特色和优势：一是国家高度重视人工智能发展，从基础研究到工程应用，我国充分发挥制度优势，在国家战略、产业政策、法律法规、标准规范等层面开展顶层设计，为 AI 发展营造了良好的内外部环境；二是我国应用场景丰富，经济体量庞大，工业门类齐全，消费需求旺盛，为 AI 技术的应用提供了丰富的场景；三是作为人工智能得以蓬勃发展的数据需求，我国数据库准备充足。

深兰科技创始人、董事长陈海波直言，缺乏数据的人工智能就是无米之炊。中国的基础数据量远远领先欧美，除了手机、电脑生产的数据，很多传统离线商业活动也会产生大量数据，如共享单车使用数据、诊断用医疗扫描数据、汽车事故数据、银行流水、农田卫星图像等。

（三）释放潜能需大力夯实软硬件基础

在科学研究和技术应用蓬勃发展的同时，软硬件基础的不足也应引起重视。对标美国 TensorFlow、Pytorch 和 Caffe 等被广泛使用的软件产品，我国开源人工智能框架软件生态还不完善，开源社区活跃度不足，软件的国际与国内影响力较弱，存在人工智能专用芯片缺失的状况。以深度学习框架广泛采用的 GPU 显卡为例，在通用计算环境下，普遍依赖英伟达深度学习显卡进行大规模神经网络训练。不过，我国的寒武纪、华为等企业目前已投入大量资源开展技术研发，结果值得期待。

我国在 AI 基础理论和先进算法方面，还有待进一步加强；与 AI 相关的软硬件工业基础也较为薄弱；在自主可控方面办法不多。

我国 AI 产业潜能不断释放，对行业和经济发展的拉动作用将进一步显现。我国 AI 产业要在国际竞争中谋求更有优势的“身位”，还面临不少挑战。产业 AI 化将是下阶段我国经济的重要机遇。这意味着要将 AI 企业的创新技术变成产品，快速推向市场，并输送到行业落地应用。目前，金融、通信、制造业、城市治理等领域都在尝试行业应用场景与 AI 技术的结合。这个过程需要产业生态力量的支持。

AI 产业的发展离不开人才的储备。虽然我国 AI 人才基数大，但领军和高层次人才较少，“火车头”带动效益难以显现。

根据 MacroPolo 智库的研究，在报告所圈定的顶级人工智能研究人才中，59%在美国工作，中国仅占 11%。推动人工智能产业从兴起到快速发展，专业人才最为关键，其质量和数量直接决定了行业的发展水平。我国应积极吸引海外科研人员、聚集全球人才，在研究经费等领域推出引进海外高端人才的一揽子政策。同时，我国应提高基础研究投入，引导政策与资金聚焦产业基础层，促进数据开放共享，加强人才引进与培训，促进产学研协同合作，为产业的“马拉松”式国际竞争作长篇布局。

（四）多领域融合助推智能经济时代到来

根据 IDC 和浪潮联合发布的《2020—2021 中国人工智能计算力发展评估报告》，人工智能的产业化已经从通用应用场景渗透到更多行业特定场景。互联网、金融、电信、政府服务等 AI 算力投入排名靠前的行业也是人工智能行业应用渗透度最高的领域。产业 AI 化已经从早期的试点逐渐成为企业发展和生存的刚需。

未来 AI 领域的国际竞争必将进一步加剧。“十四五”期间，我国将重点发展“新基建”，同时还将重点发展数字经济，实现各行业数字化转型。国内 AI 行业应借此东风，以典型场景（如智能制造）赋能为引领，融合新兴技术，加大 AI 基础设施和传统基础设施智能化升级建设力度，使 AI 技术成为全面推动经济发展全要素的革新手段，并全面参与国际 AI 领域的竞争和合作。

业内专家强调，要实现人工智能发展的预期目标，需要构建 AI 高性能计算算力基础，打造自主可控、安全可靠的 AI 产业软硬件协同能力，推动 AI 开源开放和公共服务平台建设，形成自我造血能力强的 AI 应用良好生态。

AI 将与汽车、电子等领域加速融合，实现感知、决策、控制等专用功能模块，使汽车加速智能化、网联化，无人驾驶技术就是最典型的体现。AI 有望与 VR 技术相结合，为生产制造、家装等提供工具，并为虚拟制造、智能驾驶、模拟医疗、教育培训、影视娱乐等提供场景丰富、互动及时的平台环境。“新基建”赋能各行业，AI 产业底层支撑持续提升，AI 技术将会更多地运用到工业和农业方面。

目前，国家正在积极推进人工智能创新应用先导区工作。要求各地结合本地特色，发挥技术原创、产业生态、人才基础、发展环境等多重优势，加快核心算法、基础软硬件等技术研发，加速智能基础设施建设，打造全球领先的人工智能创新策源地。聚焦智能制造、智能网联汽车、智慧城市、“科技冬奥”等重点领域，加快建设并开放人工智能深度应用场景，优化治理环境，持续推进人工智能和实体经济深度融合，打造超大型智慧城市高质量发展的示范区和改革先行区。

作为引领这一轮科技革命和产业变革的战略性技术，人工智能具有溢出带动性很强的“头雁”效应。未来，人工智能技术不断发展完善，不仅将为人们带来更大的商业价值和社会价值，也将推动我国实现科技跨越发展、产业优化升级、生产力整体跃升。

“十四五”新征程已经开启，以人工智能为代表的科技新兴产业将成为经济发展的新引擎。人工智能也将推动数字经济进入智能经济的新阶段。

人物简介

陆奇

陆奇，毕业于复旦大学，获计算机科学学士、硕士学位，1987年毕业后留校执教，此后就读于卡内基梅隆大学，获计算机科学博士学位。陆奇博士除了在学术界发表过一系列高质量的研究论文，还持有40多项美国专利。陆奇1998年加盟雅虎，2006年被任命为雅虎的资深副总裁，2007年任雅虎执行副总裁；2008年加盟微软任执行副总裁，2016年9月从微软离职；2017年1月，陆奇加入百度，担任百度集团总裁兼首席运营官，2月，被任命为百度公司董事及董事会副主席，3月起兼任百度智能驾驶事业群组总经理；2018年7月，陆奇不再担任百度集团总裁兼首席运营官职务。现任Y Combinator中国创始人及首席执行官，Y Combinator全球研究院院长。

知识拓展

“中国芯”研发团队

AI离不开芯片，作为信息设备的“心脏”，集成电路芯片已成为支撑现代信息社会发展的“基石”。中国作为全球最大的半导体市场，对集成电路产品的需求持续快速增长。长期以来，发达国家对出口到我国的制造装备、材料以及工艺技术进行严格审查和限制，由此导致我国集成电路制造产业技术升级过分依赖引进，受制于人。

2008年，国家科技重大专项“极大规模集成电路制造装备及成套工艺”启动实施。作为中国微电子行业的“国家队”，中国科学院微电子研究所接下了这一重任。9年前，在中国科学院微电子研究所所长叶甜春的组织协调之下，朱慧珑、赵超、王文武、殷华湘、韦亚一等十几位集成电路技术专家先后回国，同国内行业专家徐秋霞、陈大鹏等人一起组成“中国芯”研发团队。研发团队成员共同进行技术攻关，克服重重困难，在新材料高K金属栅极晶体管技术和三维晶体管技术等方面取得突破，并实现了向国内大型集成电路厂商进行专利技术转让和二次开发，形成了较为系统的自主知识产权体系，首次在国内实现了最先进技术代知识产权系统的许可转让。“22-14纳米集成电路器件工艺先导技术”项目获得2017年度国家技术发明奖二等奖。

当前，新一代信息技术革命正在蓬勃兴起，我国集成电路产业面临重大历史机遇。在产业政策强有力的支持和科研人员的不懈努力下，不久的将来，我国信息技术产业"缺芯"的阵痛将不复存在，中国芯片产业必将在世界舞台占有一席之地。

四、移动通信正迈向"5G引领"

（一）我国通信业70余年：从书信电报到5G移动时代

1902年，一个叫作内森·斯塔布菲尔德（Nathan Stubblefield）的美国人在肯塔基州默里的乡下住宅内制成了第一个无线电话装置，这部可无线移动通信的电话就是人类对"手机"技术的最早探究。

中国通信产业则是与新中国一起诞生、成长的。新中国成立初期，中国的通信产业者一步步自力更生、艰苦创业，最终成就了中国通信业的辉煌。1949年年底，全国市内电话交换机总容量仅有31万门，其中1/3是人工接续的交换台，其余的也都是20世纪20年代技术水平的旋转步进制交换机；长途通信主要靠短波无线电报沟通，有1/3的县城连短波电报也不通。

为了迅速扭转这种落后的局面，给刚刚诞生的新中国提供可靠的通信保障，在积极恢复邮政通信的同时，1950年1月，全国第一次邮电工作会议确定，首先通过恢复和建设电报网来迅速沟通信息国脉。新中国通信人发扬自力更生、艰苦奋斗的精神，以无线电报网的建设为突破口，在短短几年的时间里初步建立起了以无线电报通信为骨干，以邮政设施为基础的连通、覆盖全国的通信网络。到1959年国庆十周年之际，中国邮电局所10年增加了7.5倍，无线电台增加了5.3倍，邮路增加了3.5倍，长途线路增加了1.5倍，电话交换机容量增长了1.35倍。

现在，随着技术的更新迭代，几乎人手一部手机。由iPhone掀起的智能手机革命仍然在继续，只不过世界舞台的中心多了些中国面孔，以华为、OPPO、Vivo以及小米为代表的中国新生代手机力量正在快速推进全球5G手机的进程，而中国的运营商也成为5G浪潮中的领军者。

可以说，在经历了从无到有，从2G追随、3G突破、4G同行的时代后，5G时代，中国厂商终于走到了世界的最前面。

1. 书信电报时代

新中国成立后，通信媒介经历了从电报、BP机、大哥大、固定电话、小灵通直至智能手机的转变。

最开始，人们通信主要靠书信和电报。谁家要办个大事、喜事，都是骑上自行车挨家挨户通知。如果亲友在外地，就得写信或发电报。那时候，电报很贵，一般人用不起，基本都是靠写信来传消息，当时收发信件的时间很长，一般都是几周才能收到。

那时候装电话的家庭很少，由于安装费用昂贵，普通人只能使用公用电话。在当时，“楼上楼下、电灯电话”是很多人对美好生活的向往。

2. “大哥大”拉开移动通信时代

后来，通过人工台传送文字信息的 BP 机一时风靡全国。BP 机是最早的移动通信设备，摆脱了有线电话的限制，称为寻呼机的小型无线接收机（BP 机）。“有事 call 我”成为时代流行语。但几乎和 BP 机同时兴起的，还有更昂贵的移动通信设备——大哥大。

1987 年，大哥大进入中国，它无疑成了加速人们信息沟通和社会交往的重要工具。在那个年代它便是身份、地位和财富的象征。

大哥大的出现，意味着中国步入了移动通信时代。1987 年，广东为了与港澳实现移动通信接轨，率先建设了 900MHz 模拟移动电话。摩托罗拉也在北京设立了办事处，推销移动电话。这种重量级的移动电话，厚实笨重，状如黑色砖头，重量都在 0.5 千克以上。它除了打电话没别的功能，而且通话质量不够清晰、稳定，常常要喊。它的一块大电池充电后，只能维持 30 分钟通话。

虽然如此，大哥大还是非常紧俏，有钱难求。当年，大哥大公开价格在 2 万元左右，但一般要花 2.5 万元才可能买到，黑市售价曾高达 5 万元。这不仅让一般人望而却步，就是中小企业买得起的也不多。

3. 智能手机启幕

第一代移动通信，简称 1G，是摩托罗拉的天下。

但模拟移动通信与数字通信相比保密性能较差，极易被并机盗打，只能实现话音业务，无法提供丰富多彩的增值业务，网络覆盖范围小且漫游功能差。

到了第二代移动通信，简称 2G 时代后，由于 GSM 数字网具有较强的保密性和抗干扰性，音质清晰，通话稳定，市场被快速打开。

各大手机生产商看好了这一新的商机，争相拓展这一市场上的份额，摩托罗拉不肯舍弃已有的地盘，故步自封，死守模拟网络技术，以至于没能及时调整市场战略，地位迅速下滑。与此同时，诺基亚、爱立信等厂商后来居上，成三国鼎立之势。

功能机时代的佼佼者——诺基亚 1100 在 2003 年 10 月上市，就是这部经典之作，造就了全球销售 2 亿部的神话，让诺基亚一战成名。

但手机行业真正的变革始于苹果。2007 年，苹果的 iPhone 横空出世，掀起了一场天翻地覆的革命，把手机从只能接听电话的仪器变成了我们可以随身携带的小型电脑。600MHz 的 arm11 处理器、3.5 英寸真彩电容屏幕、比市面竞争对手先进 5 年的操作系统的 iPhone，带来的体验是革命性的。苹果的出现颠覆了整个手机市场，手机进入了一个新时代——3G 智能手机时代。

4. 4G“修路”，5G“造城”

2019 年 6 月 6 日，工业和信息化部向中国电信、中国移动、中国联通、中国广电四家企业正式发放了 5G 商用牌照，标志着中国 5G 商用正式启动。经历 1G 空白、2G 追随、3G 突破、4G 同步，在 5G 时代，中国或将引领时代潮流。

5G 的革命性在于实现了从移动互联网扩展到物联网。3GPP 对 5G 三大应用场景的定义为 eMBB、mMTC 和 uRLLC。其中，eMBB 对应的是 3D/超高清视频等增强型移动宽带，即移动互联网场景；mMTC 和 uRLLC 都属于物联网场景，其中 mMTC 对应的是大规模机器类通信，而 uRLLC 对应的是如无人驾驶、工业自动化等需要低延时、高可靠连接的业务。

“4G 更多是技术和商业创新，5G 更多是生态构建。4G 像修路，5G 是造城，我们要把一个生态构建起来，去赋能各行各业。这就是 5G 和 4G 很大的不同。”中国移动集团技术部总经理王晓云这样评价 4G 与 5G 的区别。

以 5G、千兆光网为代表的“双千兆”网络是新型基础设施的重要组成和承载底座，在拉动有效投资、促进信息消费和助力制造业数字化转型等方面发挥着重要作用。

2021 年国务院《政府工作报告》明确要求，“加大 5G 网络和千兆光网建设力度，丰富应用场景”。

近年来，三大运营商均已制定了 5G 路线图，在全国范围内积极建设 5G 基站，为各个城市提供 5G 商用服务，共建共享 5G 网络。在北京举办的 2021 中国信通院 ICT+深度观察报告会上，工业和信息化部副部长刘烈宏介绍，我国已建成全球最大的 5G 网络，累计建成 5G 基站 71.8 万个，推动共建共享 5G 基站 33 万个。

而从终端角度来看，中国厂商也在试图把 5G 手机带进 4G 旗舰机的价格区间。与此同时，通信行业资费也持续下降，漫游费更是宣布取消，“提速降费”让中小企业、普通消费者充分享受到通信技术和互联网时代的发展红利。

5. 5G：当代移动通信技术制高点

目前全球 97%的人口生活在有移动蜂窝信号覆盖的地方，说移动通信技术改变人类社会毫不为过。而 5G，正是当代移动通信技术的制高点，也是新一代信息技术的重要支柱。

2019 年被称为“5G 商用元年”，随着 5G 商用牌照正式发放，中国进入 5G 时代。5G 对中国的科技与经济发展是难得的机遇，将为社会治理、经济发展和民生服务提供新动能，催生新业态，成为数字经济的新引擎。

（二）移动通信迭代是中国科技变革和科技创新的缩影

20 世纪 70 年代蜂窝移动通信技术出现以后，中国开始接触这一高科技领域，但直到 20 世纪 80 年代末才正式开通蜂窝移动通信网络。坦率地说，我国移动通信的起步相对世界领先国家是较晚的。

1G 时代，几万元一个的"大哥大"，让普通人望尘莫及。2G 时代，国家大力发展移动通信，移动网络覆盖率和用户普及率快速提升，并尝试推出我们自己的产品，让普通老百姓用上手机。3G 时代，移动通信与互联网技术全面结合，智能手机兴起。中国拥有自主知识产权的 TD-SCDMA 标准成为 3G 三大国际标准之一，实现了我国百年通信史上"零的突破"。4G 时代，我国建成全球最大的 4G 网络，移动通信全产业链发展壮大，华为、中兴成为全球领先的移动通信设备供应商，中国电信、中国移动、中国联通也走在全球运营商前列。

5G 是最新一代蜂窝移动通信技术，特点是广覆盖、大连接、低时延、高可靠。和 4G 相比，5G 峰值速率提高 30 倍，用户体验速率提高 10 倍，频谱效率提升 3 倍，移动性能达到支持 500 千米时速的高铁，无线接口延时减少 90%，连接密度提高 10 倍，能效和流量密度各提高 100 倍，能支持移动互联网和产业互联网的各方面应用。

截至今天的第五代移动通信技术，其发展几乎遵循"每 10 年一代"的规律。目前，无论是从基站覆盖率、手机拥有率，还是光纤入户率来看，中国移动通信产业与应用水平都走在世界前列，这样的发展着实不易。从完全不了解移动通信，到发展为移动通信用户大国、移动通信制造大国、移动通信应用大国，移动通信是新中国成立 70 多年来科技变革的缩影、科技创新的典范，也是高科技造福人民的代表性行业。

（三）从消费互联网到工业互联网、产业互联网，5G 开启互联网下半场

移动通信跟互联网相伴而行。3G 的出现催生智能手机，带火移动电子商务，同时兴起微信等自媒体业务和社交应用。4G 激发视频业务和移动支付，催生社交电商，支撑移动智能搜索和推送业务，点燃共享经济，加快移动短视频业务发展。这些互联网业务跟移动通信的能力、规模、部署息息相关。

5G 出现在互联网发展最需要的时候。中国互联网用户数的增长速度在下降，移动电话用户普及率接近天花板，社会生活的快节奏激活了网民对短平快新业态的追求，提速降费减轻了宽带上网的资费压力，短视频、小程序风头正起，但还是很难担当互联网新业态的大任。互联网下一步发展需要新动能、新模式来破解难题。被看作互联网下半场的工业互联网目前刚起步，它的新动能还不足以弥补消费互联网动能的减弱，现在处在互联网发展新旧动能的接续期，在消费互联网需要深化、工业互联网需要起步的时候，5G 来得正好。

相比前四代移动通信技术，5G 最重要的变化是从面向个人扩展到面向产业。如果说 5G 的商用前期还是以消费互联网为主，扩大移动互联网在消费领域的优势，那么，商用后期将发力产业互联网，在工业等各行各业大展身手，由此才有一种说法——

"4G 改变生活，5G 改变社会"。5G 将与实体经济产业协同发展，实现共赢。

相比我国快速发展的消费互联网，工业互联网的门槛要高得多。消费互联网终端品种简单，使用门槛低，易普及、易升级，而工业互联网涉及生产设备类型多，业务链条长、服务模型复杂，对响应速度、可靠性和安全性要求高。要想将工业设备联网，布放光纤存在困难，使用无线联网又存在扩展性低、低速率和抗干扰弱等问题，只有高可靠、高带宽、大连接的 5G 才能适应工业互联网要求。以上海飞机制造有限公司为代表，中国现在已经出现将工业互联网深入应用的企业，显著证明 5G 技术对提升产品质量、提高生产效率非常有帮助。

（四）5G 推动新一代信息技术融合，成为未来数字经济增长新引擎

5G 技术目前主要有三大应用场景：一是增强移动宽带，提供大带宽、高速率的移动服务，面向 3D/超高清视频、AR/VR（增强现实/虚拟现实）、云服务等应用；二是海量机器类通信，主要面向大规模物联网业务、智能家居、智慧城市等应用；三是超高可靠、低延时通信，将大大助力工业互联网、车联网中的新应用。

需要看到，5G 商用处在大数据、人工智能、云计算、区块链等新技术发展势头正旺时期。信息技术作为通用技术已经渗透到社会生活和生产的方方面面，其中移动通信技术使用普及率最高，而 5G 作为新一代移动宽带传输技术，构成各种信息技术与各类垂直产业技术无缝融合的通道，大大扩展移动通信的应用广度与深度，成为新技术应用的关键基础设施和新技术发展的催化剂。超高清视频和 AR/VR 因为 5G 而激活，物联网和人工智能因为 5G 而无缝融合，AI 跟 IoT（物联网）结合形成 AIoT，将开启智联网时代。工业互联网会因为 5G 而突破传输瓶颈，车联网会因为 5G 而大大加速。

把应用 5G 技术的 VR 摄像头放在镜子上，人们可以"试穿"衣服，大大优化网络购物体验。5G+云端搜索匹配，让你马上知晓心仪商品的生产公司、面料、价格甚至打折信息。就餐时对着菜谱"扫一扫"，可以看到厨师加工菜品过程。刚刚过去的北京 2022 年冬奥会上，运动员头盔、雪橇等装备上布置了 5G 终端传感器，更好地捕捉了实时场景，让观众直观感受冰雪运动的"速度与激情"。8K 电视、智慧城市、远程医疗、自动驾驶……可以说，5G 一方面引领技术创新，另一方面将拓展这些新技术的业务应用。从移动通信技术发展历史来看，许多我们曾经难以想象的应用场景都是在网络能力具备后产生的。未来，5G 一定会催生出我们目前想象不到的新应用。

据估计，到 2025 年中国将拥有 4.3 亿个 5G 连接，中国移动用户使用 5G 比例将达到 28%，将占全球 5G 总用户量的 1/3，中国将成为全球最大 5G 市场。5G 将与人工智能、大数据、移动互联网、物联网、云计算等协同融合，大大丰富数字产业的业态和数字终端的类型。5G、AI、工业互联网三足鼎立，将支撑整个数字经济的快速发展。就 GDP（国内生产总值）而言，据国际知名咨询公司预测，到 2035 年，5G 会带动全球

GDP 增加 7%，带动中国 GDP 增加超过 1 万亿美元，还会使中国新增将近 1 000 万的就业岗位。总之，5G 对经济增长影响预计是很大的。

5G 技术是我国迈进新时代的代表性成果，不仅引领着移动通信的前进方向，而且对我国科技和经济发展来说更是难得的机遇。围绕 5G 技术和产业的国际竞争，对我们也是严峻挑战。创新永远在路上，相信在科学技术方面，会有更多这样的技术产生，赋能高质量发展。

知识拓展

鸿雁传书

"鸿雁传书"的典故，出自《汉书·苏武传》中"苏武牧羊"的故事。据载，汉武帝天汉元年（公元前 100 年），汉朝使臣中郎将苏武出使匈奴被鞮侯单于扣留，他英勇不屈，单于便将他流放到北海（今贝加尔湖）无人区牧羊。19 年后，汉昭帝继位，汉匈和好，结为姻亲。汉朝使节来匈，要求放苏武回去，但单于不肯，却又说不出口，便谎称苏武已经死去。后来，汉昭帝又派使节到匈奴，和苏武一起出使匈奴并被扣留的副使常惠，通过禁卒的帮助，在一天晚上秘密会见了汉使，把苏武的情况告诉了汉使，并想出一计，让汉使对单于讲："汉朝天子在上林苑打猎时，射到一只大雁，足上系着一封写在帛上的信，上面写着苏武没死，而是在一个大泽中。"汉使听后非常高兴，就按照常惠的话来责备单于。单于听后大为惊奇，却又无法抵赖，只好把苏武放回。

鱼传尺素

秦汉时期，有一部乐府诗集叫《饮马长城窟行》，主要记载了秦始皇修长城，强征大量男丁服役而造成妻离子散之情，且多为妻子思念丈夫的离情，其中有一首五言写道："客从远方来，遗我双鲤鱼；呼儿烹鲤鱼，中有尺素书。长跪读素书，书中竟何如？上言长相思，下言加餐饭。"这首诗中的"双鲤鱼"，也不是真的指两条鲤鱼，而是指用两块板拼起来的一条木刻鲤鱼。在东汉蔡伦发明造纸术之前，没有现在的信封，写有书信的竹简、木牍或尺素是夹在两块木板里的，而这两块木板被刻成了鲤鱼的形状，便成了诗中的"双鲤鱼"了。两块鲤鱼形木板合在一起，用绳子在木板上的三道线槽内捆绕三圈，再穿过一个方孔缚住，在打结的地方用极细的黏土封好，然后在黏土上盖上玺印，就成了"封泥"，这样可以防止在送信途中信件被私拆。

人物简介

申怡飞

申怡飞，我国青年标杆人物，一代青年学神。他师从“中国4G技术掌门人”尤肖虎教授。2018年，21岁的申怡飞博士在读，被尤肖虎教授推荐到移动通信重点实验室。申怡飞参与的团队主攻5G技术最重要的极化码技术，网络技术越发达就越需要高效处理器。申怡飞经过整整一年的研究，将初始版本的速度1增至到12，1秒计算量达到20万组数据。在IEEE严格的评审下，申怡飞获得了全球顶级的最佳学生论文奖。作为5G的参与者之一，申怡飞在这个团队中起到了不可忽视的作用。

知识拓展

中国海底光缆

1. 中国海底光缆的发展——中美海底光缆

连接亚洲和北美洲的中美海底光缆系统（CUCN），是之前重要的国际光缆之一，全长约30 000千米，共有9个登陆站，中国大陆的登陆站分别为上海崇明和广东汕头。其他登陆方还有日本、韩国、美国和中国台湾。该系统的传输速率为2.5GB/s×8个波长，共由4对光纤组成，采用具有自愈功能的环形网络结构。该系统于2000年1月开通部分段落。2016年12月16日，传输容量达54TB的亚太直达海底光缆（APG）系统在上海正式开通。与此同时，为全国服务17年、传输容量80GB的“中美间第一条海底光缆系统（CUCN）”正式“退役”。

2. 中国海底光缆的发展——亚太2号海底光缆

亚太2号（APCN2）国际海底光缆，全长1.7万千米，连接中国、日本、韩国、新加坡、马来西亚等国家和地区。初期投资为14亿美元，由中国电信、日本KDDI、NTT、日本电信、韩国电信、香港电讯、台湾中华电信、新加坡电信、马来西亚电信、澳大利亚电信、中国联通等26家亚洲、欧洲和美洲的国际通信公司发起投资建设。参加方有45家电信公司，采用环形结构方案，4对光纤，每对光纤的传输速率为每秒80GB。这一系统还采用64波密集波分复用技术，初期开通容量为每秒80GB，终期可扩容至每秒2 560GB。1999年6月16日，中国电信与亚太地区的主要电信公司一起，在中国昆明签署了《建设亚太2号光缆网络谅解备忘录》，并于2000年4月18日至19日在新加坡分别签署了工程《建设和维护协议》和总承包合同，2000年8月开始海上施工。2001 年底陆续开通电路，并继续进行扩容。系统分别在中国的上海崇明、广东汕头、台湾、香港以及日本、韩国、新加坡、马来西亚和菲律宾登陆。

五、网络安全为国家安全护航

4G 改变生活，5G 改变社会。5G 通信、5G 金融、5G 医疗、5G 工业……无处不在的 5G 应用场景，昭示万物互联的数字经济时代已然到来。

数字世界是高效的，但数字世界也是脆弱的。数字经济发展需要安全加持。2019 年以来，中国联网智能设备受攻击数、感染数持续增加，其中美国是网络攻击的主要来源。中国网络与数据安全、用户个人隐私面临严峻的挑战。

网络安全即国家安全，没有网络安全就没有国家安全。

（一）国家安全和网络安全的含义

《中华人民共和国国家安全法》指出："国家安全是指国家政权、主权、统一和领土完整、人民福祉、经济社会可持续发展和国家其他重大利益相对处于没有危险和不受内外威胁的状态，以及保障持续安全状态的能力。"

2015 年 7 月 1 日，《中华人民共和国国家安全法》将每年 4 月 15 日定为全民国家安全教育日。《中华人民共和国国家安全法》第三条规定："国家安全工作应当坚持总体国家安全观，以人民安全为宗旨，以政治安全为根本，以经济安全为基础，以军事、文化、社会安全为保障，以促进国际安全为依托，维护各领域国家安全，构建国家安全体系，走中国特色国家安全道路。"

目前为止，总体国家安全观涵盖了 16 种重点领域安全：政治安全、文化安全、军事安全、国土安全、社会安全、经济安全、科技安全、生物安全、资源安全、生态安全、网络安全、海外利益安全、深海安全、极地安全、核安全、太空安全。

其中，网络安全，通常指计算机网络的安全和计算机通信网络的安全。其实，在如今这个万物互联、万物协同、万物智能的数字时代，手机、智能手表、耳机、眼镜、汽车、大屏、音箱、摄像头及智能家居等都会不同程度地受到网络安全方面的威胁。因此，可以说网络安全已经不仅仅是指计算机领域的网络安全和通信安全了。

（二）网络安全是数字化战略的底座

我国已经进入数字时代。数字化技术是一把双刃剑，带给我们美好智能生活的同时，也带来网络安全的新挑战。数字时代有三个鲜明的特征："一切皆可编程，万物均要互联，大数据驱动业务。”“软件在重新定义这个世界。”未来老百姓的衣食住行、吃喝玩乐、政府的管理、社会的治理、城市的运转、各种工矿企业还有基础设施的运行，都架构在网络和软件之上。是软件就会有不可避免的漏洞，有漏洞就有可能被人利用进行网络攻击，而攻击的后果非常严重。

在过去的2020年，多家医院紧急求援，这些医院的核心数据被勒索软件攻击，导致医院的整个流程停摆，甚至有些手术无法正常进行。有一家世界知名车企发现了17个漏洞，这些漏洞可使几百万辆正在路上跑的车被远程遥控，可以远程开关车窗、远程开关车门、远程启动或者远程熄火。在数字时代，新的网络威胁要比过去严重很多。网络安全不仅关乎国家安全、社会安全、城市安全、基础设施安全，也跟我们老百姓每个人的生活密切相关。

所以，我国不仅要形成数字化发展的共识，也要形成安全的共识。目前，我国很多城市都在积极打造城市级的网络安全大脑，把网络安全服务打造成像城市的水电煤气一样的基础服务，为城市的数字化提供保障。

（三）维护网络安全是构建网络空间命运共同体的基础

未来技术会推动非常多伟大的创新和企业诞生，同时，我们也进入了更加不确定的时代，网络安全越来越重要。

习近平总书记高度重视网络安全工作，曾多次就如何做好网络安全工作作出重要指示，这些重要指示是习近平总书记对网络安全工作内在规律准确把握的基础上提出的总体性要求，是指导社会各界做好网络安全建设工作的纲领性、方向性和基础性指引。认真学习、深刻领会习近平总书记对网络强国建设的论述，是做好新时代网络安全工作的前提，也是中国与世界各国共同构建人类命运共同体，尤其是网络空间命运共同体的基础。

在构建网络空间命运共同体过程中，确立全球范围内网络基础设施的基本规范性要求，确保企业能够按照全球产业链形成的分工在合规的基础上生产销售产品，防止宽泛的政治原因、国家安全原因而阻止、破坏全球网络基础设施产业链、供应链正常发挥作用，使全球互联网公司遵守这些基本的规范，禁止其利用技术、制作工艺和已经构建的知识产权壁垒非法阻止能够更好地造福人类社会的新技术、新产品应用，阻止个别国家利用自己在互联网方面，尤其是硬件技术方面积累的优势对主权国家网络安全进行干预，显得日益迫切，日益重要。

实践证明，构建网络空间命运共同体，不仅需要中国同世界上其他国家共同努力构建安全的网络基础设施市场体系，而且需要中国与世界各国一道，高举国家主权原则，在对抗互联网数字霸权方面形成全球性的共识和行动机制。这涉及互联网内容层面和行动层面两个方面的安全。在基础层、物理层的安全得到初步保障的情况下，目前在全球人类命运共同体建设方面，迫切需要解决的问题还有信息层和行动层的安全问题。

这方面的问题，突出表现在少数几个大的互联网信息内容生产、聚合和传播平台，以及利用先发优势、技术优势、市场优势等完成了数据积累、用户积累并成功瓜分了全球社交媒体的主要市场的互联网平台。例如，美国的几大互联网社交媒体平台，一方面可以利用信息传播、舆论引导和巨大用户数量的优势，借助社交媒体平台，与美国政府形成直接或间接互动，对美国之外的国家和地区实施意识形态渗透，在当地发动破坏地方稳定、导致敌对国家和地区全面失序的颜色革命。另一方面，这些平台可以通过社交平台上汇聚的巨大的数据，利用自己所拥有的市场主导性地位，对全球各地和世界各国的用户进行精准画像，在对其进行数据分析、准确画像的基础上，对其进行精准的政治营销、商业营销及其他方面的策动。

当今世界正处于百年未有之大变局，携手构建网络空间命运共同体是我国培育发展新动能、防范网络安全新风险、推动打造网络空间新格局的现实需求，也是美好愿望。正如习近平总书记强调的，面对复杂严峻的网络安全形势，我们要保持清醒头脑，各方面齐抓共管，切实维护网络安全。面对新时代、新特点，我国必将为更好地构建网络空间人类命运共同体贡献中国智慧和中国方案。

（四）习近平总书记互联网发展治理的“五点主张”

党的十八大以来，以习近平同志为核心的党中央从进行具有许多新的历史特点的伟大斗争出发，重视互联网、发展互联网、治理互联网，统筹协调涉及政治、经济、文化、社会、军事等领域网络安全和信息化重大问题，作出一系列重大决策、实施一系列重大举措，推动我国网信事业取得历史性成就，走出一条中国特色治网之道。

2016 年 11 月 16 日，习近平总书记在第三届世界互联网大会开幕式上的视频讲话中指出：互联网是我们这个时代最具发展活力的领域。互联网快速发展，给人类生产生活带来深刻变化，也给人类社会带来一系列新机遇和新挑战。互联网发展是无国界、无边界的，利用好、发展好、治理好互联网必须深化网络空间国际合作，携手构建网络空间命运共同体。

“君子务本，本立而道生。”在 2015 年第二届世界互联网大会开幕式上，习总书记提出的全球互联网发展治理的“四项原则”“五点主张”，得到国际社会的积极响应。中国愿同国际社会一道，坚持以人类共同福祉为根本，坚持网络主权理念，推动全球互联网治理朝着更加公正合理的方向迈进，推动网络空间实现平等尊重、创新发展、开放共享、安全有序的目标。

在这“四项原则”里，尊重网络主权是重中之重。自主选择发展道路，自主制定互联网公共政策，平等参与国际网络空间治理的权利等，这些理念可能跟一些西方国家的理念发生冲突，但大部分国家应该都会接受这几个原则。现在，随着互联网社会问题、反恐问题日益突出，失序的危机越来越严重，没有主权国家发挥力量的话，秩序无法建立起来。所以，国际社会最终还是需要就此达成共识。

治理网络过程中既要保证有秩序也要让每个人享受充分自由，自由需要秩序维护。在这一点上，各国没有实质性差别，只是国情不同导致做法和尺度不一样。我们可以看出网络治理要承认文化多样性和根据国情选择不同治理方式的必要性，因此，在治理网络上要结合中国国情，找到合适的管理方式。

在“五点主张”中，与网络安全有关的是：保障网络安全，促进有序发展。

安全和发展是一体之两翼、驱动之双轮。安全是发展的保障，发展是安全的目的。网络安全是全球性挑战，没有哪个国家能够置身事外、独善其身，维护网络安全是国际社会的共同责任。各国应该携手努力，共同遏制信息技术滥用，反对网络监听和网络攻击，反对网络空间军备竞赛。中国愿同各国一道，加强对话交流，有效管控分歧，推动制定各方普遍接受的网络空间国际规则，制定网络空间国际反恐公约，健全打击网络犯罪司法协助机制，共同维护网络空间和平安全。

在网络安全领域，我们与国际社会面临的威胁类似，比如病毒泛滥、黑客攻击等。网络安全是全球性挑战，因为网络安全是跨地域的，而且具有实时、隐蔽的特点。所以，这就要求在网络安全威胁的处置方面，各个国家应携手应对。

全球互联互通，意味着一个病毒在很短的时间内就可以传遍全世界。而跨地域的互联互通性使攻击有可能从远程发起，从一个国家发起，来攻击另一个国家，甚至中间经过很多跳板。这时候，一个国家已经处理不了这种威胁，必须共同应对。

因此，网络安全威胁直接影响全球的和平与安全。全球的经济发展需要和平稳定的环境，如果说这种发展的大环境受到威胁了，受影响的是所有的国家。

中国目前的网络安全整体状况如何？目前来看，中国的网络安全状况还是存在一些问题，需要长期建设。即便美国有这么大的优势，也无法保障自己的安全。目前，失序的危险是所有国家共同面临的挑战。网络安全是全世界共同面临的一个挑战。在网络面前，谁也没有真正安全，这是目前的一个基本情况。

目前没有公认的网络空间国际公约。习近平总书记指出，应推动制定各方普遍接受的网络空间国际规则。

网络空间国际规则，就是国际社会共同遵守的一套国际法。例如：一个攻击发生了，如何认定它？如何看待攻击的证据，能不能进行查处？再如：假如一个国家受到了网络攻击，它如何进行反击是合适的？这都是需要共同商量好的，大家需要有共识。目前，并没有一个国际社会共同认可的网络空间国际公约。

目前来说，大家都认为制定可接受的网络空间行为准则，包括打击网络恐怖主义的公约，是非常重要的。要想实现网络安全，必须做到可发现、可追踪、可防治。可发现是网络安全的第一步，假如没有能力截住你，只要可发现，这就是一种威慑；可追踪，就是能追踪到攻击源；可防治，就是可以预先预防。在中国，网络安全一定要和现实的法制结合，产生了一定的威慑力，才能制止网络犯罪。

网络发展没有安全保障，将很难发展。因为每个人的信息都是属于个人资产的一部分，一旦个人信息发生泄露，安全受到威胁，也就说明个人资产受到侵犯，将会产生一系列的经济问题和法律问题，为互联网发展带来困难。

网络安全问题目前很普遍，网络空间的安全问题，将危及一个国家的国民安全、经济安全，甚至是国际安全。

（五）新时期网络安全治理的国际环境与应对策略

以人工智能、网络信息等新技术为代表的新一轮科技革命为国家发展提供了机遇，也使未来国际竞争尤其是大国竞争，具有高度复杂性和不确定性。面对网络安全治理的国际新形势，我国加强网络安全保障体系和能力建设的任务十分艰巨而紧迫。为夯实网络安全保障体系和能力建设的基础，营造更加良好的网络安全环境，应积极参与全球网络安全治理。

党的十九届五中全会审议通过的《中共中央关于制定国民经济和社会发展第十四个五年规划和二〇三五年远景目标的建议》提出，坚定维护国家政权安全、制度安全、意识形态安全，全面加强网络安全保障体系和能力建设。

这表明，在新发展阶段，全面加强网络安全保障体系和能力建设对维护国家政权安全、制度安全、意识形态安全具有重要意义。但是，当前和未来一段时间，我国面临的国际环境日趋复杂，不稳定性、不确定性明显增加，对我国全面加强网络安全保障体系和能力建设提出了更高要求。

1. 网络安全与治理挑战更加突出

早在 2014 年 4 月，习近平总书记在中央国家安全委员会第一次会议上发表重要讲话，明确指出“保证国家安全是头等大事”，要“既重视发展问题，又重视安全问题”。在党的历史上，这是首次将国家安全上升到“头等大事”的战略高度。国际社会突出的问题已不再局限于和平与发展问题，安全与治理挑战已变得十分突出，并在网络空间得到深刻反映。

在安全方面，互联网使传统安全威胁和非传统安全威胁更加错综复杂、相互交织。当前，国际安全形势仍未根本改善，部分地区和国家安全还呈恶化趋势，地区冲突和局部战争连续不断。国际社会接二连三发生的无人机攻击事件，使传统的战争形式发生重大改变，也使很多国家越来越难以防范自身面临的安全威胁。在国家内部，很多国家正处于发展转型、调整变革的矛盾多发期，各种社会思潮相互激荡，社会矛盾和冲突加剧，党派政治走向极化，致使政坛乱象丛生，社会骚乱此起彼伏。这些问题和矛盾以及各种安全事件形式，在网络空间得以放大，又进一步催生更多的不安全因素。同时，粮食安全、能源资源安全、网络安全、气候变化、重大疫情和自然灾害等非传统的全球安全问题更加突出。尤其是在新冠肺炎疫情暴发后，人们对数字技术和虚拟空间更加依赖，并由此推升了网络安全风险。

在治理方面，现有全球治理体系、规则和能力越来越难以有效应对互联网时代的全球性挑战。现行全球治理体系是第二次世界大战后以美国为首的西方国家主导设计制定的，体现了西方的价值理念和主导地位。随着全球性问题的凸显和新兴经济体的崛起，这种体系越来越难以满足国际社会的需要，代表性、公平性、合法性、有效性严重缺失。在美国等西方大国阻挠下，世界贸易组织、国际货币基金组织、世界银行等传统全球多边机制改革难以取得实质性进展，无法适应数字贸易、数字金融、数字货币、数字发展等不断涌现的新兴领域治理的需要。作为最为重要的全球治理机制之一，二十国集团的建设性作用难以得到有效发挥。同时，少数西方大国漠视规则、迷信强权、推卸责任，在全球性问题的应对上推行单边主义、拉小团伙，不仅导致全球治理失效，还使自身治理陷入混乱。

2. 信息技术发展重塑国际竞争格局

关于世界格局发展，很多学者曾认为，经济全球化让信息变得更加分散，整个世界也因此变得更为扁平。但是，随着全球化经济活动和信息交互的增多，一些信息汇聚的“中央节点”日益凸显，占据节点的国家因此拥有约束他国行为的“监视权”和“阻断权”。随着互联网用户数量的日益增加，跨境支付、电子商务等与互联网相关的全球商务活动的控制权越来越集中于少数国家手中。尤其是由金融科技推动的金融体系全球化，并没有让权力分散，反而让权力集中起来了。信息技术的发展不仅没有使国家之间的竞争更加公平，相反，却拉大了国家之间的差距。

信息技术的发展使国家之间的相互依存格局呈现出新的动向。互联网是全球相互依存的重要途径，也是全球相互依存的重要领域。网络世界以及网络化的全球经济活动越来越呈现出层级结构，有的国家处于较高层级，而更多的国家则处于底层，只能通过较高层级国家才能与世界建立联系。同时，这种不对称的相互依存关系还能够成为一种对他国进行制裁的武器。例如，在全球金融系统中，环球同业银行金融电讯协会（SWIFT）系统就具备这种功效。自 1973 年一些欧洲和美国银行联合建立 SWIFT 系统以来，至今已有 200 多个国家、11 000 家金融机构都在使用这套系统。SWIFT 相当于全球金融交易的信息汇总中心，在全球金融系统中扮演关键的中央节点角色。这使控制这一系统的国家不仅可能追踪各国、各机构之间的交易记录，还可以通过停止提供金融信息服务对特定国家和机构进行制裁。

可见，新一轮科技革命不仅为国家发展提供了机遇，也使未来国际竞争具有了高度复杂性和不确定性。一方面，在新科技革命的推动下，一些国家通过不断提升自主创新能力，能够为经济社会的跨越式发展提供更加有力的技术支撑。另一方面，新技术的突破给人类社会带来难以估量的负面影响，它既能增加人类的安全保障能力，也可能会引发更加难以应对的灾难性后果。在国际竞争格局中，信息技术领先的国家拥有更大的破坏力，能够通过“没有硝烟的战争”给竞争对手以致命打击。

3. 夯实网络安全保障体系和能力建设的牢固基础

面对网络安全治理的国际新形势，作为一个有责任有担当的大国，我国积极参与到全球网络安全治理。

一是增强网络信息技术自主创新能力。近年来，在“自主创新、重点跨越、支撑发展、引领未来”方针指引下，我国科技创新实现跨越式发展。根据 2020 年彭博创新指数，中国创新能力已升至第 15 位。世界知识产权组织（WIPO）评估显示，2019 年，我国创新指数位居世界第 14 位。这表明，我国正进入创新型国家行列。但是，我国在关键核心技术方面对外依存度较大，一些技术还受制于他国。为此，我国要进一步明确科技创新的战略方向，在原创性、集成性和引进性创新方面齐头并进，全面提升自主创新能力。

二是加快提升全球网络控制力。在网络领域占据相互依存的优势地位，才能有效避免我国成为相互依存武器的打击目标。与伊朗等国不同，依托现有技术，我国有能力在部分领域主动增加自身的中心节点和网络控制力，强化对美国利用相互依存武器的反击能力。为此，我国应依托高性能计算、移动通信、量子通信、北斗导航、核心芯片、操作系统等网络信息领域核心技术研发和应用取得的重大突破，不断提升网络控制力，并形成防范他国滥用网络武器制造安全威胁的强大威慑力。

三是积极参与国际互联网规则和标准制定。在国际标准化组织（ISO）的 160 多个成员国中，少数发达国家制定的国际标准占了标准总数的 95%，我国制定的标准数量占比不足 1%，我国企业在国际标准制定方面的话语权严重缺位。在互联网规则与标准方面，我国同样没有改变制度性话语权不足的局面。为减少对外规则和标准依赖，实现从达到标准、符合标准向制定标准迈进，迫切需要发挥企业在国际规则和标准制定上的作用。一方面，要加强中国标准“走出去”的顶层设计，制定企业参与国际互联网标准制定的扶持政策；另一方面，要充分发挥行业协会在协调相关部门和企业之间的协调作用，为企业参与国际互联网标准制定、争取行业话语权排忧解难。

（六）我国对网络安全的具体举措

1. 广泛深入宣传，营造安全意识

我国自 2015 年起，将每年 4 月 15 日定为“全民国家安全教育日”。2014 年起，在每年九月第三周举办一届“中国国家网络安全宣传周”活动。

习近平总书记强调指出：举办网络安全宣传周、提升全民网络安全意识和技能，是国家网络安全工作的重要内容。国家网络安全工作要坚持网络安全为人民、网络安全靠人民，保障个人信息安全，维护公民在网络空间的合法权益。要坚持网络安全教育、技术、产业融合发展，形成人才培养、技术创新、产业发展的良性生态。要坚持促进发展和依法管理相统一，既大力培育人工智能、物联网、下一代通信网络等新技术与新应用，又积极利用法律法规和标准规范引导新技术与新应用。要坚持安全可控和开放创新并重，立足于开放环境维护网络安全，加强国际交流合作，提升广大人民群众在网络空间的获得感、幸福感、安全感。

2. 加强人才培养，筑基网络安全

网络安全是技术更新最快的领域之一，网络空间的竞争归根到底是人才的竞争。但与此同时，人才不足依然是当前网络安全发展的最大制约因素之一。

为加快网络安全人才培养，探索人才培养新思路、新体制、新机制，2017 年，中央网信办、教育部实施了一流网络安全学院建设示范项目，西安电子科技大学、东南大学、北京航空航天大学等 11 所高校入选。示范项目高校在相关部门和地方的支持下，创新体制机制，出台特殊政策，加强院企合作，扩大招生规模，深入推进网络空间安全学院建设，网络安全人才培养进展明显。

与此同时，国家网络安全人才与创新基地（以下简称网安基地）建设也在加快推进。网安基地位于武汉市东西湖区，规划面积 40 平方千米。经过四年的努力，一批重要企业和重大产业项目落户基地，国内网络安全企业 50 强中 2/3 落户基地，网络安全学院等一批重大项目建成使用，武汉大学、华中科技大学网络安全学院将入驻网安基地，网络安全人才、技术、产业融合发展的生态环境初步建立。

3. 普及城市级网络安全基础设施

智慧城市的基础是万物互联，而网络安全便是它的基座。我国城市网络安全目前存在基础设施缺乏、不成体系等问题，难以实现城市级的网络安全整体运营和协同联防，需要加快城市级网络安全基础设施建设。

城市级网络安全基础设施是建设智慧城市新一代网络安全体系的关键。网络安全基础设施是以安全大脑为核心的新一代网络安全能力体系的载体，包括地图测绘中心、漏洞管理中心、应急响应中心等设施，通过安全专家的持续运营，以安全服务形式对外输出并赋能，保障各类业务安全，实现安全能力的不断进化和成长。而构筑城市级网络安全基础设施，能够用来为整座城市的各级机构、各行各业和老百姓提供公共网络安全服务，可以用在智慧交通、智慧金融、智慧能源、安全应急等应用场景，为城市关键基础设施和重要信息系统提供安全保障。

4. 定期护网行动，开展安全演练

近几年，随着大数据、物联网、云计算的飞速发展，网络攻击触手已经从企业逐渐

伸向国家，国家关键信息基础设施建设也面临着无形威胁。我们应当未雨绸缪，厉兵秣马，化被动为主动。

在这种严峻的网络安全态势之下，2016 年，公安部会同民航局、国家电网组织开展了“护网 2016”网络安全攻防演习活动。同年，《中华人民共和国网络安全法》颁布，出台网络安全演练相关规定：关键信息基础设施的运营者应“制定网络安全事件应急预案，并定期进行演练”。自此“护网行动”进入人们视野，每年一次，成为网络安全建设的重要一环。

以国家组织牵头组织事业单位、国企单位、名企单位等开展攻防两方的网络安全演习。进攻方一个月内采取不限方式对防守方展开进攻，不管任何手段，只要攻破防守方的网络并且留下标记就算成功，就算直接冲到防守方的办公大楼，然后物理攻破也算成功。护网行动之后，参与者的电脑都增设了密码，新增计算机也不会乱接端口了，从结果上来看效果十分显著。

国际关系变化莫测，随着中美贸易摩擦的发生，除了经济，网络安全也可能受到影响。面对复杂的国际形势，我们应作出更充分的准备，这也是“护网行动”发展进行的原因之一。

网络安全人才，是建设网络强国的最重要资源。网络安全的本质在对抗，对抗的本质在攻防两端能力的较量，其实质是人与人的对抗。业内专家称，“解决网络安全的关键不是硬件，也不是软件，而是人才”。加快培养网络安全人才是解决网络安全问题的关键所在。

加强网络安全防范意识，网络安全关乎企业乃至国家安全，整个社会都应高度重视并积极响应，提升安全防范意识，为网络安全基础设施建设贡献出一分力量。

5. 网络安全加持，运营商在行动

为打赢网络安全防卫战，中国电信将设立云堤公司，大举进军网络安全领域；中国移动将以“安全网络”为核心打造 5G 安全体系；中国联通将构建覆盖“云—网—边—端—业”协同的融合创新安全能力。5G 时代，运营商作为护卫网络安全的主力军，将全力打造安全网络，营建安全生态。

专家提出，作为新一代信息基础设施之一，5G 将成为我国经济发展的重要引擎。5G 时代，万物都能互联，这为传统的网络安全带来全新挑战。随着 5G 新技术的不断应用，以及越来越多 5G 赋能场景的涌现，云网安全、应用安全、数据安全、终端安全和控制安全的重要性日益凸显，要及早系统地考虑安全隐患，确保 5G 安全。

中国电信早在 2019 年 6 月就意识到，5G 必须是安全的 5G，云必须是安全的云。为此，中国电信致力于做“信息基础设施安全的保卫者、清朗网络空间的守护者、智能安全服务的提供者、网络安全生态的建设者”，建立了“云、管、端”全方位、体系化

的网络信息安全保障。

数字经济时代，电信运营商作为网络接入服务提供商，其应对网络安全方面的任务更重，责任也更大。中国三大运营商纷纷启动相关行动，筑牢安全可信的“安全堤坝”。

新一代数字经济要以安全打头，没有网络安全就没有数字经济的健康发展，就没有国家安全。打造5G安全网络，运营商任重道远。

6. 协同治理机制，保护未成年人

未成年人是网络普及率最高的人群，但也容易成为网络安全问题的受害者。沉迷网络游戏、用家长手机观看直播并大额打赏……未成年人身边隐藏着不少网络安全隐患。据调查，现在未成年人触网率已经接近百分之百。在新冠肺炎疫情导致全球性封校、在线教育刚需增强的背景下，未成年人使用网络的频率更是日渐攀升。

相较于成年人，未成年人心智尚未成熟，缺乏自我防护能力，他们在享受网络便捷的同时也面临着更大的网络风险。那么，谁来保护被网络环境包围的未成年人？

针对这些问题，政府层面亟须建立健全相关制度，完善政府、学校、家庭、社区和网络运营商等多方主体共同参与的协同治理机制。加强政策引导，将网络安全教育全面纳入中小学课程体系，让未成年人远离网络不法行为侵害。

同时，还要强化教师专业培训，完善教师培训体系，将网络安全教育全面纳入教师培训内容，增强中小学教师网络信息素养，提升教师对未成年人可能遭遇风险的识别及防控能力，护佑未成年人在数字化环境下安全、健康成长。

伴随着网络发展而成长起来的这一代人，互联网正成为他们认识社会和参与社会的重要途径。一味地“堵”，并不能真正解决问题。对孩子们的引导应该以疏为主，增强未成年人对网络信息的甄别力和免疫力，引导他们合理、积极地使用网络。而对不良的网络环境则应以堵为本，应该在政策、平台上更多地思考如何给未成年人创造良好的网络环境，构建未成年人网络保护体系。

家庭是预防网络成瘾的第一道防线。家长更要以身作则，不要沉迷于网络，要注重与孩子加强沟通交流，并且学习如何在网络问题上与孩子建立开放友好的沟通。不能因工作忙碌而放任孩子与“电子保姆”为伴。同时，还要善于倾听孩子的意见，和孩子协商建立网络使用规则，约定每天的手机使用时长，帮助孩子培养自我控制、自我管理的能力。

未成年人的心智发育还不健全，他们对互联网利弊的认知还很模糊。净化未成年人网络环境，保护未成年人网络权益和安全，对于促进健康成长、打造和谐友爱的家庭环境意义重大。

给孩子们一个更安全的成长环境，是全社会的共同心愿。新修订的《中华人民共和国未成年人保护法》（简称《未成年人保护法》）经第十三届全国人民代表大会常务委员

会第二十二次会议表决通过，自 2021 年 6 月 1 日起施行。《未成年人保护法》中“网络保护”专章共计 17 条，其中特别规定了互联网企业的强制报告义务：互联网企业发现用户发布、传播含有危害未成年人身心健康内容信息的，应当向网信、公安等部门报告；发现用户利用其网络服务对未成年人实施违法犯罪行为的，应当向公安机关报告。此外，《未成年人保护法》还明确规定：未经学校允许，未成年学生不得将手机等智能终端产品带入课堂；带入学校的应当统一管理。

新修订的《未成年人保护法》从政府、学校、家庭、网络产品和服务提供者不同主体出发，对网络素养教育、网络信息内容管理、个人信息保护、网络沉迷预防和网络欺凌防治等内容作了规定，力图实现对未成年人的线上线下全方位保护。

我国已经进入数字时代，建设数字中国成为发展的新潮流。有了网络安全的保障，我们的数字化战略才能发展得更好、走得更快、走得更远。

人物简介

吴翰清

2012 年，28 岁的吴翰清带领阿里巴巴最尖锐的部队抵御了当时互联网史上最大的 DDos 的攻击，当时的攻击峰值有 453.8GB，平均一天下来都要帮这些网站抵御 16 亿次的攻击。虽然这个战场没有硝烟，但是一旦被攻陷，整个阿里巴巴 6 万多名员工可能会失业，甚至导致中国很多经济产业崩溃等情况。同年的 9 月，吴翰清怀着要把自己的这些经验传授出去，从而去造福这个社会、造福更多企业的心态离开了阿里巴巴，加入安全宝创业团队担任副总裁，想做出一套让自己满意的人工智能系统。两年的创业维艰，让吴翰清唏嘘不已：“很锻炼人，主要是心累，每天都有很多事情要承受。”2014 年 9 月，阿里巴巴收购了安全宝的业务和产品。创始人带着大部分人去了百度，而吴翰清则带着一小部分人回到了阿里巴巴。虽然这两年承受了很多，吃过很多亏，但是这也让吴翰清变得更加老练。

王小云

王小云，被誉为“密码学界的巾帼英雄”“震惊世界的巾帼密码专家”，其学术成果引发了“密码学的危机”。她先后破译了美国号称“全世界最安全”的 MD5 密码和 SHA－1 密码。王小云破译的这两套密码，在很大程度上促进了信息安全的变革。王小云将她多年积累的密码分析理论的优秀成果深入应用到密码系统的设计中，先后设计了多个密码算法与系统，为国家密码重大需求解决了实际问题，为保护国家重要领域和重大信息系统安全发挥了极大作用。其中，她设计的两个加密算法，用于国家重大航天工程，为保障航天安全通信作出了重要贡献。

知识拓展

净网行动

1. “净网2019”专项行动侦破网络犯罪案件5.9万起

为进一步强化网络违法犯罪打击和网络空间秩序整治，经公安部党委批准，2019年1月开始，公安部网络安全保卫局指挥全国网安部门开展了为期一年的“净网2019”专项行动，取得丰硕战果。2019年，全国网安部门共侦破网络犯罪案件5.9万起，抓获犯罪嫌疑人8.8万名。其中，网络赌博类案件8 300余起，侵犯公民个人信息类案件5 000余起，网络淫秽色情类案件3 300余起，黑客攻击破坏类案件2 200余起。行政处罚互联网站及联网单位7.8万家，下架违法违规App 3.1万个。

围绕人民群众反映强烈的侵犯公民个人信息、网络套路贷、虚假投资诈骗以及偷拍盗摄等各类违法犯罪，打掉关键源头100多个，清缴外泄公民个人信息4.68亿余条，有力地维护了网上政治生态安全和网上公共秩序，为新中国成立70周年创造了安全稳定的社会和网络环境。在侦破侵犯公民个人信息案件中抓获各行业“内鬼”900多名，违法大数据行业遭受重创，公民个人信息滥采、滥用现象得到有力整治，套路贷犯罪数量下降近70%。针对活动猖獗、手段隐蔽、追踪困难的暗网违法犯罪，网安部门迎难而上，侦破利用暗网实施违法犯罪案件72起，打掉暗网网站5个，抓获犯罪嫌疑人268名。

通过专项行动，接码平台、黑卡黑号数量首次实现“双降”，虚拟运营商、数据征信等行业重塑红线、明确执业规范，打击、管控暗网犯罪取得新突破，中外警务协作机制迈向新台阶，管理工作由被动转向主动，违法信息数量降幅创历史新高，网上公共安全、网络空间安全得到有力保障。

2. “净网2020”行动：上半年取缔非法不良网站1.2万余个

为乘胜追击，一鼓作气，坚决打掉网络黑灰产业链，整治网络违法犯罪生态，遏制网络犯罪高发势头，经公安部党委批准，公安部网络安全保卫局已经启动“净网2020”专项行动，继续打击整治网络违法犯罪活动，深入整顿网上秩序，进一步营造安全、清朗、有序的网络环境。

全国“扫黄打非”办公室2020年7月9日公布，“净网2020”专项行动已取得阶段性明显成效：2020年上半年，全国共查处网络“扫黄打非”案件1 800余起，取缔非法不良网站1.2万余个，处置淫秽色情等有害信息840余万条。

严格整顿网络色情低俗问题，有力查办大批传播淫秽物品牟利典型案件，快速处置彻查网上突发传播案事件。

例如，浙江丽水侦办一起网络传播淫秽视频大案，涉案资金达2亿元，抓获相关嫌疑人58名；浙江兰溪破获“麻克文学”微信公众号传播淫秽物品牟利案，犯罪嫌疑人开设淫秽小说网站并通过微信公众号进行引流，非法获利达1 000余万元；广西柳州审结孙某某传播淫秽物品牟利案，被告人孙某某通过租用境外服务器架设网站，以盗链方式获取大量淫秽色情视频、图片、文字，通过其网站收取广告费用谋取非法利益，被柳州市中级人民法院二审判处有期徒刑12年；辽宁盘锦警方抓获一个在境内通过摄影工作室组织客户定制拍摄、传播淫秽视频的犯罪团伙，该团伙制作淫秽视频达800部，非法获利55万余元，16人已被移送检察机关提起公诉；安徽滁州破获一起利用网络传播淫秽物品案，嫌疑人通过抖音、微信等平台散布低俗信息推广微信号和黄色网站，利用微信兜售淫秽视频或吸引用户进入黄色网站付费观看，涉案金额2 000余万元。

3.2021年“净网”集中行动启动！6部门合力整治网上有害信息

2021年6月，全国“扫黄打非”工作小组作出安排，中央宣传部、中央网信办、工业和信息化部、公安部、文化和旅游部、国家广播电视总局即日起至国庆节前，开展“净网”集中行动，专项整治网上有害信息和不良内容。

全国“扫黄打非”办公室通报指出，此次“净网”集中行动由中央有关部门依据监管职责、任务分工分别开展，将通力配合、集中力量、迅速行动，重点整治网上涉历史虚无主义、涉黄涉非、涉低俗等有害信息，深度清理有悖社会主义核心价值观的网络内容。据统计，2021年以来，“扫黄打非”部门组织开展“净网2021”等专项行动，深化对网络直播、社交、论坛社区、网络漫画等领域的清查工作，取得阶段性成效。截至5月底，监管部门累计处置网络有害信息155万余条，取缔关闭非法网站6 400余个，查办涉网“扫黄打非”案件960起，全国“扫黄打非”办联合公安部、文化和旅游部等挂牌督办重大涉网案件70起。

六、面向万物智能的操作系统

（一）操作系统的概念与分类

操作系统（Operating System，OS）是一种特殊的计算机系统软件，是用于管理和控制计算机系统的软、硬件资源，使它们充分高效地工作，并使用户方便、合理、有效地利用这些资源的程序的集合，是用户与计算机物理设备之间的接口，是各种应用软件赖以运行的基础。可以说，操作系统是计算机的灵魂。

操作系统的分类方法很多：(1) 按计算机的机型分类，操作系统可分为大型机操作系统、中型机操作系统、小型机操作系统和微型机操作系统；(2) 按计算机用户数目的多少分类，操作系统可分为单用户操作系统、多用户操作系统；(3) 按操作系统的功能分类，操作系统可分为批处理操作系统、实时操作系统和分时操作系统。

随着计算机技术和计算机体系结构的发展，又出现了许多新型的操作系统。例如：通用计算机操作系统、微机操作系统、多处理机操作系统、网络操作系统以及分布式操作系统等。自从PC机（Personal Computer，个人计算机）问世以后，PC操作系统就成为操作系统中最活跃的一个分支。PC操作系统在PC硬件发展的推动下功能日益强大。对于我们普通用户而言，最熟悉的还是PC操作系统。

1. DOS操作系统

DOS（Disk Operating System）最初是Microsoft公司为IBM PC机开发的操作系统。它是在8位操作系统CP/M-80的基础上，结合UNIX的很多特点开发出来的16位操作系统。实际上，DOS主要有两种类型：PC-DOS和MS-DOS。PC-DOS指的是IBM开发的DOS版本，MS-DOS则是Microsoft公司开发的DOS版本。DOS操作系统已经经历了7次大的版本升级，从1.0版到7.0版。DOS是一种单用户、单任务的操作系统，对内存的管理局限在640KB的范围内，在20世纪80年代曾风靡一时，现在使用者较少了。

2. Windows操作系统

Windows是Microsoft公司于1985年推出的，以其友好的图形用户界面及对多任务和扩展内存的支持，很快在PC机上获得流行。1990年推出了Windows 3.X版，1995年Windows 95问世，2000年推出了Windows 2000版，2001年11月Windows XP中文版在中国发布。Windows操作系统的功能进一步增强，具有强大的内存管理，并且提供了大量的Windows应用软件，因此成为PC机的主操作系统。现在国内较为普遍使用的是Windows 7和Windows 8，并有进一步被Windows 10统领的趋势。

3. UNIX和Linux

UNIX主要用于小型以上的计算机，但它的某些版本也可用在PC机上。

二十余年来，UNIX操作系统已在大型主机、小型机以及工作站上成为一种工业标准操作系统。目前在PC机领域，UNIX操作系统也正以其多用户分时、多任务处理的特点及强大的文字处理及网络支持性能，开始得到广泛应用。

UNIX起源于20世纪70年代初美国电话电报公司（AT&T）的贝尔（Bell）实验室。UNIX是一种相对复杂的操作系统，具有多任务、多用户特点。

Linux 是一套免费使用和自由传播的类 Unix 操作系统，是一个基于 POSIX 和 UNIX 的多用户、多任务、支持多线程和多 CPU 的操作系统。它能运行主要的 UNIX 工具软件、应用程序和网络协议。它支持 32 位和 64 位硬件。Linux 继承了 UNIX 以网络为核心的设计思想，是一个性能稳定的多用户网络操作系统。

Linux 操作系统诞生于 1991 年 10 月 5 日（这是第一次正式向外公布时间）。Linux 存在许多不同的版本，但它们都使用了 Linux 内核。Linux 可安装在各种计算机硬件设备中，比如手机、平板电脑、路由器、视频游戏控制台、台式计算机、大型机和超级计算机。

严格来讲，Linux 这个词本身只表示 Linux 内核，但实际上人们已经习惯了用 Linux 来形容整个基于 Linux 内核，并且使用 GNU 工程各种工具和数据库的操作系统。

（二）操作系统是顺应时代需求的产物

ICT（信息、通信和技术）是三个英文单词（Information，Communication，Technology）的首字母组合，它是信息技术与通信技术相融合而形成的一个新的概念和新的技术领域。

回顾历史，ICT 行业的发展历程中出现过一代代符合当时软硬件需求的操作系统，可以说操作系统的形态体现了历史阶段下对软硬件服务的集中承载。

从大型机时代 IBM 的系统，到 PC 互联网时代的 Windows、Mac 以及 Linux 系统，再到移动互联网时代的 Android、iOS 及 WP 系统，每一个大时代中往往只有少数的操作系统可以脱颖而出而形成不可逆转的生态。

我们发现，在历史发展的关键节点上，往往会出现最符合当下需求的操作系统，使得 ICT 技术的进步可以影响到更广泛的用户群体和更广泛的应用空间。

在 1984 年前，基于命令行终端的操作系统限制了不懂编程语言的普通人接触个人电脑，计算机技术被锁在科研机构和企业级别的应用中。而在苹果（Mac OS 1.0）和微软（Windows 1.0）分别推出可视化图形操作的操作系统后，图形化界面极大地降低了普通人使用电脑的门槛，促进了个人电脑的普及。

而在移动端，2007 年前后的诺基亚、三星、索爱等头部公司的手机形态发展已经到了一种无法进步的状态。苹果并没有发明智能机，但苹果首创的 iOS 操作系统和电容屏交互真正定义了智能机之后的发展形态。在苹果 iOS 系统之后，谷歌以 Android 系统开源的形式广泛联合硬件开发商、软件开发商及电信运营商，抢占了除苹果外的大部分智能机市场，成为全球范围内手机及平板等硬件背后搭载最多的操作系统。可以说，适应了移动设备的安卓及 iOS 系统极大地促进了手机的进化，对移动互联网时代的到来有很大的贡献。而传统 PC 时代的操作系统霸主微软也于 2010 年推出了 Windows Phone（简称 WP）手机操作系统进行追赶，但由于在生态层面落后得太多，没有硬件厂商支持和软件生态薄弱，终究无法实现对安卓和iOS系统的追赶。

2019年6月6日，我国工信部正式发放了5G商用牌照，我国正式进入5G商用元年。我国也成为自韩国、美国、瑞士、英国之后，全球第五个开通5G服务的国家。新技术的出现必然带来新的应用：万物连接、万物协同、万物赋能就是三大应用趋势。在物联网的支撑下，人工智能技术、云计算和5G等各项技术的融入，赋予了机器“思考”的能力，打破了各类应用场景的边界，将万物互联推向了万物智能时代。

那么，什么是万物互联？新应用对下一代操作系统提出了哪些方面需求呢？

“物联网”（Internet of Things，IoT）一词诞生于1991年，最近几年，这个“高大上”的事物逐渐走进我们的生活。物联网能够将特定空间环境中的所有物体连接起来，进行拟人化信息感知和协同交互，而且具备自我学习、处理、决策和控制的行为能力，从而完成智能化生产和服务。当前，物联网正在推动人类社会从“信息化”向“智能化”转变，促进信息科技与产业发生巨大变化。

信息社会正在从互联网时代向物联网时代发展。如果说互联网是把人作为连接和服务对象，那么物联网就是将信息网络连接和服务的对象从人扩展到物，以实现“万物互联”。不久的将来，物联网将有力地改变我们生活与工作的环境，把我们带进智能化世界。

（三）万物互联场景革命，会需要什么样的操作系统

从本地电脑到PC互联网，再到移动互联网时代，技术的每次提升都在加强人与人之间信息交流的效率。而5G时代的到来，很可能将彻底改变人与终端设备之间的关系。数据传输速率提升百倍，可接入的终端设备数量大大提升，以及更可靠的连接和低时延，将使得人类进入万物互联时代。因此我们认为新技术需要下一代操作系统的出现。

那么AI＋云计算＋5G对下一代操作系统提出了哪些方面的需求？

首先，这种操作系统要有多终端部署的弹性能力。万物互联时代，手机将会是最主要的交互入口，结合智能手表、耳机、眼镜等可穿戴设备作为辅助入口，汽车、大屏、音箱、摄像头及智能家居等都会不同程度地受到操作系统的覆盖，这就需要操作系统具备跨终端的部署能力。这一点需要分布式软总线及微内核来予以实现。

其次，物联网使用场景下提高了操作系统在时延及多任务处理方面的要求。在某些对交互质量要求较高的使用场景下（比如AR/VR），硬实时、低时延是必须达到的条件。

再次，多终端互动下，安全问题比以前更突出，操作系统需要在底层确保受到网络攻击时的安全性。目前行业内认可的解决多终端安全问题的方式是微内核＋可信执行环境（Trusted Execution Environment，TEE）。微内核结构将操作系统划分成小的、

良好定义的模块，只有其中一个模块——微内核运行在内核态上，从而显著降低被攻击的可能性。可信执行环境则是开辟出移动设备主处理器上的安全区域，其通过提供一个隔离的执行环境，运用形式化数学方法，达到从源头验证系统正确、无漏洞的目的。

最后，万物互联的终端设备根本无法由有限的几家厂商来提供软硬件生态，开发者及应用生态的建立对操作系统提出了新的挑战。开源是毋庸置疑的，封闭式系统开发的商业模式在移动互联时代就被推翻。下一代操作系统一定会需要远超出移动互联时代的生态协同能力。开源基金会、开源社区、技术标准、领先的编译器一个都不能少。

操作系统是智能设备的灵魂，是实现系统智能的关键，也是提升用户交互体验的关键。好的操作系统可以成为一个生态平台，助力开发者突破想象的限制，以创新给产品赋予活力。

随着进入 5G＋物联网的时代，操作系统迎来了新的发展机遇，但是目前的操作系统尚不能适应万物互联需求，操作系统亟待引入分布式、智能化等技术，以新的架构和理念满足物联网时代的需求。

在这样的发展趋势下，操作系统技术对集成度要求更高，需要具备一站式解决方案以及可维护、可测试和可制造的能力，对性能、功耗和稳定性的要求同样很高；也更加注重生态，满足更高的兼容性，需要提供标准化平台；另外，要易于开发，提供完整文档和指导，以及标准化接口。

此外，面对宽泛的不同的市场需求，操作系统要解决的事情归根到底还是数据和连接。无论是通过远场技术还是近场技术，要把人、物、云连接起来。操作系统技术上，对分布式、智能化提出完全不同于以前的要求。另外是来自安全的挑战，当我们把个人、组织的信息全都交给设备的时候，安全就变成一个非常关键、非常敏感的话题。

随着物联网应用的普及和万物互联时代的到来，越来越多的设备将在无屏、移动、远程状态下使用。不同应用需求如智能可穿戴设备、智能家电、智能网联汽车、智能机器人、智慧医疗、农田水利、市政建筑等数以万亿计的新设备将接入网络。这些应用正在爆发性增长并将形成海量数据。仅仅从软硬件产品的适配方面来看，未来的万物智能操作系统必须适应这种变化。

那么，下一代操作系统如何让不同种类、不同功能的设备正常接入、协同工作呢？这就要营造操作系统应用生态，即让所有软硬件设备与操作系统之间有合适的“接口”，或者让软硬件设计者愿意主动为接入该操作系统而设计合适的“接口”，从而使更多的设备顺利接入网络。

下面我们看一下，下一代操作系统的领先者——谷歌在应用生态方面的反应和布局。谷歌目前正致力于提供将安卓和 Chrome OS 合二为一的系统——Fuchsia OS。抛开具体技术不说，只谈应用：谷歌 Fuchsia OS 面向大一统的全应用领域，截至目前，已经有索尼、三星、华为、OPPO、Vivo、夏普、ARM、高通、联发科、Imagination Technologies、意法半导体、小米、清华紫光展讯、GlobalEdge Software 这 14 家手机和智能终端相关产品厂商宣布加入 Fuchsia OS 应用生态中。可以预测，随着这些大品牌加入生态，未来将会有更多的厂商陆续加入进来。

万物互联时代将至未至，我们明显感知到无论是消费电子巨头、通信巨头还是互联网巨头，都在加速布局下一个时代的操作系统。在下一个时代真正到来之前，技术的发展往往会经历徘徊，必须得承认下一代的操作系统的研发难度和生态建立过程都是充满了挑战和不确定性的。

（四）30 年积淀，麒麟国产操作系统是这样炼成的

2020 年 8 月 13 日，中国电子发布银河麒麟操作系统 V10。在世界局势风云变幻、国外操作系统处于垄断地位多年的背景下，银河麒麟操作系统 V10 的发布受到了前所未有的关注。银河麒麟是国内最早推出的操作系统之一，在目前国际形势微妙的情况下，V10 的发布被认为意义重大。

在安全方面，银河麒麟 V10 作为国内安全等级最高的操作系统，是首款实现具有内生安全体系的操作系统，成功打破了相关技术的封锁与垄断，完全有能力作为承载国家基础软件的安全基石；在生态方面，20 年的不断发展使银河麒麟 V10 的通用和专用应用，都已经构建了丰富的生态系统；在产品方面，麒麟操作系统在我国的客户已经超过 10 000 家，这些成果，对我国数字基建发展意义非凡。

银河麒麟并非“横空出世”。

1. 30 年，操作系统自主创新的坎坷路

2019 年 12 月，我国两个主要的操作系统公司中标软件与天津麒麟合并，形成合力，打造操作系统新旗舰。说起来，这两家公司所形成的麒麟软件，追溯起来已经有 30 年的历史。

麒麟软件高层表示，曾经做过许多尝试，走过很多弯路，才有今天被用户广泛认可的产品推出。经过血泪教训，他们认识到操作系统不是简单的产品，而是体系化的生态能力的竞争，操作系统技术上的创新、软硬件产品的适配、带给用户什么样的体验都至关重要。曾经在某一个阶段，他们在技术上取得了成功。但是，从市场来看是失败的，没有生态，没有软件适配，最后变成了实验室过程产品。

由于过于注重技术创新，对应用生态不够关注，因而在应用软件和外围硬件的适配过程中遇到了难以想象的困难，整个系统无法与国际主流的软硬件的发展保持同步。

研发者们不得不寻求解决方案。从那个时候开始，要做生态已经深入人心。但是，生态怎么做？是一个操作系统搭配所有软硬件，还是有选择性地适配？怎么解决漏洞问题？每一个细节都能决定生死存亡。坊间有传言，第一个操作系统在运行时出现几百个漏洞，让开发者几乎崩溃。

他们想跟别的软硬件做适配，但是很多厂商要求有很高的市场占有率才会做适配认证。于是陷入一个悖论——要有生态，必须跟多个软硬件做适配；但没有生态，无法获得市场，没有市场，就没有资格做适配。银河麒麟积累了 30 年，依靠持续创新，才算步入了正向循环。

截至目前，麒麟软件累计申请发明专利 320 多项，这些发明专利涵盖操作系统安全、进程通信、文件系统等一系列操作系统核心技术发明专利。这也从一个侧面说明他们在持续进行创新和开发。

2. 从“能用”到“好用”

在银河麒麟 V10 的发布会上，官方宣布采用麒麟操作系统的我国党政企业已经超过 10 000 家。这是一个让业内人士十分振奋的数字，证明这款操作系统已经获得市场、用户的认可。

“能用”“可用”“好用”被认为是成熟的软硬件发展的必经之路。曾几何时，多少人都在纠结国产操作系统究竟能不能用。而现在用户数量已经证明了国产操作系统不仅能用，而且好用。

1980 年之前，我国没有自主通用操作系统，主要是汉化 UNIX、Xenix 还有 DOS 这样的操作系统。后来的数年，软件领域的专家们搞一行行代码开发，由于产业生态的不配套，遭遇数次市场“暴击”。

从 2002 年“国产服务器操作系统内核”列入国家 863 项目，到 2008 年 11 月科技部正式公布关于“核心电子器件、高端通用芯片及基础软件产品”科技重大专项 2009 年课题申报的通知，再到不断发布的新版本，为了探寻一条正确的路径，我国的软件领域经历了一个漫长的摸索期。

“好用”是来自市场的最高褒奖。

经过多年的发展，国产操作系统有了很大的改观，麒麟软件作为中国国产操作系统领军企业，更是功不可没。操作系统被喻为中国的“魂”，要想取得成功，不仅要有技术上的成功，要有生态上的成功，还要有市场上的成功。

实际上，国产操作系统在我们身边的应用比大家想象的更多。人们去银行办理业务、乘坐地铁公交刷卡、高速公路通行或者预订电子客票等，背后都涉及国产操作系统的应用。目前，就麒麟操作系统来看，其已经在海关、交通、统计、农业等很多部委得到了规模化的应用；在金融领域、交通领域等已经覆盖到了方方面面；在云厂商方面，也对华为、阿里、腾讯等这些云平台厂商形成了有利的支撑。

一方面持续坚持自主创新，一方面坚持开放兼容，形成一个好的生态。越来越多的人使用，推动操作系统越来越进步，与越来越多的产品兼容，自然能让用户拥有更好的体验。

银河麒麟 V10 或许只是开始。在今后相当长的时间里，中国网信产业会有一种新的常态——国产自主创新的软件会逐步替代目前处于垄断地位的国外产品，这个过程可能是三五年，也可能更长。但是我们必须坚持这么做，自主创新是我们攀登世界科技高峰的必经之路，此外没有第二条路，不要指望有捷径。

市场预计，到 2025 年我国物联网连接数将近 200 亿个，潜在经济影响力为 2.7 万亿～6.2 万亿美元。面对这样的市场空间，我国产业界各方更需要联合起来支撑整个操作系统生态的发展，让整个生态变得高效，加速数字化进程。

知识拓展

专家的话：中国工程院院士倪光南

电脑上的应用程序都是在操作系统的支持之下工作的。举个例子来说，操作系统就好像地基，应用程序就好像地基上的房子，信息都是通过地基输送到房子里的。也就是说，只要电脑联网，谁掌控了操作系统，谁就掌握了这台电脑上所有的操作信息。

操作系统厂商很容易取得用户的各种敏感信息，你的身份、账户、通讯录、手机号那么多数据在一起，如果你用大数据分析，我们国家经济社会的各种活动情况其实都可以了解。统计的数字比统计部门的数字还准确、更快速。这种担心并不是杞人忧天。棱镜事件的主角斯诺登透露的资料显示，微软公司曾与美国政府合作，帮助美国国家安全局获得互联网上的加密文件数据。由于操作系统关系到国家的信息安全，因此俄罗斯、德国等国家已经推行在政府部门的电脑中采用本国的操作系统软件。

中外操作系统简介

1. 国产智能终端操作系统——HarmonyOS 2.0 简介

HarmonyOS 2.0（鸿蒙 2.0）是华为技术有限公司于 2020 年 9 月 10 日在 2020 年华为开发者大会上发布的操作系统，适用于部分手机、车机、智能电视等设备。

HarmonyOS 2.0 给应用带来更多流量入口，给设备带来更好的互联体验。该系统实现硬件互助、资源共享；同时该系统也能够实现一次开发、多端部署以及统一 OS（Operation System，操作系统），弹性部署，并且该系统在安全和隐私方面也有较大的提升。

2020 年 12 月 16 日，华为举行 HarmonyOS 2.0 手机开发者 Beta 活动，正式发布了 HarmonyOS 2.0 手机开发者 Beta 版本，并同时在线上开启公测招募。2021 年 6 月 2 日，华为举行新品发布会，正式发布 HarmonyOS 操作系统。同日，华为宣布，将陆续向华为手机、平板、智慧屏等智能终端设备推送升级版 HarmonyOS 2.0。2021 年 7 月 29 日 19:30，华为旗舰发布新品发布会。

对消费者而言，HarmonyOS 2.0 能够将生活场景中的各类终端进行能力整合，可以实现不同的终端设备之间的快速连接、能力互助、资源共享，匹配合适的设备，提供流畅的全场景体验。

对应用开发者而言，HarmonyOS 2.0 采用了多种分布式技术，使得应用程序的开发实现与不同终端设备的形态差异无关。这能够让开发者聚焦上层业务逻辑，更加便捷、高效地开发应用。

对设备开发者而言，HarmonyOS 2.0 采用了组件化的设计方案，可以根据设备的资源能力和业务特征进行灵活裁剪，满足不同形态的终端设备对于操作系统的要求。

HarmonyOS 2.0 手机 Beta 版本的发布不仅对华为而言是一个里程碑式的进展，对中国的手机产业来说同样如此。鸿蒙系统逐渐照进现实的进程，其实也是中国手机逐步摆脱了对外国操作系统的依赖的进程。

鸿蒙系统对单个硬件能力的释放和挖掘带来的改变将是颠覆性的。打造操作系统绝非易事，建立起生态更是难上加难，当更多的设备、厂商和开发者加入鸿蒙生态后，融合的不仅是设备，还有与生活、工作、娱乐、健康等方方面面相关的数据，届时一定会有超出我们想象的体验和产品，而迎接我们的，必将是一个万物互联的新格局。

2. GNU 计划

GNU 计划，又译为“革奴计划”，是由理查德·斯托曼（Richard Stallman）在 1983 年 9 月 27 日公开发起的，它的目标是创建一套完全自由的操作系统。理查德·斯托曼最早是在 net. unix-wizards 新闻组上公布该消息的，并附带一份《GNU 宣言》解释为何发起该计划，其中一个理由就是要“重现当年软件界合作互助的团结精神”。

GNU 是 "GNU's Not UNIX" 的递归缩写，为避免与 gnu（非洲牛羚，发音与 "new" 相同）这个单词混淆，斯托曼宣布 GNU 应当发音为 "Guh-NOO"（/ˈgnuː/）。

UNIX 是一种广泛使用的商业操作系统的名称。由于 GNU 将要实现 UNIX 系统的接口标准，因此 GNU 计划可以分别开发不同的操作系统。GNU 计划采用了部分当时已经可自由使用的软件，例如 TeX 排版系统和 X Window 视窗系统等。不过 GNU 计划也开发了大批其他的自由软件，这些软件也被移植到其他操作系统平台上，例如 Microsoft Windows、BSD 家族、Solaris 及 Mac OS。

为保证 GNU 软件可以自由地"使用、复制、修改和发布"，所有 GNU 软件都包含一份在禁止其他人添加任何限制的情况下，授权所有权利给任何人的协议条款——GNU 通用公共许可证（General Public License，GPL）。这个就是被称为"公共版权"的概念。GNU 也针对不同场合，提供 GNU 宽通用公共许可证与 GNU 自由文档许可证这两种协议条款。

七、北斗卫星导航系统服务全球

"……3，2，1，点火！" 2020 年 6 月 23 日 9 时 43 分，西昌卫星发射中心，我国北斗三号全球卫星导航系统最后一颗组网卫星发射升空。随着卫星顺利进入预定轨道，我国北斗卫星导航系统的 55 颗卫星全部发射入网。

2020 年 7 月 31 日，北斗三号全球卫星导航系统正式开通。

星河灿烂，北斗闪耀。天上的七星北斗，自古就为人们指引方向。

我国开始研究利用卫星进行地面定位服务，始于 20 世纪六七十年代。按照空间定位原理，对地球上一个目标点进行定位，至少需要 3 颗卫星；考虑到时间误差，精确定位至少需要 4 颗卫星。

当时的中国，无论是经济实力还是技术基础，对此都可望而不可即。

之后，我国"863 计划"倡导者之一的陈芳允院士，创造性地提出"双星定位"建设方案，即把地心视为一颗虚拟卫星，再发射两颗地球同步卫星构成星座，实现对区域内地面目标的快速定位。

不同于美国 GPS 的四星定位，"双星定位"这一方案，能以最小的星座、最少的投入、最短的周期，实现我国卫星导航系统从无到有。

服务全球，造福人类。曾经为世界贡献过"四大发明"的中国，在全球融为一体、世界互联互通的历史发展进程中，又一次贡献出中国智慧。

（一）中国北斗走向世界——服务全球，造福人类

1. 中国北斗的世界承诺：面向全球，卓越一流

20 世纪 90 年代，美国 GPS、俄罗斯格洛纳斯（GLONASS）已完成全球组网，牢牢占据先发优势，实现“一步建全球”。

当时，我国经济实力、技术基础还比较薄弱，又赶上特殊国际背景下国外最严密的技术封锁。面对困境、逆境，党中央从现实国情出发，实施“三步走”发展战略，尽最大力量、最大可能建设自己的卫星导航系统：2000 年年底建成北斗一号系统，向中国提供服务；2012 年年底建成北斗二号系统，向亚太地区提供服务；2020 年前后建成北斗全球系统，向全球提供服务。

2017 年，乘着党的十九大胜利召开的东风，北斗三号系统开启全球组网新征程。两年半时间，中国成功发射 18 箭 30 颗卫星，提前半年实现既定目标，创造了世界卫星导航领域组网发射新纪录。

照搬美俄模式不符合中国国情，中国便在北斗二号系统基础上，继承并发展了“混合星座构型”，创造性地应用并实现全星座“星间链路”等全新建设理念，用最经济的资金投入、最高效的卫星数量，实现全球范围覆盖和亚太性能更优，除导航、定位、授时等基础服务，还兼具星基增强、地基增强、精密单点定位、国际搜救、短报文通信等多种特色服务。

2. 中国北斗的世界胸襟：兼容并蓄，合作共赢

北斗系统建设之初，国际合作道路走得并不顺畅。中国积极推进北斗系统与美国 GPS 系统、北斗系统与俄罗斯格洛纳斯系统、北斗系统与欧盟伽利略系统之间的兼容与互操作。

目前，中美在星基增强、兼容与互操作等多个领域持续开展协调交流，取得多项合作成果；中俄自卫星导航政府间合作协定生效以来，重大战略合作项目委员会有序推进多个合作项目，就两系统时间互操作达成共识。另外，中欧之间也在持续深化频率协调。

卫星导航系统是全世界公共基础设施，中国始终坚持北斗系统对世界的开放性，东盟、南亚、东欧、西亚、非洲陆续加入北斗“朋友圈”，成果共享、合作共赢。

作为联合国全球卫星导航系统核心供应商，北斗系统为世界导航领域发展注入新思维、新理念、新动力。与联合国外空司就深化卫星导航领域合作不断达成共识，并在我国两次成功举办联合国全球卫星导航系统国际委员会会议，发布“北斗宣言”和“西安倡议”。

北斗系统带到世界舞台的，还有来自中国高等院校和科研机构的联合研发、产业合作与教育培训等。北斗系统将曾经摸爬滚打积累的卫星导航经验与知识，转换成推进世

界各国发展卫星导航应用的发展捷径，依托中阿北斗/GNSS 为代表的北斗中心培育了大量国际化人才，同时积极参加中阿合作论坛等区域合作机制建设，倾力为世界贡献中国方案和中国智慧。

3. 中国北斗的世界担当：精诚服务，造福人类

国际民航组织认可北斗为全球卫星导航系统四大核心星座之一，支持北斗三号全球新信号的首个移动通信国际标准已发布，首个北斗船载终端检测标准已由国际电工委员会向全球公布，国际海事组织认可北斗系统为全球无线电导航系统，国际搜救组织正在对北斗三号搭载的搜救载荷开展标准文件制定和入网测试……近年来，随着服务能力的增强，中国北斗积极融入世界事务，履行国际职责。

党的十八大以来，北斗系统积极响应“一带一路”倡议走出国门，根据不同国家不同行业的不同需求，提供定制服务，逐渐成为叫得响的“世界品牌”。

2013 年，缅甸农业使用了 500 余台高精度北斗终端，这是北斗高精度产品首次在东南亚国家批量应用于农业数据采集、土地精细管理。

2015 年，基于北斗系统的高精度接收机应用于科威特国家银行总部 300 米高摩天大楼建设，实现了施工过程中垂直方向毫米级测量误差。这是北斗首次在海外应用于高层建筑监测。

北斗系统走进新加坡，基于北斗高精度的静音打桩系统可进行桩点精准管理，每个打桩点精度可达厘米级。

北斗系统走进柬埔寨，为柬埔寨政府部门综合规划、国土整治监控等提供更加完整的基础信息资料。

北斗系统走进老挝，为全国性土地确权工程放样、地形测图等各种控制测量提供新的方法手段。

在俄罗斯，西伯利亚电力巡线实现现场人员与管理中心双向互动，及时发现设备缺陷和危及线路安全的隐患。

在中欧班列上，装有北斗终端的集装箱，高精度定位导航功能让物流更便捷，实现了传统运输方式的升级与转型。

印度尼西亚、马来西亚、泰国等国家正积极运用北斗系统探索智慧城市建设。目前，国产北斗基础产品已出口 120 余个国家和地区，在东盟、南亚、东欧、西亚、非洲等地得到成功应用。

目前，世界上已经有半数以上的国家在全球范围内使用北斗系统。

让科技创新成果为更多国家和人民所及、所享、所用，中国北斗系统，对世界上渴望科技改善生活的人们来说，是一个巨大鼓舞，“中国分享”也必将让世界更加美好。

新时代，中国北斗阔步走向世界舞台。

（二）中国北斗的坎坷星路

作为我国迄今为止规模最大、覆盖面最广、服务性能最高、与百姓生活关联最密切的巨型复杂航天系统，2020 年 7 月 31 日，北斗三号全球卫星导航系统开通，标志着我国建成了独立自主、开放兼容的全球卫星导航系统，并步入了造福人类的时代舞台。交通运输、基础测绘、工程勘测、资源调查、地震监测、气象探测、海洋勘测……人们生活的方方面面，都已与北斗系统息息相通。

50 余项关键技术的突破、十几项世界第一、一系列前无古人的科学成就，离不开科学精神的支撑。在北斗卫星导航系统背后，是一群以梦为马、披星戴月、乘风破浪的北斗人。10 年来，他们和时间赛跑，与自己比拼，取得了多项一流科研成果：全球首创的导航星座 Ka 相控阵星间链路技术使北斗卫星互联互通，服务范围从区域向全球拓展；高精度时频“无缝”切换技术，解决了时频系统运行连续性难题，并为实现全球系统信号的高连续性奠定了基础；以龙芯、高效固放为代表的核心器部件自主可控，扭转了中国航天关键器部件依赖进口、受制于人的局面……

为了国之安全、民之安心，北斗从无到有、从有到强，一路走来历经坎坷。

1. 北斗发射的惊险时刻——“压哨破门”

关键核心技术是花钱买不来的，即使买来了也是不可靠的，引进仿制的路子也走不远。只有坚定不移地走自主创新之路，才能把命运牢牢掌握在自己手中。

面对缺乏频率资源、没有自己的原子钟和芯片、区域布站条件下实现全球服务等看似难以逾越的“娄山关”“腊子口”，北斗人凭借滚石上山的毅力和勇气，走出了一条自主创新、追求卓越的发展道路。

众所周知，空间频率资源是“不可再生”的战略资源，没有合法可用的频率，卫星就如同没有土地使用许可的高楼大厦，缺少立身之基。

北斗起步之时，国际上优质频率资源已经所剩无几，经过艰苦谈判，终于推动国际电联从航空导航频段中，辟出两小段资源作为卫星导航合法使用频段。国际电联规定，各国均可平等申请新资源使用权，但必须在 7 年有效期内发射导航卫星，并成功接收传回信号，逾期则自动失效。

为保住 2007 年 4 月 17 日这一最后“窗口”，工程上下进行全系统总动员和大会战，抢在 2 月底完成卫星研制。然而临射前，卫星上的应答机突现异常。为确保万无一失，工程试验队果断将已矗立塔架的星箭组合体拆开，取出卫星应答机，72 小时不眠不休，成功排除故障。

4 月 14 日 4 时 11 分，这颗肩负重要使命的卫星发射成功；17 日 20 时许，北京终于清晰地接收到来自这颗卫星的信号。这一刻，距离频率失效后限已不到 4 个小时。

中国北斗在最后时刻“压哨破门”，拿到了进军全球卫星导航系统俱乐部的“入场券”。

2. 北斗导航卫星的“中国心/中国芯”

星载原子钟是导航卫星的“心脏”，是卫星导航领域“皇冠上的明珠”，其性能对系统定位和授时精度具有决定性作用。

北斗工程建设之初，国内星载原子钟技术比较薄弱。当时，全世界只有少数国家有能力研制高性能星载原子钟，进口存在诸多困难和不确定性。

为尽早“让中国的北斗用上最好的钟”，全体工程人员下定决心集中全力打攻坚战，组织相关科研单位和企业，成立三支研发队伍同步进行攻坚。不到两年时间，三支队伍全都取得成功，自主研发出达到国际先进水平的原子钟。

缺少“中国芯”，一直是困扰我国高科技领域的一块“心病”。对于北斗系统工程建设和应用来说，拥有国产芯片，对于确保安全性、稳定性、可靠性至关重要。甚至可以说，搞北斗三号全球系统，全面国产化是头等大事。

通过深入动员，工程上下形成宁可国产化产品“指标低点，价格高点，也要大胆使用”的坚定共识；研究制定行动规划，将自主可控要求落实到关键技术攻关、产品研发、竞争采购等各环节；建立由专项管理办公室牵头，多部门参加的自主可控协调小组，通过重点行业、区域应用示范工程，大力推广使用自主芯片、模块、软件产品，通过边建边用、反复迭代，有效提高产品质量水平。

功夫不负有心人。国产北斗芯片工艺由 0.35 微米提升到 28 纳米，已在物联网和消费电子领域广泛应用。支持北斗三号新信号的 22 纳米工艺射频基带一体化导航定位芯片，体积更小、功耗更低、精度更高，已具备批量生产能力。

截至 2019 年年底，国产导航型芯片出货量已超过 1 亿片，北斗导航型芯片、模块高精度板卡和天线已输出到 120 余个国家和地区。

按照传统全球卫星导航系统的建设和运行模式，需要在全球范围内建立众多地面站。为解决北斗系统国内建站实现全球运行和服务的难题，北斗系统首创 Ka 频段星间链路，创造性地提出高效解决方案，而为解决境外卫星的数据传输通道问题，工程专门组织研究团队攻克了星间链路关键技术。

通过星间链路，所有在轨北斗卫星连成一张大网，实现北斗“兄弟”们手拉手，相互间可以“通话”、测距，能自动“保持队形”，这不仅减小地面站规模、减轻地面管理维护压力，而且使卫星定位精度大幅提高。凭借这一“绝活”，工程实现了仅依靠国内布站情况下对全球星座的运行控制，以及全球服务能力与世界一流系统的比肩。

北斗三号全球系统星座部署完成后，澳大利亚空间工程研究中心主任安德鲁·登普斯特（Andrew Dempster）指出，北斗是一项重大突破，因为它意味着中国可以完全独立地使用自主导航系统，不再依赖任何人。

一路走来，北斗系统建设“过五关斩六将”，崎岖坎坷、步步惊心，这也让工程队伍磨炼出坚毅的品格和坚强的信心，坚定不移地走上自主创新之路。

3. 北斗将如同水和电一样，成为生活必需品

有这样一个比喻：如同水和电一样，北斗系统将成为人民日常生活中不可缺少的必需品，无处不在、触手可及。

卫星导航系统是重要的空间基础设施，是事关国计民生的大国重器，对促进经济社会发展、改善人民生产生活具有重要作用。发展到今天，从国内到国外，从区域到全球，北斗服务将为更多国家和人民所共享，这张国家名片的知名度、影响力也将不断增强，北斗对人类的贡献终将被全世界所理解认同。

根据中国卫星导航系统管理办公室统计，近年来，北斗系统已全面服务交通运输、公共安全、救灾减灾、农林牧渔、城市治理等各行各业，已经融入电力、金融、通信等国家核心基础设施，综合效益正在不断显现。

目前，我国已构建起集芯片、板卡、终端和运营服务为一体的完整北斗产业链，在国家关键行业和重点领域标配化使用，在大众消费领域规模化应用。近 10 年来，我国卫星导航产业产值年均增长约 20%。

“北斗作为国家重大空间基础设施，提供的是公共服务产品，就如同电、无线网络一样，必须通过终端服务来实现价值。”现任北斗卫星导航系统总设计师杨长风说。“融合发展、万物互联”一直是北斗应用推广的基本方针。

2020 年度，在中国入网的智能手机，已经有 70%以上提供北斗服务。共享单车配装北斗终端实现精细管理，牧民坐在家里就能通过北斗项圈放牧牛羊，支持北斗系统的手表、手环、学生卡更加方便和保护人们日常生活。通过“北斗＋支付”，能对 1 秒钟内成百上千的股票、车票购买申请进行精确排队，按序办理。

在新冠肺炎疫情防控阻击战中，北斗的贡献更是有目共睹：

北京、湖北的北斗植保无人机被广泛用于区域内消毒防疫，一架无人机单次喷洒面积可覆盖 5 000 平方米，并且能深入防疫车无法抵达的死角。在全国多个地方，数十万台北斗终端进入物流行业，通过北斗精准定位，位置信息一目了然，一些物流企业还通过机器人向部分隔离小区提供物资运输配送。

北斗与互联网、移动通信网、大数据、云计算等结合形成的“北斗＋”信息产品，可以对感染者的行动轨迹进行精确定位并向社会公开发布，为大城市特别是基层社区做好防控提供关键数据支撑。

以武汉火神山、雷神山医院建设为例：“万丈高楼平地起”，高精度定点定位是基准，快速精确测量是基础。大年三十晚上，北斗人闻令而动，奔赴火神山医院工地，北斗高精度定位设备火速驰援，确保工地大部分放线测量一次完成，为医院迅速施工争取

了宝贵时间。

“北斗应用只受想象力限制。”杨长风说，面向未来，这句话精辟地勾勒出了北斗应用发展的无限可能和广阔前景。

从 1983 年“双星定位”理论的提出，至今已历时近 40 年。40 年来，全体北斗人以国家利益和安全为使命担当，自主创新、团结协作、攻坚克难、追求卓越，创造了令人惊叹的“北斗速度”，培养和锻炼了一支敢打胜仗的科技队伍，形成了独具特色的“北斗精神”，创造了一个又一个北斗奇迹，走出了一条具有中国特色的卫星导航系统发展之路。

走向全球的中国北斗，大有可为，未来可期。

人物简介

谢军

谢军，北斗卫星导航系统工程副总设计师、北斗三号卫星首席总设计师，感动中国 20 年人物，长期从事卫星导航技术、空间无线电载荷技术研究。他带领团队完成了北斗二号卫星和北斗三号卫星型号任务，设计并研制了国际上首个混合星座区域导航卫星系统，实现了我国天基时空基准从无到有的跨越；带领研制团队攻克了星载原子钟、星间链路等一系列关键技术，实现了卫星部件和核心元器件百分之百国产化，确保自主可控。

2020 年 10 月，交通运输部新闻发言人、政策研究室主任吴春耕介绍，大概有 698.61 万辆道路营运车辆已经安装使用北斗系统，占运营车辆的 96%。邮政快递车辆当中，3.14 万辆装了北斗导航系统，占邮政快递运营车辆的 88%；大概有 1 369 艘公务船舶安装了北斗系统，占船舶的 75%；大概有 300 架通用飞行器使用了北斗导航系统，占比 11%。下一步，交通运输部将继续努力在交通行业更多领域推广应用北斗导航系统，实现北斗导航在交通行业全覆盖。

陈芳允

1983 年，陈芳允和合作者提出利用两颗同步定点卫星进行定位导航的设想，这一系统称为“双星定位系统”。这个系统由两颗在经度上相差一定距离（角度）的同步定点卫星、一个运行控制主地面站和若干个地面用户站组成。主地面站发送信号经过两颗同步定点卫星到用户站；用户站接收到主地面站发来的信号后，即作出回答，回答信号经过这两颗卫星返回到主地面站。主站—两颗卫星—用户站之间的信号往返，可以测定用户站的位置。然后，主地面站把用户站的位置信息经过卫星通知用户站。这就是定位过程。主地面站和用户站之间还可以互通简短的电报。

2000年10月，随着2颗北斗导航实验卫星的成功发射，标志着中国拥有了自主的卫星导航系统。继美国第一个拥有全球卫星定位系统（GPS）、苏联第二个拥有全球导航卫星系统（GLONASS）后，中国成为世界上第三个拥有卫星导航系统的国家。美国GPS系统历时16年，耗资120亿美元，由24颗卫星组网，而中国的北斗系统只由2颗卫星组成，在经济上更划算，而且中国的北斗系统的某些功能甚至超过了美国的GPS，北斗系统同时具备定位与通信功能，不需要其他通信系统支持。

知识拓展

北斗卫星的背后小故事——“小步快跑”刷新中国速度

北斗工程诞生之前，我国曾在卫星导航领域苦苦摸索，在理论探索和研制实践方面开展了卓有成效的工作。作为先驱者，立项于20世纪60年代末的“灯塔计划”虽然最终因技术方向转型、财力有限等原因而终止，却如同黑夜中的一盏明灯，为后来上马的北斗工程积累下了宝贵的经验。

中国导航卫星究竟走什么样的道路？在国际导航竞技场上，中国又一次站在了十字路口。1983年，以陈芳允院士为代表的专家学者提出了利用2颗地球同步轨道卫星来测定地面和空中目标的设想，通过大量理论和技术上的研究工作，双星定位系统的概念逐步明晰。接下来，是一步跨到全球组网，还是分阶段走？这在当时引发了不小的争议。“系统一下建那么大（全球组网），需要大量的时间和资金。当时刚刚开放，用户还是集中在国内、周边，因此‘先区域、后全球’的技术途径符合中国国情。”参与了技术路线讨论的北斗一号卫星总设计师范本尧院士说。于是，“先区域、后全球”的思路被确定下来，“三步走”的北斗之路由此铺开。

先解决有无。作为“第一步”，北斗一号要“花小钱，办大事”，验证系统设计思想的正确性。1993年年初，中国航天五院提出卫星总体方案，初步确定了卫星技术状态和总体技术指标。1994年，北斗一号系统工程立项，组建卫星团队全面展开研制工作。经过艰苦卓绝的关键技术攻关，终于在2003年建成北斗一号系统，使我国成为继美、俄之后第三个拥有自主卫星导航系统的国家。

面对快速增长的应用需求，在保留北斗特色的同时，北斗二号迈出了提升性能的“第二步”。2004年，北斗二号正式立项研制，并于2006年成为国家16个重大科技专项之一。2012年12月27日，北斗系统面向亚太区域提供服务，成为国际卫星导航系统四大服务商之一。

站在前两代星座的肩膀上，北斗的"第三步"迈得自信而坚定。立项于2009年12月的北斗三号开始尝试冲刺和领跑，并于2018年完成10箭19星发射，创下世界卫星导航系统建设的新纪录，在太空中再次刷新了"中国速度"。星间链路、全球搜救载荷、新一代原子钟……伴随着这些新"神器"闪耀登场，北斗导航系统的整体性能大幅提升。

第二节 IT产业的蓬勃发展

一、PC市场上的中国品牌

中国的计算机事业起步于20世纪50年代中期，与国外同期的先进计算机水平相比，起步晚了约10年。在计算机的发展过程中，中国经历了各种困难，走过了一段不平凡的历程。但伴随着中国科研人员艰苦卓绝的奋斗，中国的研制水平在比国外晚了整整一代计算机的情况下，发展到当前国际的前沿水平。这样的成就离不开一代又一代中国科研人员的付出与努力，也是中华民族艰苦奋斗的民族精神的集中体现。当前中国自主研发的计算机为国防和科研事业作出了重要贡献，加快了中国现代化建设的进程。截至目前，中国既独立自主研制出了世界上计算速度最快的超级计算机，也成了国际上最大的微机生产基地和主要市场。与此同时，中国品牌的计算机在国际上大放异彩。

（一）中国PC品牌的崛起

与国外一样，中国第四代计算机的研制也是从微型计算机开始的。在改革开放的热潮下，中国的计算机产业一下子被推向了市场竞争的最前沿。虽然早在1977年，清华大学等单位就研制出了中国早期的微型计算机DJS-050，但由于技术原因一直未能大批量生产。

中国微型计算机的雏形是1983年12月电子部六所开发成功的微型计算机长城100（DJS-0520微机），该机具备个人电脑的主要使用特征。直至1985年中国成功研制出第一台具有字符发生器的汉字显示能力、具备完整中文信息处理功能的国产微机长城0520CH，标志着中国微机产业进入了一个飞速发展的时期。

（二）中国 PC 品牌大放异彩

1985 年 11 月，中国科学院计算技术研究所研制成功联想式汉字微型机 LX-PC 系统。该系统是在 IBM-PC（包括 XT、AT 及其兼容机）微型计算机基础上，通过安装自行设计的联想式汉卡和汉化操作系统而构成。随着联想品牌的逐渐打响，以销售联想汉卡为主的计算所公司也因此改名为联想集团。在长城、联想的带动下，国内涌现出一大批电脑制造企业，如四通、方正、同创、实达等，成功地推动了中国个人电脑的发展。

1. 长城

1985 年 6 月，原电子工业部计算机管理局副局长王之率领的微机开发小分队成功研制出中国第一台中文化、工业化、规模化生产的微型计算机——长城 0520CH，在全国计算机应用展览会上正式发布，其性能超过当时的 IBM PC 和 NEC 980，成为国家计算机工业发展史上最具历史意义的里程碑。到 1987 年，长城计算机股份有限公司在深圳成立，其注册资本达 55 018.98 万元，2010 年实现营业收入约 834.4 亿元。经过二十几年的发展，长城计算机股份有限公司已经成为集产品开发设计、生产制造、营销服务于一体的大型综合部门，产品包括台式电脑、笔记本电脑、服务器、数码冲印订单机、酒店一体机等，业务范围覆盖自主品牌、ODM 和 OEM 三大领域。长城台式电脑、长城笔记本电脑、长城服务器均被认定为“中国名牌产品”。

2007 年，长城电脑被深圳市人民政府命名为“自主创新行业龙头企业”。其业务涵盖“计算机关键零部件、计算机整机及消费数码产品”。“长城”商标是“中国驰名商标”，“长城牌”计算机、服务器、笔记本电脑是中国名牌产品，并成功摘得“中国航天专用产品”的殊荣。长城电源、长城显示器是消费者最喜爱的品牌之一。到 2019 年 12 月 12 日，《汇桔网·2019 胡润品牌榜》发布，长城电脑以 60 亿元品牌价值排名第 159，上榜 2019 数码品牌价值全国排名第 8。

长城安全电脑是国内等级最高的信息安全产品，除 CPU 外，所有软硬件全部采用长城自创新技术或自有源代码，其中安全硬盘、安全 BIOS 更是填补了中国在这一领域的空白，彻底打破了国外信息安全技术的垄断，摒弃了“后门”存在的风险。长城上网本远销世界各地，是非洲、越南等新兴市场的第一品牌。长城服务器同时融合最新 INTEL 和 IBM 制造工艺及品质控制技术，成为国产服务器的名牌产品，并通过与 IBM 等国际知名 IT 企业深度合作，为政府、教育、电信/互联网、制造业和中小企业等行业客户提供全面的解决方案和服务，成为国内领先的服务器及解决方案提供商。电源事业部自 1989 年开始从事开关电源的生产，具有 20 年的电源开发设计经验。全系列产品通过 CCC 认证，并在国内电源行业中率先通过了 ISO9001 质量体系认证，荣获首张节能证书，是国内最大的电源供应商之一，各类计算机电源年产能达 1 500 万台，同时长城电源也是中国电源国家标准的主要起草单位。长城电源凭借优良的产品质量、贴心的服务，深受广大消费者的青睐，牢牢占据国内近35%的市场份额，多年来一直稳居国内电源第一品牌。其产品已被长城、方正、清华同方、清华紫光、海尔、神舟、浪潮、联想等国内外著名品牌计算机所选用，产品远销欧美、日韩等国家和地区。

长城公司自1986年起开始生产电脑外设中的显示器产品，集彩色显示器的开发设计、生产制造、营销服务于一体，经过20多年的发展，年产量超过450万台。长城公司现已经建立覆盖全国33个省、市、自治区的销售网络和售后服务网络，售后服务干线和特约维修站达到153个。长城显示器产品曾数次和长城PC一起作为国礼随国家领导人遍访五洲四海，长城公司仍承担中国外援电脑项目80%以上的订单任务。长城显示器作为国内销量排名前十的电脑厂家的主力供应商，产品除了满足长城PC的配套使用外，与美国、日本、韩国及台湾地区的著名公司都建立了良好的技术合作关系。

长城数码秉承“客户至上”的经营理念，以创新的用户使用体验为核心，注重工业设计和产品品质，着力发展“多媒体桌面终端”“随身数码”“应用类工具”三大品类，设计开发了9个种类、上百款产品。产品线具体涵盖了电子纸阅读器、数码相框、手持电视、随身多媒体、高清播放器等众多产品，以丰富的产品种类和细分款式，充分满足消费者的不同需求。

2. 联想

自20世纪80年代中期以来，中国的个人电脑产业一直紧跟国际步伐，并且随着长城和联想等个人电脑企业的崛起，中国基本上与国际同步地推出每一代集成最新技术的个人电脑。在与国外品牌的竞争中，联想成为全球第三大PC制造商，市场占有率位居国内市场第一，表明中国微机产业已达国际先进水平。

1984年，11名中国计算机科技人员认识到了PC必将改变人们的工作和生活。怀揣着20万元人民币（约合2.5万美元）的启动资金以及将研发成果转化为成功产品的坚定决心，这11名科研人员在北京一处租来的传达室中开始创业，年轻的公司命名为“联想”。在公司发展过程中，联想勇于创新，实现了许多重大技术突破，其中包括研制成功了可将英文操作系统翻译成中文的联想式汉卡，开发出可一键上网的个人电脑，并于2003年推出完全创新的关联应用技术，从而确立了联想在3C时代的重要地位。凭借这些技术领先的个人电脑产品，联想登上了中国IT业的顶峰。自1997年起，联想连续8年占据中国市场份额第一的位置，占中国个人电脑市场超过三成份额。2019年7月，发布的2019《财富》世界500强中联想位列212位。2019年9月，2019中国制造业企业500强的发布中，联想集团有限公司位列第16位。2019年10月，2019福布斯全球数字经济100强榜单中联想位列89位。联想的成功离不开其过硬的质量、个性化的设计、开放包容的心态以及优良的服务。

联想电脑的最大卖点就是质量。联想电脑生产时是专业化、流水线作业，出厂关都经过严格的质量把关，由专业人员在电磁干扰、高低温、辐射等方面进行严格、规范化测试。联想电脑质量上绝对不是仅靠一把螺丝刀组装的兼容机能比的，其故障率比兼容机要少得多。联想电脑所采用的配件性能并不算优秀，不过联想电脑就是让您在使用中感受到产品的稳定、出色，这也体现出我国品牌的大国工匠精神。

除了质量过硬之外，在个性化设计上，看过联想电脑天骄、锋行、家悦系列的朋友，均会被它们新颖的造型、绚丽的色彩所吸引。这种高水平的创意和时尚化的设计，让人感觉到原来电脑可以更美的。一部外形独特、做工精细的电脑，也是对家庭及办公环境的一种装饰。天骄 i660，超小机身，只占传统主机的七分之一，一本词典的厚度，一本杂志的宽度，吸入式光驱，感应开关，隐蔽式接口设计，无线鼠标和键盘，底部有“U”型情感灯，28 分贝超低静音，10 合 1 读卡器，可与客厅电视连接，千兆网卡，纳米防辐射涂层，样式更美观，深受消费者的喜爱。

联想电脑的易用性也是受到广大消费者一致好评的重要特征。首先，联想的说明书详细通俗，让人一看就懂，而兼容机的说明书不仅多，而且英文很多，让人看着头疼。联想电脑的驱动盘格式统一，标注得清楚，而兼容机除了驱动盘标注不统一外，还分放在不同的产品包装盒里，让人找起来费神劳力。联想电脑特别是家用电脑，还在网络化、易用化上大做文章，有很多贴心的设计，如“一键上网”“多媒体播放”“手写输入”等，降低了操作难度，提高了工作效率，让老百姓更容易使用电脑。其次，联想电脑附赠了各种软件，包括操作系统、文字处理、家庭娱乐、杀毒及上网软件，内容丰富，简单易学，很适合初学者使用。当然更让人动心的是送手写板、电子词典等东西。另外，消费者还可以用更优惠的价格购买打印机、扫描仪、掌上电脑等产品。

2004 年 3 月 26 日，联想公司作为第一家中国企业与国际奥委会签订合作协定，成为国际奥委会全球合作伙伴。在 2005—2008 年四年内，联想公司为 2006 年都灵冬季奥运会和 2008 年北京奥运会以及世界 200 多个国度和地域的奥委会及奥运代表团独家供给台式电脑、笔记本、服务器、桌面打印机等盘算技巧设备以及资金和技术上的支持。

2006 年 2 月，都灵第 20 届冬季奥运会上，联想供给了近 5 000 台台式电脑、600 多台笔记本、近 400 台服务器、1 600 台桌面打印机以及技巧支撑和服务，历经 17 天冬奥会赛程、2 次大型预演、16 次测试竞赛、100 余项模仿检测，联想始终表现如一。尤其是在冬奥赛事进行当中，联想所供给的所有 IT 产品无一例外地实现了“零故障”运行，博得了国际奥委会和都灵奥组委的高度信任和评价。

2007 年 6 月 12 日，联想向北京奥组委正式交付 3 547 台装备，连同之前交付的 4 691 台装备，联想总计已交付 8 238 台装备。这些联想产品支撑了包含青岛国际帆船赛在内的全体“好运北京”体育赛事。2008 年 2 月，联想还会向奥组委第四次交付为北京奥运服务的 7 000 台装备，最终将供给 15 000 余台高品质的盘算技巧装备。500 名高素质的联想工程师与其他合作伙伴一起，为北京奥运会提供信息技术的支撑。北京奥运会独家供给台式电脑、笔记本、服务器、打印机等盘算技巧装备，并提供资金和技巧上的支持。

（三）中国 PC 品牌的民族情感

随着 IT 时代的到来，中国品牌的计算机在世界上大放异彩，而且中国品牌蕴涵了深深的民族情怀。在“5·12”汶川地震灾害的危难关头，在国家面临天灾来袭之时，长城公司没有把为灾区作贡献看成是一种道德行为，而是当作自己的一种义务。长城公司全体员工通过各种渠道，采取不同的形式向灾区人民表达爱心：在网上，开设了用长城宽带网登录中华慈善总会网站的通道，以最快的速度向灾区人民传达爱心人士的援助；在线下，长城公司支援灾区抗震救灾工作，向灾区运送慰问品，充分体现了民族企业对灾区人民的爱心，也充分体现了民族企业的爱国情怀。

在申办奥运会、举办奥运会、“非典”爆发等重大时刻，联想公司以捐赠资金、技术支持、成立协会等实际行动践行了其报国初心。自 2009 年以来，联想携手共青团中央打造联想 idea 精英汇，为国家培养了一大批栋梁之材。2018 年，联想公司成立了慈善公益组织联想基金会，通过志愿服务、产品捐赠等方式，更有力地回馈社会。同时，为了让更多贫困地区的孩子能动手学科学，联想推出科学课工具箱，先后向青海省 122 所小学捐赠 652 套科学实验工具箱，让 12 300 余名小学生实现了梦想。为了打开山区孩子的智慧之门，以教育信息化 2.0 行动计划里的“校校用平台、班班用资源、人人用空间”要求为指引，联想为四川凉山捐赠了 13 间智慧教室，提供了 750 套教育平板、13 台充电车，让大山的孩子享受到了优质的教育资源。

长城、联想等中国品牌在激烈的 IT 市场竞争中脱颖而出，离不开大国的工匠精神与深厚的爱国情怀。匠心精神使得大国品牌在世界上大放异彩，“不忘初心，牢记使命”的民族情怀使得大国品牌在国人心中屹立不倒。

二、中国智能手机的兴起

中国手机行业历经 30 年的风云变幻，从只能通话的 1G 时代，到 5G 的智能手机时代，从突破国外品的围剿，到山寨手机的泛滥，再到国内品牌的激烈内战，甚至国产品牌在全球的崛起，每一轮手机行业的洗牌，都伴随着通信技术的升级。

在手机市场上，一家新兴的公司可以短时间内功成名就，登上通信时代的顶峰；而一家全球排名数一数二的公司也可以在一夜之间轰然塌下，退出历史舞台。如 2003 年那一波国产品牌从迅速走红到快速消亡，以及诺基亚、摩托罗拉帝国的崩塌，都昭示着这个行业成功的阶段性。那么有多少人还记得中国的手机产业是从什么时候出现的，又是在什么时候开始崛起的呢？发展中经历了哪些阶段呢？

关于这些问题，应该有很多人都忘记了，或者是不知道了。特别是 90 后的一代人，在他们出生的那个时候，中国的第一代手机已经差不多消失了，所以在他们的记忆里手机就是从按键机开始的，对于第一代使用 1G 通信技术的“大哥大”，他们大多是丝毫不知的。

（一）1G 时代——“大哥大”摩托罗拉帝国

20 世纪 80 年代末、90 年代初之前的岁月里，人们直接通信除了用嘴巴“喊”，用手写书信、电报，就是程控电话了。由于当时中国还很贫穷，很多地方都安装不起电话，因此常常可见很多人排队等打电话的现象。

之后在 1987 年中国出现了第一台移动电话，其型号是现在已经没落了的摩托罗拉 3200，也就是我们所说的“大哥大”。“大哥大”使用的就是 1G（第一代通信技术），即模拟通信技术。其基本原理是：表示和传递信息所使用的电信号或电磁波信号往往是对信息本身的直接模拟，如语音（电话）、静态图像（传真）、动态图像（电视、可视电话）等信息的传递，用户的语音信息的传输是以模拟语音方式出现的。而就是在“大哥大”出现的那个年代，标志着中国的移动通信技术进入了手机发展的第一个时代——1G 时代。由于中国没有相关的专利，缺乏相关技术，处于“一片空白”的情况，因此完全无法参与全球竞争。

（二）2G 时代——GSM 时代

相比起 1G 时代通信技术，2G 的技术可以说是全面超过了 1G。2G 以数字语音传输技术为核心，用户体验速率为 10kbps，峰值速率为 100kbps。但是摩托罗拉却是死死抱住 1G 的模拟网络，不肯去拥抱 GSM 数字网。结果不肯跟上时代发展的摩托罗拉自然无法继续在新的时代里称雄。手机市场从以前的一枝独秀变成了三国争霸，摩托罗拉与诺基亚、爱立信成为当时的手机三巨头。

而当时还不存在国产品牌的中国也是受到了手机变化的影响，中国的手机制造业也在萌芽，随着手机的普及和手机体积的缩小，山寨机慢慢地出现在了中国市场上。不过在那个时候，中国的手机市场还是诺基亚、爱立信和摩托罗拉以及一些国外品牌的天下。特别是当时的诺基亚，其坚固耐摔甚至能挡子弹的机身在整个 2G 时代给人们留下了深刻的印象。这导致就算在现在，很多经历过那个时代的人时常怀念诺基亚的坚实。

在 2G 时代，尽管全球移动通信的标准、专利和核心技术仍然被欧美企业所掌握，但中国的一些手机制造先驱们也以一股不服输的精神开始尝试着自主研发路径。随着外资的注入，拉开了中国手机制造业序幕，也教育了中国的企业，他们深知落后就要“挨打”。1999 年，国内第一批手机厂商拿到了营业牌照。当时国产手机的市场占有率仅为

5%，但以波导、TCL、熊猫和科健为代表的第一代中国手机企业站上了手机的历史舞台。

1999年，中国手机市场上冲出了一匹黑马，就是波导手机，一句“手机中的战斗机”响彻大江南北。波导最早是做寻呼机生意的，由西南交通大学硕士毕业生徐立华和朋友创立。波导的英文名是Bird（鸟），寓意希望它能像鸟一样展翅翱翔。在这一阶段，国产手机厂商由于缺乏核心技术，以贴牌生产为主。例如，科健专门生产三星手机，波导与法国萨基姆（Sagem）签订合作协议。但有一家厂商，即李东生带领的TCL却依然选择了自主研发道路，坚持要将核心技术掌握在自己的手里。其这种不服输的拼搏精神值得我们学习。最终TCL在那个时代也获得了巨大成功。2001年，财大气粗的TCL聘请了张艺谋和韩国明星金喜善拍摄广告片，金喜善的酬金为6亿韩元，这在当时的韩国创下了纪录。由此可见，TCL当时也是资产雄厚。据工业部统计显示，2003年，波导、TCL分别以969.64万和749.96万的销量，拿下了中国手机市场第一和第二的位置，超过了外资品牌，诺基亚和摩托罗拉紧接其后开始走向下坡路。

（三）3G时代——中国参与手机市场的开始

随着移动网络的发展，人们对于数据传输速度的要求日趋高涨，2G网络10KB/秒左右的传输速度已经不能满足人们的要求，于是高速数据传输的蜂窝移动通信技术——3G应运而生。自3G时代开始，中国手机产业迎头赶上，在2008年的国际信盟公布的第三代移动通信标准中，中国的TD-SCDMA和欧洲的WCDMA、美国的CDMA2000一起成为3G时代三大技术。

可以说，中国的手机就是在这时崛起的，不过开始的时候不是国产品牌直接出现并崛起，而是山寨机的泛滥。2005年，国家为了推进中国手机行业的发展，对手机行业的政策有所松动，一大批怀揣着创业梦想的人，涌向中国南方的手机制造业，中国手机市场上出现了一种特殊的产物——山寨机，中国手机市场进入了最混乱的一个阶段，可以说是神魔乱舞。深圳福田区的华强北，在当时被认为是中国山寨机的发源地。由于缺乏经验和技术，模仿和抄袭成了赚钱最快的方法。市场上也出现了一些令人啼笑皆非的山寨手机设计，比如拥有超大音响、炫酷的跑马灯、MP3/MP4功能甚至可以装5号电池的手机。虽然这一阶段手机市场比较混乱，但这也是发展中必不可少的一部分，在一定意义上推动了中国手机产业的发展。

2006年，中国网民超1亿，全国手机用户超4.43亿户，平均每百人拥有33.9部手机。在功能机时代，人们对手机的功能需求并不高，以通话和发短信为主，不少80后的记忆中，很多人都发送过短信为2005年那一届“超级女声”投过票。在这样一个时代背景下，以天语和金立为代表的第二代国产手机企业，在山寨机泛滥和市场强烈需求的背景下崛起。

天语曾有“山寨机中的战斗机”之称。金立的董事长刘立荣则邀请巨星刘德华做代言，随后销量犹如火箭一样跃升。2008 年，金立成为当时国产手机中销量最高的品牌。2005 年至 2010 年期间，中国第二代手机厂商出货超过 6 亿，畅销全球，中国的手机产业也迎头赶上。而在这个阶段，诺基亚和摩托罗拉两个曾经的巨头正在经历衰落前最后的繁华盛世。

（四）4G 时代——国产手机品牌的崛起之路

早在 2007 年，市场上就出现了智能机的雏形，所有的手机厂商都在想着给自家的手机怎样加上更多的功能，怎样做得更薄、更好。2008 年，苹果推出第一台触摸屏的 iPhone，一石激起千层浪，当时震惊了整个手机市场，同时也推进了手机产业的发展。2010 年发布的 iPhone 4，更是让苹果一战封神，无数的“果粉”连夜排队购买。遗憾的是，在 iPhone 4s 发布仅两天，人类失去了乔布斯。iPhone 的诞生宣告着智能机的时代正式来临，而苹果就是其中的霸主。在华为崛起之前，苹果公司推出来的新一代的手机就是当时手机发展的趋势。

尽管苹果在智能机开始时期处于霸主地位，但在相关行业标准的制定上，中国已经改变了在 3G 时代的弱势地位，在 4G 时代，中国在通信领域已经与之前的领先者并肩而行。中国的华为、中兴等通信设备企业也已经迎头赶上，业务深入全球，成为全球顶尖的通信设备制造商。在 4G 标准上，全球标准就只有两种，分别是由中国主导的 TD-LTE 标准和由欧洲主导的 FDD-LTE 标准，并且由中国主导的国际标准首次成为主流。

国际上，2008 年 Google 推出名为 Android 的开放操作系统。以 Android 操作系统为基础，国内一股国产新势力也在涌动。第一家以 Android 操作系统为基础，将 iPhone 设计理念应用于产品的是珠海一家小的手机制造商——魅族。魅族是一个做 MP3 起步的厂商，从一文不名到成为国内 MP3 随身听领域的第一品牌，魅族只用了三年的时间。2006 年，魅族创始人黄章看出了国内 MP3 市场的衰败，以及智能手机的兴起。2007 年，魅族放弃了 MP3 的研发，开始了智能手机的研究。当时正是 iPhone 时代的开始，借鉴 iPhone 的设计理念，2009 年魅族推出了魅族 M8，这是国产的第一款大屏幕、全触控的智能手机，当时火爆全国，名声大噪。随之也让魅族在国内智能手机市场站稳了脚跟。

也是在 2009 年，雷军辞去了金山 CEO，当起了天使投资人，他隐隐感觉到智能手机将成为“让猪都会飞起来的风口”。因此，雷军组建自己的团队开发了“MIUI”系统，从此小米正式进入了手机市场。发展到 2012 年，小米全年出货量已达到 719 万台，这个数字刺激了很多同行。同时华为依靠大量运营商定制的低端智能手机，此时已经成为全球第三大智能手机制造商。华为董事长任正非已经意识到太过依赖运营商的危险，于是余承东走马上任，宣布砍掉运营商渠道，在华为内部引起轩然大波。同时华为借鉴小米的互联网销售经验，推出“荣耀”与小米竞争。Mate7是第一个真正意义上的国产高端手机，是华为针对高收入精英人群而量身打造的，由此国产品牌也进入了高端市场的竞争行列。

在这一阶段，依靠营销和研发的双轮驱动，国产手机品牌走向主流。同时随着运营商逐渐失去话语权，小米、OPPO、Vivo脱颖而出，并且走向全球。而在这个之后，国内的手机品牌就变成了华为最强，小米跟在后面，Vivo、OPPO并列第三，魅族时刻想着逆袭，五种品牌分割国内市场的局面。当然还有苹果这个巨无霸难以撼动和国产一些小品牌在苦苦生存，但是这已经不影响大局了。

（五）5G时代——华为领导手机发展的开始

从2018年开始，5G手机和折叠屏手机就一直在我们的耳边挥之不去，手机里的App更加是每天都在推荐关于5G的信息给自己，这使得就算是一个不怎么了解手机的人都知道了这个概念。

相比在4G时代，在5G时代里，华为将会是下一个手机的霸主。在5G技术出现之后，华为和三星先后推出了自己的折叠屏手机，而华为作为领先者又是5G的主导者，可以说在下一代的手机市场里是最有优势的。到目前为止，无论是在对全球5G标准的贡献度上，还是在5G技术上的优势度上，中国企业（尤其是华为集团）都已经是最大贡献者，是相关技术的引领者。根据德国专利数据公司IPLytics分析统计，截至2019年3月，中国厂商已申请的全球主要5G标准专利数量占比为34%，远超韩国、美国。另外，据相关数据显示，中国的华为集团仍是目前全球接受5G订单最多的企业，并且具备了完整的5G端到端解决方案能力。同时，中兴集团也是全球5G通信设备的重要供销商。

三、坚强智能电网标准输出

投资15 000亿元到18 000亿元，在沿海营建3 000～5 000个近海人工岛，上面建12 000～15 000部超导风力发电机，这样就可形成4亿千瓦以上的风电装机容量，相当于中国现有装机容量的一半，这是中国科学院教授、著名能源专家武建东对于发展海上风电的美好愿景。除了海上风电，武教授还希望开发青藏高原和沙漠地区的太阳能，通过大规模开发这些可再生能源，我们就可以从容应对矿物能源终将耗竭所带来的危机。

但是，这些美好的设想要变成现实，有一个必要的前提：风电和太阳能发电能上网利用。然而，以目前的技术条件，风电、太阳能发电等间歇性能源的大规模利用，会对电网造成严重冲击，影响电网的安全性。出路只有一条：建设强大、坚固、有力、互动、高效、灵便的智能电网。只有建设坚强智能电网，才能实现可再生能源的集约化开发、远距离输送和高效利用，实现各类分布式电源、储能装置和用电设施并网接入标准化和电网运行控制智能化。

“智能电网建成后，消费者既可以是电力客户，也可以让自己生产的风能、太阳能、氢电池、生物沼气等并网利用，从而成为小型电力供应商，这个转变将使人类消费能源的方式发生历史性革命。”武建东说。

据有关专家测算，2020 年，中国可再生能源装机容量达到 5.7 亿千瓦，占总装机容量的 35%；每年可减少煤炭消耗 4.7 亿吨标准煤，减排二氧化碳 13.8 亿吨。这也预示着国家电网公司规划的坚强智能电网大功告成。国家电网公司研究室主任葛正翔表示：“电网优化配置资源的能力得到大幅提升，清洁能源装机比例达到 35%，分布式电源实现‘即插即用’，智能电表普及应用。”

“整合或改造传统的电力流程，其本质就是更有效地重组人类的能源体系，改造人类基本的生产方式。以智能互动电网重塑全球电力体系是危机时代人类提高能源效率的最佳捷径。”武建东认为，“全球主要经济体正面临着一次使电力体系效益最大化的历史机遇，谁掌握了智能互动电网，谁就主导了下一代全球能源的战略发展能力。它是以科技创新再造国际分工的最大的和平红利。中国必须拥有这个制高点，也一定能够拥有这个制高点。”

（一）中国坚强智能电网的内涵

中国国家电网公司在加快推进特高压电网建设的同时，高度重视智能电网技术研究和工程实践，在大电网安全稳定控制、广域相量测量、灵活交流输电、数字化变电站、配电网自动化、智能电表应用、可再生能源的接入与送出、大容量储能、电动汽车等领域开展了大量工作，取得了一批拥有自主知识产权的重要成果，在技术理论、装备制造和工程实施方面为发展智能电网打下了坚实的基础。

此外，中国国家电网公司以奉献清洁能源、促进经济发展、服务社会和谐为基本使命，在认真分析世界电网发展的新趋势和中国国情基础上，紧密结合中国能源供应的新形势和用电服务的新需求，提出了立足自主创新，加快建设以特高压电网为骨干网架，各级电网协调发展，具有信息化、数字化、自动化、互动化特征的统一的坚强智能电网的发展目标。

在此基础上，中国国家电网公司 2009 年 5 月 21 日首次公布坚强智能电网的内涵。其内容包括：坚强智能电网以坚强网架为基础，以通信信息平台为支撑，以智能控制为手段，包含电力系统的发电、输电、变电、配电、用电和调度各个环节，覆盖所有电压等级，实现“电力流、信息流、业务流”的高度一体化融合，是坚强可靠、经济高效、清洁环保、透明开放、友好互动的现代电网。其旨在能够有效提高线路输送能力和电网安全稳定水平，具有强大的资源优化配置能力和有效抵御各类严重故障及外力破坏的能力；能够适应各类电源与用户便捷接入、退出的需要，实现电源、电网和用户资源的协调运行，显著提高电力系统运营效率；能够精确且高效集成、共享与利用各类信息实现电网运行状态及设备的实时监控和电网；能够满足用户对电力供应开放性和互动性的要求，全面提高用电服务质量。

“坚强”和“智能”是坚强智能电网的基本内涵。只有形成坚强网架结构，构建“坚强”的基础，实现信息化、数字化、自动化、互动化的“智能”技术特征，才能充分发挥坚强智能电网的功能和作用。其中，信息化是指实时和非实时信息的高度集成共享与利用；数字化是指电网对象、结构、特性及状态的定量描述和各类信息的精确、高效采集与传输；自动化是指电网控制策略的自动优选、运行状态的自动监控和故障状态的自动恢复；互动化是指电源、电网和用户资源的友好互动和协调运行。

（二）我国智能电网的发展

在电网智能化方面，与美国相比，我国电力行业的基础建设要先进得多，美国有的变电器用了 40 年，我国的变电器不仅有而且很新。我国电网起点高，实现智能化更容易。我国电力行业的变电器等基础建设和装备制造能力要比美国先进得多或实力相当，具有实现智能化的物质基础。

我国实施智能电网改造初期投资 3 000 亿元至 5 000 亿元，但是其对变压器、智能终端、网络管理技术等行业拉动巨大，每年至少可拉升国民经济一到两个百分点。“十一五”期间，我国电力信息化每年约有超过 100 亿元的投资。“十二五”期间，国家电网投资 5 000 亿元，建成连接大型能源基地与主要负荷中心的“三横三纵”的特高压骨干网架，初步建成了世界一流的坚强智能电网，形成以“三华”（华北、华中、华东）为坚强受端，以西北、东北电网为坚强送端的三大同步电网，跨区输电规模达到 2.5 亿千瓦。国家电网的资源配置能力、经济运行效率、安全水平、科技水平和智能化水平将得到全面提升。同时，坚强而“聪明”电网的建成，将有效缓解经济社会持续快速发展带来的节能减排压力，缓解煤电运紧张矛盾，促进各类大型能源基地和清洁能源的外送消纳。

国家电网智能电网战略研究报告提出，我国发展智能电网的框架性目标就是国家电网公司将分三个阶段推进坚强智能电网建设。同时，国家电网公司首次向社会公布了中国智能电网发展计划及其建设时间表：

2009—2010 年是规划试点阶段，重点开展坚强智能电网发展规划，制定技术和管理标准，开展关键技术研发和设备研制，开展各环节的试点。

2011—2015 年是全面建设阶段，将加快特高压电网和城乡配电网建设，初步形成智能电网运行控制和互动服务体系，关键技术和装备实现重大突破和广泛应用。

2016—2020 年是引领提升阶段，将全面建成统一的坚强智能电网，技术和装备达到国际先进水平。届时，电网优化配置资源能力将大幅提升，清洁能源装机比例达到35%，分布式电源实现“即插即用”，智能电表普及应用。到2020年，可全面建成统一的“坚强智能电网”。

我国发展智能电网与其他国家有所差别。外国智能电网更多地关注配电领域。目前，我国需要更多地关注智能输电网领域，把特高压电网的发展融入其中，保证电网的安全、可靠和稳定，提升驾驭大电网安全运行的能力。同时，我国电网企业正在转变电网发展方式，用户的用电行为也在发生变化。以建设智能电网为抓手，能够比较方便地建成满足未来需要的下一代电力网络。要实现电网智能化目标，有许多技术需要进行研究。其中，输电网中基于相量测量单元的广域测量系统、柔性交流输电和配电网中分布式发电、自动抄表、需求侧管理等很多技术，在智能电网概念提出前我国就已经在研究，并且取得了不错的成绩。当前，随着智能电网的发展，这些技术已经被提高到一个新的层次，并使研发工作更有用武之地。此外，我国还开发出一系列配套技术，诸如储能技术、先进的双向式自动计量表计设施、风能和太阳能等可再生能源的接入技术、微电网等一系列新的技术。这些均使我国在智能电网的建设上领先世界。

智能电网也需要不断整合和集成企业资产管理和电网生产运行管理平台，从而为电网规划、建设、运行管理提供全方位的信息服务。国家电网公司早期建设的SG18612计划，在信息服务方面，为我国构建智能电网打下了坚实的基础，使得智能电网的各项工作顺利推进，极大地促进了我国智能电网的建设。

（三）智能电网对我国电网发展的现实意义

我国电网企业已树立了追求卓越的发展战略，电网规模正在快速扩张，用户的用电行为也在发生变化。我国以建设智能电网为抓手，借助电网扩张的机遇，顺利地建成了满足未来需要的下一代电力网络，在世界上，直接占领了电网技术的最高点。

同时，国家电网建成了坚强的骨干网架，电网抵御多重故障的能力增强；各区域电网主干网架加强，电网运行稳定性增强，电网运行更加灵活；高压、超高压输电线路输送能力稳步增强，线路走廊利用率变高。这些硬件基础，推动了企业信息化建设，使得企业形成了一体化的生产经营管理系统，企业处于信息孤岛的现象一去不复返。信息技术在重大决策和现代化管理中的作用得到充分发挥。对于这一切优势，均来自我国坚强智能电网发展带来的福利，造福了人民群众，突出体现了我国社会主义制度以人为本的基本原则。

当前，建设以特高压为骨干的坚强电网是中国经济社会发展和能源禀赋特点的需要。我国一次性能源分布与生产力发展很不平衡，三分之二的煤炭资源和水电资源集中在北方和西南部，陆地风能集中在西北部地区，而三分之二的能源消费在中东部地区。我国风能、太阳能发电主要是在沙漠、戈壁滩等偏远地区，需要大容量集中开发。当地电网规模小，无法就地消纳，需要用坚强的特高压电网实现电力的远距离传输和大范围消纳。

智能电网也是未来中国能源可持续发展的需要。在发电时，应用智能电网技术既可以有效提升系统的清洁能源接纳能力，又可以提高传统发电技术的效率。而在电网环节，应用智能电网技术可以降低线路损耗，提高输电效率，提升电网基础设施资源利用率和供电可靠性，从而达到节能减排的目的。在配电侧，通过用电信息采集系统及智能用电终端，将用电信息反馈给用户，有助于其调整用电模式，改变用电理念，提高用电效率，同时可以促进分布式电源的接入，从而达到智能互动和绿色节能的功能。

目前，在智能电网技术方面，国家电网制定并发布了《坚强智能电网技术标准体系规划》，明确了坚强智能电网发展技术标准路线图，成为世界上首个用于引导智能电网技术发展的纲领性标准。智能变电站试点工程建成投产，是我国在智能变电站核心技术研发、关键设备研制和产品制造等领域实现的重大突破，占据国际领先地位，引领了世界智能电网建设的发展潮流。

当前，在应对国际金融危机的过程中，为抢占未来经济、科技发展制高点，发达国家普遍加快了新能源、新材料、信息网络技术、节能环保等高新技术产业和新兴产业的发展。从能源供应的重要环节——电网的发展来说，各国则大力推进智能电网建设，智能化成为世界电网发展的新趋势。

面对新形势、新挑战，我国国家电网公司提出了加快建设以特高压电网为骨干网架，各级电网协调发展，以信息化、自动化、互动化为特征的智能电网，努力实现我国电网从传统电网向高效、经济、清洁、互动的现代电网的升级和跨越，为实现经济社会又好又快发展提供强大支撑。

四、中国无人机飞向全球

无人机是无人驾驶飞机（UAV）的简称，是一种由无线电遥控设备或自身程序控制装置操纵的无人驾驶飞行器，最早出现在 20 世纪 20 年代，当时是作为训练用的靶机使用的。现在通过搭载电子设备或特殊载荷而装载了自动驾驶仪来执行多样化任务的飞机，比有人驾驶飞机在安全、方便、快捷、低成本方面更具有优势。无人机广泛应用在应急减灾、反恐防暴、消防侦察、国土资源勘探、边境巡视、禁毒侦察、保护区野生动物监测、人工降雨增雪、环境监测、大气取样、海事侦察、地震调查、农作物估产和城镇规划等领域。

（一）中国无人机的起源

中国无人机相比国外无人机的发展起步较晚，在 20 世纪 60 年代末至 70 年代初开始出现无人机，但发展神速。国外媒体特别是美国媒体不断强调中国无人机能力远远落后于美国且忙于复制美国的设计以及利用各渠道努力获取无人机驾驶技术。国外媒体在炫耀本国的同时在贬低中国，更是在轻视中国人的能力和智慧。实际上，中国无人机同中国各类战机的研发是一致的，当然会受到国外无人机模型的启示，但中国有智慧的领导人高瞻远瞩，在着眼于未来战争的先决条件下，决定启动中国无人机的研发工作，从而使中国实现了从“无”到“有”、从“有”到“用”的历史性转变。可以说，中国的无人机先是以飞机模型的形式出现，并在部分部队作为业余爱好的形式发展起来的，特别在过去近 20 年里，中国部队里有少部分人研究与制造类似于无人机的飞机航模，发展到运用这种航模进行演习中的侦测，逐步得到重视后投入相当可观的资源用于研究与制造，同时逐步建立起当今大规模的、种类齐全的富有创新性的无人机系统部门，致使中国无人机发展呈现如今的体系化、规模化、创新性发展。

（二）中国无人机的发展

如今中国的无人机部门包括正式的大型飞机公司、新兴的无人机特种公司。无人机的研发还从巡航导弹研发中获益，中国主要的航空院校也对无人机发展作出了巨大贡献。中国已制造了三款与美制 RQ－4“全球鹰”无人侦察机同样配备“V”形尾翼的无人机模型，它们分别是成都飞机工业公司的“翔龙”无人机和“翼龙”无人机以及贵州航空工业集团的 WZ－2000 型无人机。到目前为止，中国针对某一作战或侦测需要而都有专门针对性的无人机设计、制造与应用，比如为对付美国航母战斗群而研发的抗干扰无人机——SW－6 无人机可使美军航母的防空雷达和通信系统瘫痪；在 2006 年的珠海航展上，沈阳飞机公司展出了三角形的“暗剑”隐身超音速无人作战飞机的概念机代表着中国潜在无人机的发展；在 2008 年的珠海航展上，中国航天科技集团公司展示了一款CH－3 型中空长航时无人作战飞机采用了鸭式布局，水平尾翼置于主翼之前。

关于无人侦察机方面，中国可追溯到 20 世纪 60 年代，中国修复了美国在中国和越南北部坠毁的 AQM－34N Firebee“火蜂”（Firebee）无人侦察机，并相应生产出了 WZ－5 型无人机，以此为起点，中国无人机开启了蓬勃发展之路。截至当前，中国无人机的发展总共经历了三个阶段：模仿阶段、自主研发阶段、创新型发展阶段，而且每一阶段都有不同类型的无人侦察机样机和批量装备部队。当然，中国研制无人机的过程同时伴随着交互涡轮式无人发动机的研制过程，现已拥有高空长航时型（HALE）、中空长航时型（MALE）和无人作战飞机（UCAV）三种无人发动机，更进一步促进了中国无人机的研制进程。到目前为止，中国已掌握实时部署无人机的复杂技术，只是在全域部署的整体调度和使用方面还处于初级阶段。

关于超长航无人预警机方面，中国已经走在了世界前列。中国超长航无人预警机功能与现在的舰载预警机类似，但经过隐身设计后若不打开雷达的情况下极难被发现。机身上装备了数字化有源相控阵雷达，可将雷达信息直接传送到航母的作战/预警指挥中心，信息进行分析处理后，再向战斗/攻击机下达命令，非常符合现代网络中心战的潮流和信息化作战部署。

关于空中格斗无人机方面，攻击无人机是中国军用无人机的主要发展方向，并尽量向美国相关方面研究靠拢，主要用来在距离所防卫目标较远的情况下摧毁来袭的导弹，以有效应对反导导弹反应时间长、拦截距离近、拦截成功后的残骸对防卫目标有损害的不足。例如，中国得到以色列于 1994 年生产的数量不明的“哈比”反辐射无人机，并以此为蓝本，通过升级“哈比”无人机，进而制造出超强型反辐射无人机，具有自动搜索、全天候攻击和同时攻击多个目标的能力。

关于隐形无人机方面，中国将许多先进的隐形技术应用到无人机的研制上，以达到 5 倍音速飞行。一是采用复合材料、雷达吸波材料和低噪声发动机，除无人机的主梁外，几乎全部采用了石墨合成材料且对发动机出气口和卫星通信天线作了特殊设计，飞行高度在 200 米左右时难以觉察，在 1 000 米以上时难以探测；二是采用限制红外光反射技术，在机身表面涂上能够吸收红外光的特制油漆并在发动机燃料中注入防红外辐射的化学制剂；三是减小机身表面缝隙，减少雷达反射面；四是采用充电表面涂层具有变色的特性，从地面向上看，无人机具有与天空一样的颜色，从空中往下看，无人机呈现与大地一样的颜色。

关于袖珍无人机方面，中国正在研制一种机长和翼展都不足 20 厘米的微型无人机。它续航时间为 3 小时左右，航程达 1 000 千米，既可飞入建筑物内进行侦察，又可作为视听监视哨附着在建筑物或装备上，以用于执行特殊任务的情况下进行监视。总而言之，中国的无人机不仅仅限于以上介绍的几种，还有长空一号无人机、长空二号无人机、无侦-5 无人机、无侦-9 无人机、ASN-206 无人机等系列。无论哪一系列的无人机，都承载着中国人的智慧和汗水，更成为中国人的骄傲。

（三）中国民用无人机的崛起

中国民用无人机源于 20 世纪 80 年代。1980 年 3 月，就在中国无人机市场还以军需为主时，陕西省科学技术委员会委托西北工业大学研发了一种多用途无人驾驶飞机 D-4，主要用于航空测绘和航空物理探矿。1982 年，四架样机和两套地面设备研制完成，几个月后进行了第一次成功试飞。1983 年 12 月，D-4 通过技术鉴定，被认为是一项水平较高的综合性技术成果，并于 1995 年投入小批量生产。可以说，D-4 开创了中国无人机军用转民用的先河，是真正意义上的第一款民用无人机型号。

20 世纪 90 年代至 2006 年，民营企业陆续加入民用无人机的研发队伍中，产出了少量低端产品。但这一阶段的产品尚不成熟，主要用于科研，无法量产和普及。这期间，1996 年西安爱生技术集团公司（前身为西北工业大学无人机研究所）研制出具有里程碑意义的 ASN－206 中短程多用途无人驾驶飞机，实现了无人机的军民两用。在军事上，该无人机可用于空中侦察、战场监视、侦察目标定位、校正火炮射击、战场毁伤评估和边境巡逻；在民用领域，可用于地球物理探矿、灾情监测和海岸缉私。

2007 年到 2012 年前后，民用无人机制造商如雨后春笋般涌现，与此同时，军工集团也开始涉足民用领域。这期间，2008 年，面向民用领域的长航时中空无人机“黔中 1 号”顺利首飞。

2012 年前后至今：以大疆产品为代表的无人机向消费级市场展开强烈攻势，使无人机真正走进了大众视野；Phantom3 的问世，让航拍成为流行；零度智控、奇蛙、云顶智能等众企业的参与，更是将消费级无人机市场推向了红海。短短几年间，民用无人机行业呈现出了巨大变革，迎来了前所未有的发展盛世。

今天，无人机领域可谓群雄纷争、烽烟四起。传统无人机厂商不断取得技术性突破，新兴企业正进入大众视野。无人机制造业和服务业都在这个时代得以兴起和发展。究其根源，民用无人机行业崛起的原因主要有四点。第一，飞控系统开源，入行门槛降低。飞控系统开源是民用无人机行业崛起的“导火索”。Arduino 是早期的开源飞控之一，为后续衍生品的诞生起到了推动作用。随后，APM（ArduPilot Mega）飞控真正引爆了市场，成为当今技术十分成熟、用户最多的开源项目。目前，开源飞控主要有 APM、PPZ（Paparazzi）、PX4、Pixhawk、MWC（Multi Wii Copter）、OpenPilot 等。从一定程度上讲，开源使得无人机制造领域的入行门槛降低，甚至有些消费者可以自己购买零部件，开发 DIY 无人机。第二，产业链逐渐完善。工业产业链配套的完善是中国民用无人机行业发展的“助推器”。近几年来，很多中国企业已从传统的代工模式转为自主研发，使得产业链上、中游的布局逐渐完善，从而推动“中国制造”向“中国智造”转型。此外，以飞手培训和数据采集为代表的无人机服务业正在兴起，使产业链下游的布局得以改善，既便捷了产业链的前端，也造福了终端用户。第三，硬件成本下降。近年来，硬件正在向小型化、低功耗和低成本方向迈进，这为无人机制造业创造了良好的发展环境。以锂离子电池为例，伴随着能量密度的不断提高，锂离子电池的价格已经从 2006 年的近 1 300 美元/千瓦时降至 2015 年的近 300 美元/千瓦时。另外，面向消费级领域的 MEMS 惯性传感器于 2011 年开始大规模兴起。市场需求的增加，使得制造商的数量猛增，竞争加剧，MEMS 惯性传感器单价不断下降，量产后仅售不足 1 美元。第四，市场需求持续增加。归根结底，无人机行业的发展趋势取决于市场需求。技术的进步使得无人机的应用领域逐渐扩大。凭借着安全、便携、易部署等优势，无人机愈发受到行业用户和普通消费者群体的青睐。目前，民用无人机的用途已达到 600 多种，我国的民用无人机企业近 400 家。无人机在我国的警用安防领域已经初具规模，在农业作业和电力巡线方面发展迅速，商业航拍应用前景广阔。

（四）无人机的发展前景

未来几年，在无人机硬件不断涌入市场的同时，相关服务体系也将逐渐完善，最终形成一套完整的产业链。研究机构 EVTank 此前在《2015 年度民用无人机市场研究报告》发布的数据显示，2014 年全球无人机销量约为 39 万架，其中军用无人机约占 4%，民用无人机约占 96%；2014 年中国无人机销量约 2 万架，其中军用无人机约占 1.4%，民用无人机约占 98.6%；2014 年中国民用无人机销售规模达到 40 亿元；2015 年，全球民用无人机销量可能达到 57 万架。2018 年，中国民用无人机产品销售市场规模达到 110.9 亿元。2018 年，中国民用无人机产品销售市场规模达到 17.9 亿美元。美国蒂尔集团（Teal Group）发布的报告指出，未来十年（2015—2024 年），无人机将继续成为世界航天航空工业最具活力的市场，全球无人机采购支出将翻两倍。2019 年，中国市场消费级无人机出货量达到 300 万台。未来 3 年，无人机将会应用到更广泛的领域。其中，航拍无人机的出货量有望增长 7 倍以上。根据宇辰网的预计，未来五年我国无人机服务市场规模将超过 200 亿元，其中运营服务将以 49%的份额占据半壁江山，电商和租赁服务也将分别凭借着 16%和 15%的比重位居前列。

（五）无人机将助力“工业 4.0”

“工业 4.0”的核心是连接，即将生产线、生产设备、产品、供应商和客户联系在一起；本质是数据采集和处理，包括研发数据、生产数据、产品数据、工业链数据、运营数据、管理数据、销售数据和消费者数据；手段是集成，就是将不同的传感器、嵌入式中端系统、智能控制系统、通信设施通过 CPS 形成一个智能网络，通过该网络，人与人、人与机器、机器与机器，以及服务与服务之间，能够形成互联，从而实现横向、纵向和端到端的高度集成。

在连接方面，无人机作为空中中转站，可发挥通信中继的功能，解决复杂地形条件下的电波覆盖问题，为连接提供一个安全稳定的节点，保障数据连接和传输的畅通。

在美国，无人机、直升机、系留飞机、飞艇等空中平台进行的中继操作，已经实现了超视距传输，可满足指挥、控制和信息交流等多种需求。而我国的空中通信技术还处于理论分析和尝试阶段，距离实用化还有一定差距。

在数据采集和处理方面，无人机作为会飞的传感器，使人类的视野和感知延伸到了空中，使人类对物理世界的认识提到了一个新的水平。无人机强大、精准的数据采集功能，说是大数据革命也不为过。农业领域的用户可以利用无人机获取整个农场的数据，再利用软件进行数据分析，以发现灌溉是否均匀、土壤的颜色变化和植物生长状况等，并根据分析结果来及时调整种植措施，合理分配资源，在减少浪费的同时，改善农作物的收成。对厂商而言，他们可以借助无人机模拟 WiFi 热点，探出移动设备的 MAC 地址，并根据信号强度等特征对设备进行定位，最终通过信息汇总，绘制出被探测群体的运动轨迹图，从而掌握消费群体的习惯。

当今的无人机领域已经呈现出了从技术创新到产品创新、模式创新，再到业态创新，最后到组织创新的发展态势，而行业的创新发展将有利于智能社会的构建，对于工业 4.0 而言也是极大的助力。

五、IT 助推传统产业升级

随着新时代的到来，我国经济已由高速增长阶段转向高质量发展阶段，正处在转变发展方式、优化经济结构、转换增长动力的攻关期。从传统产业来看，随着要素成本上升、资源环境压力加大、产能过剩持续以及后发国家工业化和发达国家再工业化的双重挤压，以往依靠要素驱动和依赖低成本竞争的增长模式越来越难以为继，迫切需要转型发展。因此，如何重塑传统产业的竞争优势，是当下我们亟须思考和应对的问题。目前来看，传统行业大规模、线性控制的旧有发展模式，难以适应当前不稳定的发展环境，为适应新形势，变革势在必行。

（一）"互联网＋传统产业"引发变革

未来的制造业，一定不是现在的以大生产、大批量、大工程的形式来表现的制造业，而是以满足客户需求，甚至是创新客户需求来产生的新的制造形态。因此，以互联网创新发展为杠杆，利用社交媒体、移动互联网、数据分析和云计算（SMAC）等数字技术从互联网产业不断向传统产业的延伸、渗透，驱动新产品、新模式、新业态不断涌现，进而引发传统产业发展理念、用户角色、业务形态、生产要素、组织模式和管理模式的深刻变革，并推动传统产业的技术进步、效率提升与组织变革，正成为我国传统产业转型发展的新方向和经济发展的新动力。

从企业实践来看，根据调查显示，许多中国企业都认为正在利用物联网的道路上阔步前行，几乎所有的受访者都表示，所在企业正评估或积极利用这些产品。近半数的受访者确认，企业已经部署了至少一款互联产品，30％表示正在评估如何利用物联网（其中部分正在展开试点项目），而另外 20％则表示已经完成了对物联网相关产品的评估，并在积极筹备推广工作。从整体来看，以互联网为商业基础设施、由消费者所驱动、能够实现大规模定制乃至个性化定制的 C2B 商业模式，在中国的服装、箱包、鞋帽、家电、家居等诸多行业和企业中已经开始了快速发育。

目前，中国制造业利用互联网或电子商务转型升级大致可以分为两个层面：一是利用电子商务开辟的内需市场，转型成为品牌商，向所谓的"价值链高端"攀升；二是利用互联网、大数据，促进生产与市场需求的更紧密协同，同时生产技术、生产方式、管理方式都发生重大变化，适应市场的能力明显提升，最终表现为有效产出、库存和运营费用的大幅改善。因此，对于传统产业转型升级，“互联网+”的作用不仅仅体现在基于互联网的经济交易活动，而且体现在生产制造环节中应用互联网技术，更是体现在创新要素的网络化聚集、开放和共享，加速产业整体竞争力的提升。

（二）传统产业全价值链探索实践“互联网+”

互联网对传统产业的影响贯穿研发设计、生产制造以及产品服务等全部价值链环节，不仅降低了产销间的信息不对称、打破了企业的封闭研发模式，而且“在线化、数据化”的特征和优势还可以加速推进传统产业的柔性化生产，并催生出一套新的商业模式——C2B（Consumer to Business）模式，即消费者驱动的商业模式，这就使得中国制造业整体转型成为可能。

例如，在推动研发设计方面，商飞公司部署的全球协同研发云平台，已经成为能够集中管理供应链上跨地域的合作伙伴的各类研发活动的调度中心，全部设计、测试数据在平台上可实现高速交换和共享，促使在研产品的成熟周期大大缩短，综合研发成本成倍降低。海尔集团则以“世界就是我的研发部”理念搭建了海尔开放创新平台（Haier Open Partnership Ecosystem，HOPE），支撑了海尔快速的创新和颠覆。在天樽空调、智慧烤箱、匀冷冰箱等产品的研发过程中，海尔将全球多家顶尖的研发团队、用户及领域专家的智慧与创意集聚到一起，真正让全世界的用户和资源都参与到产品研发过程中，提高了研发效率，降低了研发成本，推动了研发设计新模式的发展。

再如，在推动生产制造方面，江苏建湖的荃航阀门公司采用“互联网+制造业”模式，即工人们在公司车间的各个机床操作台前根据录入系统的图纸进行生产操作，公司客户则通过互联网可以随时看到车间操作的全过程，完成订单。这个过程不仅推动了生产方式智能化，也使产品本身智能化，更推动了产品设计、销售、完善过程的互动，精准对接需求侧。中国航天科工集团公司第二研究院则通过研制的“云制造”公共服务平台“天智网”，以航天产品研制生产为实体模型，将集团公司包括设计模型、专业软件、3D打印机、数控机床等七大类百余种软硬件生产资源以资源池的形式进行共享，将社会化的制造资源与能力集成整合，实现产业上下游多用户、多任务的并行协同工作，并通过“云服务”的方式为企业在线提供其所急缺的业务要素，实现线下资源线上配置。具体实施时，整个过程可以进行细分，每一道工序都有不同的加工中心，一旦某一加工中心出现任务超标情况会立即自动报警，提醒管理人员在企业外部寻找相应的制造资源，从而有效提升企业业务能力，降低企业的运营成本，提高生产效率。

又如，在产品服务方面，把C（消费需求端）当作原点，把B（供应端）当作终点，部分企业正在探索从设备制造商向综合服务商的转变。工程机械领域的徐工集团、三一重工等企业，纷纷利用传感器、移动互联网等方式对真实机械设备的原始工况数据进行采集分析和远程检测，实现对已售出产品工作状态数据的实时监测，为用户企业提供报警管理、系统维护等基本服务。这个过程不仅使得设备的定期服务由被动变为主动，例如，根据工作时间、历史轨迹、当天油耗、液压油温度等指标向用户提出更换滤芯等保养和售后服务的建议，而且能在设备发生故障时通过远程控制防止事故的发生，并提前分析故障原因，使维修准备工作更加充分并缩短维护时间，更是为制造企业改进产品设计、提高产品质量提供了可靠依据，降低了改进成本，并逐步实现了以产品制造为核心的发展模式向依托产品提供综合服务的转变，推进了制造企业的“服务化”。

（三）IT 产业为传统行业升级改造提供新的动能

2020 年 3 月 4 日，中共中央政治局常务委员会召开会议，研究当前新冠肺炎疫情防控和稳定经济社会运行重点工作。会议强调，要加大公共卫生服务、应急物资保障领域投入，加快 5G 网络、数据中心等新型基础设施建设进度；同时在央视新闻报道中明确，“新基建”是指发力于科技端的基础设施建设，主要包括七大领域：5G 基站、特高压、城际高速铁路和城际轨道交通、新能源汽车充电桩、大数据中心、人工智能和工业互联网。“新基建”至此浓墨重彩地走向前台。

结合当前严峻的疫情形势，“新基建”被寄予厚望，从短期来看，“新基建”是为了“稳投资”，以投资扩大内需，促进经济的发展，而投资的方向则从传统的基础设施转向以 IT 基础设施为代表的新型基础设施。从中长期来看，“新基建”的投资作为载体，推动传统行业数字化、网络化、智能化，在万物互联、人机智联的数字时代，数字经济将成为新的增长点。纵观“新基建”的七大方向，其中与 IT 相关的产业有 4 个：大数据中心、人工智能、5G 基站和工业互联网。“新基建”对于 IT 产业的重视程度可见一斑。

“新基建”的核心是以基础建设为出发点，促进行业应用服务的发展，有别于传统的基础设施建设。“新基建”从产业链的角度来看，上游的硬件厂商、中游的平台技术厂商以及下游的服务应用厂商都是至关重要的一部分。

在大数据中心建设方面，2019 年数据中心建设市场规模为 1 680 亿元，预计 2025 年达到 4 582 亿元。从市场角度来看，2020 年年初的疫情让无接触服务、在线办公、远程医疗等信息化被越来越多采用，数据中心作为底层基础设施将会发挥更加重要的作用，同时随着云计算的发展，大数据中心开始升级为“云数据中心”，特点是服务器、存储、网络、应用等高度虚拟化，用户可以按需调用各种资源。而在未来大数据中心的建设中，高密度数据中心、边缘数据中心以及液冷等新技术的研究将进一步发展，同时，数据中心新型网络设备、存储与服务器技术的研发和产业化也将更受重视。从我国的厂商角度来看，浪潮作为老牌服务器厂商，目前聚焦发展智慧计算，将云、AI、大数据等新兴应用作为战略重点，这些新兴应用的 IT 基础架构设施一直是浪潮的主体业务构成。浪潮具备从芯片、板卡、整机到平台软件的全栈方案开发能力，特别是在服务器定制化领域，先后在高密度计算、大数据、分布式块存储、冷数据存储、人工智能、网络功能虚拟化（NFV）等领域形成了适合于典型运营商务场景的完整的产品群，相关产品已经在中国电信的现网获得了广泛应用，有效地促进了降本增效。

在5G建设方面，预计2020—2025年，5G网络总投资额在0.9万亿元～1.5万亿元。随着网络部署持续完善，各行业在5G设备上的支出将稳步增长，成为带动相关设备制造企业收入增长的主要力量，来自用户和其他行业的终端设备支出，预计到2025年为1.4万亿元。从市场角度来看，各行业的厂商现阶段对5G的战略布局较少，并且目前的4G网络性能可以满足业务对网络的需求。从网络对行业整体的影响顺序来看，最先提升的将会是各行业产业链上游硬件与技术环节，当企业具备核心能力后，将会提升企业对行业以及用户的想象力，进而萌发出更多的商业模式和功能服务，最后提出解决方案，为个人和企业提供真正意义上5G时代的解决方案和服务。从厂商角度来看，中国信息通信科技集团有限公司从承载技术、配套芯片、器件模块、软件协议、整机到整体解决方案实现端到端同步布局，以“宏站＋微站＋皮站，高低搭配等”多种形式组合，快速低成本打造立体覆盖网络，助力运营商精准、快速、低成本地解决室内外多种场景覆盖问题。

在工业互联网方面，2019年中国工业互联网市场规模达到了6 261亿元，预计2023年突破万亿元。从产业链角度来看，工业制造一般分为研发设计、生产制造、营销服务三大区间，当前中国工业主要业务集中于生产制造环节，形成了产业“低附加值陷阱”。

伴随着工业互联网的发展，产生了一批新的技术。这些新的技术也使得产业链产生了新的价值创造模式，利用用户协同、技术革新，促进对工业研发设计改造；鼓励自主品牌建设、完善服务水准，驱动用户消费潜能，即从研发设计、营销服务两端向生产制造环节渗透，实现价值交换创造，推动效益最大化发展。从厂商角度来看，在疫情期间，海尔的灯塔工厂通过应用5G智能无接触测温、人员轨迹可视、大规模定制、IMES智能生产、RFID智能识别、IWMS智慧物流等全流程互联系统，实现远程协助、大数据预警及人员自培育的信息互联技术，保障了互联工厂的安全复工生产。

在人工智能方面，2019年市场规模为780亿元，预计2022年人工智能技术的市场规模将达到5 580亿元。从市场角度来看，随着人工智能市场的进一步扩大，规模化的需求将有利于整合产业链上下游，进一步降低成本，提高AI产品的性价比，由概念走向消费品。各大头部平台厂商纷纷推出低门槛甚至无门槛的人工智能开发工具，这使得人工智能技术走向神坛，在更多领域实现普及。目前，人工智能的作用以替代简单的重复性劳动为主，这主要受限于算法和算力瓶颈。类人脑芯片的研发加快，可能推动新的算法出现，使强人工智能的出现成为可能，人工智能的价值也将从提升效率扩展到创造性工作中。从厂商角度来看，百度目前已形成以自研深度学习平台 PaddlePaddle、自研可量产芯片和丰富的数据内容三大 AI 推动力为一体的底层能力平台，并将其开放出来，赋能更多行业。百度 AI 开放平台目前已成为国内日调用量最高的 AI 开发平台，更多开发者得以获得应用 AI 的底层能力，推动 AI 产业落地。

“新基建”将为社会发展带来巨大变化，同时为传统产业提供新动能。这主要体现在三个方面。首先，“新基建”为经济增长提供新动能。数字经济的发展离不开基础设施完善，“新基建”既是基础设施的投资，也是数字产业的投资。5G、大数据、人工智能、工业互联网的发展，将为传统产业的升级改造提供新动能，同时相关产业链的发展也将引领新经济发展迈向一个新的高度，为数字经济的发展提供支撑。其次，“新基建”有望实现弯道超车。疫情期间，线上会议、健康码、远程医疗、工厂智能管理等“新基建”服务广泛应用，疫情加速推进了数字化进程，也推进了经济的数字化进程。数字化程度的快速提升，将催化新技术、新产品的研发，“新基建”有望借这次危机实现部分产业的弯道超车。最后，“新基建”助力产业升级。此次疫情暴发将很多遗留问题暴露出来：政府数字化程度较低、工业大而不强等。通过大力发展“新基建”，人工智能、工业互联网等应用场景的落地将帮助传统企业完成产业升级，从而提升企业的生产效率以及质量。

第三节 IT 生活的丰富多彩

一、中国式的共享经济

共享经济是指拥有闲置资源的机构或个人，将资源使用权有偿让渡给他人，让渡者获取回报，分享者通过分享他人的闲置资源创造价值。

在共享经济中，闲置资源是第一要素，也是最关键的要素。它是资源拥有方和资源使用方实现资源共享的基础。共享经济概念下的闲置资源可以理解为：该资源原本为个人或组织自身使用，在没有处于使用状态或被占用的状态时，即为闲置资源。共享概念早已有之。传统社会里，朋友之间借书或共享一条信息，包括邻里之间互借东西，都是一种形式的共享。

共享经济这个术语最早是由美国得克萨斯州立大学社会学教授马科斯·费尔逊（Marcus Felson）和伊利诺伊大学社会学教授琼·斯潘思（Joel Spaeth）提出的，其主要特点是：包括一个由第三方创建的、以信息技术为基础的市场平台。这个第三方可以是商业机构、组织或者政府。个体借助这些平台，交换闲置物品，分享自己的知识、经验，或者向企业、某个创新项目筹集资金。经济牵扯到三大主体，即商品或服务的需求方、供给方和共享经济平台。共享经济平台作为连接供需双方的纽带，通过移动定位应用、动态算法与定价、双方互评体系等一系列机制的建立，使得供给方与需求方通过共享经济平台进行交易。

但这种共享受制于空间、关系两大要素。一方面，信息或实物的共享要受制于空间的限制，只能仅限于个人所能触达的空间之内；另一方面，共享需要有双方的信任关系才能达成。

2000年之后，随着互联网Web 2.0时代的到来，各种网络虚拟社区、BBS、论坛开始出现，用户在网络空间上开始向陌生人表达观点、分享信息。但网络社区以匿名为主，社区上的分享形式主要局限在信息分享或者用户提供内容（UGC），而并不涉及任何实物的交割，大多数时候也并不带来任何金钱的报酬。

2010年前后，随着Uber、Airbnb等一系列实物共享平台的出现，共享开始从纯粹的无偿分享、信息分享，走向以获得一定报酬为主要目的，基于陌生人且存在物品使用权暂时转移的“共享经济”。

“2016年世界分享经济高峰论坛”是于2016年11月8日—10日在澳门召开的世界自由贸易大会暨博览会的主要论坛之一，本届高峰论坛的主题是：万亿美元的分享经济投资机会。这届论坛是全球分享经济投资领域高级别论坛，是国际分享经济投资、运营、合作、人才交流合作平台。

从狭义来讲，共享经济是指以获得一定报酬为主要目的，基于陌生人且存在物品使用权暂时转移的一种商业模式。

共享经济的五个要素分别是：闲置资源、使用权、连接、信息、流动性。共享经济的关键在于如何实现最优匹配，实现零边际成本，要解决技术和制度问题。

共享经济的本质是：整合线下的闲散物品或服务者，让他们以较低的价格提供产品或服务。对于供给方来说，通过在特定时间内让渡物品的使用权或提供服务，来获得一定的金钱回报；对需求方而言，不直接拥有物品的所有权，而是通过租、借等共享的方式使用物品。共享经济的关键词其实就是闲置物品使用权的短暂转移。

嘀嗒拼车创建的目的就是实现资源共享，同一段路程采用拼车的方式就可以大大提升效率和利益。而被誉为“新四大发明”之一的共享单车，为人们的出行方式带来了全新的体验，而且共享单车倡导的低碳出行方式为我们的环境贡献了不小的力量。杨磊，哈啰单车创始人，表达出了更深层次的共享单车出行理念：共享出行未来是很美好的生活方式。在共享单车行业，哈啰单车的品牌影响力也许并不响亮，不过在经历了激烈的竞争洗礼过程中，顽强地屹立在市场。作为新时期的科技企业，哈啰单车建立以来已经成功申请超过 300 个专利，这些专利都和共享单车的硬件技术、管理方面相关，而且很多专利已经授权给海外的共享单车企业使用。像利用 GPS 的电子围栏技术和导流技术，为共享单车在规范使用和停放的过程中起到了关键作用，这大大减轻了市政管理成本。

因此，共享经济主要需要解决的问题是如何最大效率、最低成本的实现最优匹配，就是说如何保证我闲置的东西能到使用者的手上，而对方使用完之后物品能完好无损地回到我手上，且这个过程产生的成本是最低的。不知不觉间，共享经济已经成为中国人日常生活的一部分：共享出行、共享充电宝、共享房屋……值得一提的是，共享单车服务发轫于中国，是完全意义上的“中国式创新”，无论是设计水准还是制造工艺，都是“中国创造”“中国智造”的典型代表。共享单车已经成为中国的一张新名片。

共享经济在中国高速发展，不但经济规模持续扩大，而且各类创新商业模式层出不穷。在交通出行领域，共享经济参与者持续增长，其中共享单车用户增长最快；在住宿领域，共享经济也快速发展，2017 年中国共享住宿市场交易规模预计可达 125.2 亿元，相比 2016 年交易额增长 42.6%。此外，共享汽车也开始进入快速发展期。北京、上海、广州、重庆等地开始出现多家共享汽车平台，EVCARD（汽车租赁）用户数超过 75 万。

共享经济现在在其他各行各业领域均如雨后春笋般冒出来，比如雨伞项目，解决了最后一公里的临时雨伞问题。面临突然下雨，每个人都会想到叫一辆出租车，但是在雨中打车是非常困难的，需要漫长的等待。而共享雨伞就解决了雨中打伞的问题，但几乎所有的共享雨伞都是采用押金加租金的收费，带有租赁的性质、盈利的目的，而非最原始意义上的无偿分享资源。

目前肯德基的共享雨伞做得相当好，全国有超过 5 000 家店可以为肯德基的小红伞提供地方。现在苏州的 107 家餐厅都配备了 12 个红色小伞，等待着需要的人。肯德基结合蚂蚁信贷完成信用担保，只要客户的芝麻信用积分达到 600 分，就可以免费借用小红伞 3 天。在此期间，即使有意外损坏，也不需要补偿，真正实现了共享。在支付宝的帮助下，借伞的过程是：打开支付宝—扫描电码—工作人员打开伞。回伞过程是：打开芝麻信用—向员工出示二维码—还伞。除了小红伞项目，肯德基还有“捐一元”、天使餐厅、小鸟基金项目等，这些深深地植根于人民的心中。因此，肯德基告诉我们，共用雨伞是一门“好生意”。

共享经济离不开 IT 业，“共享经济”是云计算、物联网、移动互联网等技术大发展所催生的产物，将为 IT 行业带来巨大商机。

二、大城市的标配——城市大脑

城市大脑，能将散布在城市各个角落的数据连接起来，通过对大量数据的分析和整合，对城市进行全域的即时分析、指挥、调动、管理，从而实现对城市的精准分析、整体研判、协同指挥。类似于“城市大脑”这样的智慧城市系统，正在逐渐成为大城市的“标配”。

目前，城市大脑对城市最突出的贡献在于治理城市“交通病”，城市大脑将所有人、车、道路数据都接入系统，通过人工智能分析技术，把庞大的数据转化为科学合理的业务模型，由此形成城市交通实时大视图，以此来完成城市交通系统的调度和管理。举例来说就是，城市可以每15分钟根据摄像头看到的交通情况更新红绿灯的策略。从效果来说，城市大脑使得高峰期间平均行车速度提升了15%，120救护车到达现场时间缩短了一半。除此之外，城市大脑在城市的空间布局和设施配置、事件预警网络和协同治理体系建立、政务服务管理体系的创新、快速反应安全防控机制的完善以及大气污染防治等方面表现不俗。在警务、刑侦、交通安防等场景中，城市大脑扮演着越来越重要的角色。城市大脑基于城市所产生的数据资源，实现数据互联互通。一座城市离不开水、电、气、路，它们无限交织，为城市运转提供源源不断的资源。而今，还有一张巨大的无形之网——数据。数据资源成为城市最重要的资源，有效运用数据实现城市的科学治理和智慧决策，被称之为“城市大脑”。城市大脑利用丰富的城市数据资源，对城市进行全局的即时分析，有效调配公共资源，不断完善社会治理，推动城市可持续发展。

最典型的例子要数杭州了。杭州城市大脑，是为城市生活打造的一个数字化界面。市民凭借它触摸城市脉搏、感受城市温度、享受城市服务，城市管理者通过它配置公共资源、作出科学决策、提高治理效能。杭州的城市大脑包括警务、交通、文旅、健康等11大系统和48个应用场景，日均数据可达8 000万条以上。杭州城市大脑起步于2016年4月，以交通领域为突破口，开启了利用大数据改善城市交通的探索，如今已经迈出从治堵向治城跨越的步伐，取得了许多阶段性成果。目前，杭州城市大脑的应用场景不断丰富，已形成11大系统、48个场景同步推进的良好局面。2020年3月31日，习近平总书记在杭州城市大脑运营指挥中心，观看“数字杭州”建设情况，了解杭州运用健康码、云服务等手段推进疫情防控和复工复产的做法。习近平说，城市大脑是建设“数字杭州”的重要举措。通过大数据、云计算、人工智能等手段推进城市治理现代化，大城市也可以变得更“聪明”。从信息化到智能化再到智慧化，是建设智慧城市的必由之路，前景广阔。

杭州城市大脑建设提出了“531”逻辑体系架构。“5”即“五个一”：打通“一张网”，一张确保数据无障碍流动的网，通过统一标准，支撑“城市大脑”的数据资源需求；做大“一朵云”，一朵将各类云资源连接在一起的“逻辑云”；汇聚“一个库”，形成城市级数据仓库，同时做好数据治理，确保数据鲜活、在线；建设“一个中枢”，作为数据、各系统互通互联的核心层，实施系统接入、数据融合、反馈执行；建强“一个大脑”，在全市实施统一架构、一体化实施，彻底打破各自为政的传统建设模式，实现市、区两级协同联动，防止重复建设。“3”即“三个通”：第一个“通”是市、区、部门间互联互通；第二个“通”是中枢、系统、平台、场景互联互通；第三个“通”是政府与市场的互联互通。“1”即“一个新的城市基础设施”。“城市大脑”通过全面打通各类数据，接入各业务系统，实施融合计算，将为城市建设一个会思考、能迭代进化的数字化基础设施。未来，“城市大脑”将会随时为杭州市民、来杭游客提供服务，如同道路、水电一样，成为必不可少的基础设施。

杭州智慧大脑的典型应用场景有以下几方面：(1) 舒心就医：舒心就医“最多付一次”服务把原来的医生诊间、自助机多次付费减少到一次就诊就付一次费。(2) 多游一小时：包括“10 秒找空房”“20 秒景点入园”“30 秒酒店入住”和“数字旅游专线”四大便民服务。(3) 便捷泊车：“便捷泊车·先离场后付费”是停车系统首个便民服务。“先离场后付费”的车主，不需要做出任何行为即可快速离开停车场，为车主节省离场时间。同时，车主一次绑定，全城通停，停车系统为市民提供了“全市一个停车场”的便民体验。(4) 一键护航：使救护车在不闯红灯、不影响社会车辆的前提下，安全、快速、顺利地通过每一个路口，打通全自动绿色通道。(5) 非浙 A 急事通：外埠人员如有来杭就医、学习、开会、办事等需求，可通过提前申请，在早晚高峰时段进入错峰限行区域，一年内有 12 次申请机会。

而郑州在如此的大背景下也不甘落后，2020 年伊始，“扫码”成为很多人对新冠肺炎疫情防控最深刻的记忆，一张张为疫情下的郑州带来安全感的二维码，一次次“三色”验证结果的生成，便是城市大脑启动后的首场“实战演习”……在随后的一年里，政务服务“掌上办”“零材料”“刷脸办”；停车引导、一键导航的智慧化停车服务；让郑州电梯救援时间缩短为 10 分钟，比国家规定的 30 分钟减少了三分之二的电梯指挥救援系统；以及能够实现患者上了救护车，就相当于住上了院的 120 智慧生命通道……郑州城市大脑以其越来越强大的思考力，支持着越来越多智慧场景的诞生。2019 年 8 月，郑州市城市大脑全面启动，4 个多月后，疫情防控阻击战在全国范围内打响，此时城市大脑基础平台搭建工作已完成，上亿条数据从 40 多个部门汇聚而来，郑州疫情防控一体化平台搭建迅速启动，仅用 3 个月时间就完成了“1＋10”立体化疫情防控系统的搭建，它不仅是一面数字化防御盾，更是城市应急系统的数字化实战演习。

有了疫情防控这一硬核经验，在城市大脑这一基础底座上，郑州的数字化发展驶上了新的赛道，并逐步实现了弯道超车。截至 2020 年年底，依托城市大脑的开发系统超过 150 个，涵盖了 18 个业务领域，接入了 59 个部门数据，累计归集数据量超过 223.7 亿，联通了政务服务、交通出行、医疗健康等 14 个部门、18 个领域的 118 个数字化应用场景。借力城市大脑，郑州逐渐实现“一网通办”“一网统管”相结合的数字化城市治理新局面，郑州数字治理指数位列全国第七，进入数字治理一线城市行列。以“郑好办”App为依托的“一网通办，一次办成”政务服务能力提升，上线政务服务、便民服务数量总计487项，累计注册用户近180万，累计办件申请量73.9万，办结量73万，日均办结成功率达85%。目前，城市大脑已经联通了城市管理、生态环境、交通出行、医疗健康、文化旅游、应急管理、市场监管等诸多领域，实现了系统共同、数据共享，加之人工智能技术对城市资源进行合理调度，从而逐步实现“一网统管”以提升城市精细化、智能化管理水平。系统上线后实现了对疫情个例的发现、上报、解决时效提升至小时甚至是分钟响应的效率，覆盖全市交通、小区、企业的立体化疫情防控体系，更是形成了智能化闭环式管理的防控模式。在急救工作中，时间都是以秒来计算的，哪怕快一秒钟，救治的成功率就会提高许多，数字化的参与能够帮助病患争取更多的时间。目前，郑州城市大脑已经在部分医院试点了智慧生命通道，患者呼唤120救护车的时候，医院就可以通过身份证号调取患者的健康档案，在救护车内就能进行治疗检测。同时，治疗信息也会即时同步到最近的急救中心，减少患者等待时间。据统计，郑州120突发心梗救治时间最快用时11分钟，比心梗的黄金救援时间120分钟缩短了90%。

城市大脑的接入，正在让城市中越来越多的场景实现数字化，从而更高效、精准地服务更多市民。路边停完车，无感支付场景下再也不用等着收费员过来收钱；在全市医疗机构推行“一码”就医，逐步实现县市两级公立医疗机构的信息互通互认……而郑州将进一步加快城市大脑建设，全面推广应用城市大脑二期各功能系统，在使用中发现问题，不断优化升级，提升应用效果，启动城市大脑三期建设，打造市、区县（市）、乡（镇、街道）三级联动的“一网统管、一网同治”体系，深入推动移动办事和移动办公，面向市民优化完善城市综合服务平台——“郑好办”App，打造区县（市）统一接入平台，充分调动各级各部门主动性，推动更多服务事项“掌上办”，提升城市智慧化水平。

三、购物不上街的电子商务

我们发明了网络，网络造就了电子商务，电子商务改变了我们。“没人上街不等于没有逛街”，这句淘宝在央视打得广告相信已经被很多人熟知，让人最大的感触是：不上街不等于不花钱。5年前，你在网上购物是图方便，现在已成为生活必需，甚至是习惯。逛街而不上街，电子商务改变了人们的消费模式，亦将深刻地改变媒体传播方式、产业链延伸的方向。

什么是电子商务？电子商务是指以信息网络技术为手段，以商品交换为中心的商务活动，也可理解为在互联网、企业内部网和增值网上以电子交易方式进行交易活动和相关服务的活动，是传统商业活动各环节的电子化、网络化、信息化。以互联网为媒介的商业行为均属于电子商务的范畴。

2003 年，“非典”的袭击推动了第一波电商在中国的发展，17 年后的 2020 年新型冠状病毒疫情袭击再一次让电商在中国得到用武之地，强大的电商和物流体系保障了数亿人在隔离状态下的生活。毫无疑问，疫情结束后电商和远程办公将会更加普及，无接触交易会成为常态。

疫情防控期间，从日用消费品供应到缓解农产品买卖难，从销售实物商品到提供生活服务，从一、二线城市到偏远农村山区，电商在保障居民基本生活物资供应方面发挥了重要作用；直播带货、反向定制、门店到家等电商新业态快速兴起，也为经济发展注入新动能。事实上，近年来电商一直在快速发展。据商务部统计，全国电子商务交易规模从 2010 年的 4.55 万亿元增长到 2019 年的 34.81 万亿元。自 2013 年起，我国已连续 7 年成为全球第一大网络零售国。过去 9 年，我国电商交易规模的年均复合增速达 25%。

迅速壮大、逆势成长，电商的发展势头强。出现这一现象的原因有以下几方面。

一是强大的技术能力、完善的供应链体系、充足的配送队伍，让电商在快速应急保障中底气十足。

突如其来的疫情给各行各业带来很大冲击，有的甚至一度停摆；而电商挺身而出，展现出强大的战斗力——疫情期间，京东仅用 7 个小时就将首批物资送达武汉医疗一线；京东集团累计向全国消费者供应 2.2 亿件、超 29 万吨的米面粮油、肉蛋菜奶等食品。

线下商业受到冲击，电商为什么能逆势增长？强大的技术能力使电商能够快速应急。疫情防控之初，京东物流大数据敏锐地发现，武汉当地消费者购买包括口罩在内的一些商品出现明显波动。经过一系列智能算法和预测后，京东物流武汉中心仓以及全国其他物流仓提前有针对性地联系供应商，积极展开备货。后来的事实证明，这些提前准备的物资全都及时地用到了疫情防控中。京东物流还快速把“武汉仓向外辐射”调整为“其他仓反哺武汉仓”的新方案，综合考虑每日调整的城市限行信息，进行智能化的组单和派单，将单均配送里程大幅降低。

二是减少中间环节，去除多余的搬、倒、腾、挪，更好地降低流通综合成本，贴合消费需求，提升购物体验。

打开手机电脑，点点鼠标，动动手指，就能用更少的钱，买到更多、更好的商品和服务。疫情防控期间，人们减少外出和社交活动，电商的优势表现得更加突出。作为流通供给侧的重要组成部分，电商减少了传统流通的中间环节，并通过物流的信息化，去除了多余的搬、倒、腾、挪，有效地降低了流通综合成本，说到底，就是贴合了消费需求，提升了购物体验。在商品方面，“一站式”购物曾是很多购物中心追求的目标，如今，在电商平台上可轻松实现。从服装到家电，从日用品到生鲜，从国内品牌到国外品牌，应有尽有，能满足消费者多样化、个性化的需求。在支付方面，随着科技的发展，第三方支付快速兴起，如财付通、快钱、支付宝……刷刷手机，交易完成，方便又轻松。在配送方面，电商是否受欢迎，配送时效是关键。现在，随着智慧物流的发展，许多电商不仅解决了“爆仓”问题，还推出了次日达、当日达、定时达等配送服务，让人们网购后不再有等待的焦虑。在售后方面，对于网上购物，除特殊商品外，消费者可享受七天无理由退货。在不少电商平台，消费者只需要线上申请，然后把需要退换的商品交给上门的快递员即可，越来越便利。

中国互联网络信息中心发布的报告显示，截至今年 3 月底，我国网络购物用户规模达 7.1 亿，占网民总数的 78.6%；手机网络购物用户规模达 7.07 亿，较 2018 年底增加 1.16 亿；三线及以下市场网购用户占该地区网民比例较 2018 年底提升 3.9 个百分点。

电商改变了百姓生活，也改变了传统商业。电商的发展，让线上商流、信息流、资金流和线下物流相结合，补齐了实体店市场反应慢、服务不及时等短板，推动了传统商业的变革创新，成为促进形成强大国内市场的“催化剂”和“生力军”。

在人工智能、大数据、物联网等新一代信息技术赋能下，直播带货、反向定制等电商新业态纷纷兴起、活力十足，进一步激发了消费潜力。一端连着生产，一端连着消费，电商将持续喷涌创新活力，惠及亿万消费者，释放经济发展新动能，为构建以国内大循环为主体、国内国际双循环相互促进的新发展格局提供有力支撑。

四、电子商务拉近你我的距离

网络慢慢融入了人们的日常生活，人们可以在网络论坛上发表自己的意见，可以建立自己的博客表达情感，可以通过网络参加聚会、购物、看电影、玩游戏、看书、旅游等。不同年龄段的人都可以在互联网上找到自己活动的领域。孩子们可以通过互联网玩游戏或者学习软件；学生们利用互联网查询学习资料，下载学习软件等；成年人可以通过网络收集信息，了解国内外时势，了解有关税收法律改变情况，通过网络处理并填写税收表格，缴纳税费；老年人则利用互联网聊天，玩游戏，浏览网页，消磨时光。互联网正在改变着人们生活的方方面面，电视、电影和其他娱乐方式的吸引力正在减弱，甚至在假期里，人们也不愿意出门旅游，而把时间耗费在互联网上。它使人们进入了一个虚拟社会，人们越来越离不开互联网了。

电子商务是互联网爆炸式发展的直接产物，是网络技术应用的全新发展方向。互联网本身所具有的开放性、全球性、低成本、高效率的特点，也成为电子商务的内在特征，并使得电子商务大大超越了作为一种新的贸易形式所具有的价值，它不仅会改变企业本身的生产、经营、管理活动，而且将影响整个社会的经济运行与结构。以互联网为依托的“电子”技术平台为传统商务活动提供了一个无比宽阔的发展空间，其突出的优越性是传统媒介手段根本无法比拟的。

电子商务给人们的日常生活带来的影响主要有以下几个方面：

1. 电子商务改变了商务活动的方式

传统的商务活动最典型的情景就是“推销员满天飞”“采购员遍地跑”，“说破了嘴、跑断了腿”，消费者在商场中筋疲力尽地寻找自己所需要的商品。现在，通过互联网只要动动手就可以了，人们可以进入网上商场浏览、采购各类产品，而且能得到在线服务；商家们可以在网上与客户联系，利用网络进行货款结算服务；政府还可以方便地进行电子招标、政府采购等。

2. 电子商务改变了人们的消费方式

网上购物的最大特征是消费者的主导性，购物意愿掌握在消费者手中；同时消费者还能以一种轻松自由的自我服务的方式来完成交易，消费者主权可以在网络购物中充分体现出来。只要消费者打开电脑，一敲击键盘，就能进入网上商店，查看成千上万的商品目录，从中挑选自己想要的商品。上网消费者只需要拥有一个网络账号，就可以在任何地点、任何时间、每天24小时不间断地得到银行业务服务，包括储蓄、转账、查账、信用卡、证券、交易、保险和财务管理等业务。

网上购物的缺点首先是商品质量难以保证，而这种担忧的源头则来自网络的虚拟和商家信用度的欠缺；其次，传统的消费文化理念也使多数人更愿意在商场购物。同时，对于具有购物欲望的消费者来说，无法预先体验商品也是一大壁垒。除此之外，网络交易的安全性也是隐患，网民最担心被人恶意侵犯隐私和被人偷盗银行账号和密码。

3. 电子商务改变了信息获取方式

在电子商务方式下，人们除了从电视、广播、书籍和报刊等传统媒体中获取信息外，还可以从一种全新的媒体——互联网上获取所需的信息。

互联网通过大量的、每天至少有千人乃至几十万人访问的网站，实现了真正的大众传媒的作用，它可以比任何一种方式都更快、更直观、更有效地把一个信息或思想传播开来。同时，网络传播信息有着双向性的特点，客户根据自己的需要获取信息，且没有时间、地域的限制。股票信息站点之所以火爆，是因为可以进行股票交易和股票查询；体育站点吸引众多体育爱好者，是因为它不仅有实时的体育报道，而且允许体育爱好者在其上发表自己的评论。通过网络，人们可以得到其他双向的信息服务，如通过黄页可以找到商业机会、通过招聘站点可以寻找工作等。

另外，与传统的印刷出版物相比，网上出版物具有许多优点。首先，网上出版物（电子杂志、电子报纸等）的成本极为便宜，在当今纸张昂贵的情况下，这一优点尤为明显。其次，网上出版物读者面广。随着网络用户的增加，好的网页比好的书报传播得更广，网上信息量更大，获取更方便。由于网上出版物使用超文本文件，可以通过链接的方式指向互联网中所有与该网页相关的内容，不管是进行理论研究，还是读新闻，或是寻找商业信息，都可以很方便地找到相关资料，因此，越来越多的人利用网络获取信息服务，网上信息服务成为电子商务的一个重要方面。

4. 电子商务改变了教育方式

网络与电子商务带来了人们接受教育的方式改变。以前主要是在传统的教室上课，随着互联网的广泛应用、电子商务的推广，现在网络学校应运而生，其属于现代远程教育的一种方式。它以计算机通信技术和网络技术为依托，采用远程实时多点、双向交互式的多媒体现代化教学手段，可以实时传送声音、图像、电子课件和教师板书。身处两地的师生能像现场教学一样进行双向视听问答，是一种实现跨越时间和空间的教育传送过程。与传统的学校比较，网络学校的优势表现在以下几点。第一，它不需要服务学生生活的庞大后勤辅助机构，学校管理人员和机构也大大减少。第二，它可以排除地域差别，缩小先进地区与落后地区教学质量的差距，实时性、交互性远程教育还可以使多种观念得以沟通和交流。第三，它可以最好地发挥好教师、好教材的优势。传统学校和局部授课只能影响着一个教室、一个学校，至多一个地区，而网络学校的覆盖面可以达到整个网络。网络学校与其他远程教育方式如广播大学、电视大学等比较，突出的优点是具有很好的交互性、实时性。总之，网上教育是一种成本低、效果好、覆盖面大、便于普及高质量教育的新型教育方式。

5. 电子商务改变了娱乐、休闲的方式

互联网与电子商务给人们的娱乐、休闲方式也带来了改变。人们可以足不出户在网络上购买观看各个国家制作的新、旧电影和电视节目，可以购买喜欢的音乐家、歌唱家演奏和演唱的新旧曲目，可以在网络上得到令人爱不释手、种类繁多的游戏，而且可以通过网络与地球上任何一个地方的人同时在一个游戏中“打”得昏天黑地，决一胜负。如果你愿意，你可以在网络这个广阔天地中找到志趣相投的朋友，对感兴趣的问题推心置腹地聊个痛快，甚至网络可以成为红娘，使你找到终身伴侣。在网络上，你还可以做现实生活中无法做的事情，如可以喂养你喜欢的宠物，可以种花植树，可以成为一介农夫辛勤地播种、耕耘以获得丰收的喜悦。当然这一切是虚拟的，是网络给人们提供的新的休闲方式。可以预见，网上娱乐、休闲对人们会有越来越大的吸引力，提供这种新的娱乐、休闲方式是电子商务新兴的行业。

6. 电子商务带来了一个全新的金融业

在线电子支付是电子商务的关键环节，也是电子商务得以顺利发展的基础条件。随着电子商务在电子交易环节上的突破，网上银行、银行卡支付网络、银行电子支付系统

以及网上服务、电子支票、电子现金等服务，将传统的金融业带入了一个全新的领域。

7. 电子商务转变了政府的行为

政府承担着大量的社会、经济、文化的管理和服务功能，尤其作为“看得见的手”，在调节市场经济运行、防止市场失灵带来的不足方面有着很大的作用。

（1）速度。在网络市场上从事营销活动，讲究的是一个“快”字，速度要高，行动要快。首先，这种速度表现在产品的更新换代上。其次，这种速度表现在网站内容更新的速度上。没有内容更新的网站，很快就会被顾客所抛弃。最后，这种速度表现在信息查询的速度上。查询速度慢的网站，包括主页调出缓慢、检索功能不畅的网站，都不可能受到顾客的青睐。

（2）信用。电子商务是无纸贸易，与传统的营销方式相比，它没有物理介质保证交易的安全性，它所依赖的是密码、认证和其他保密措施。

（3）服务。电子邮件为厂商与客户之间的沟通创造了极为有利的条件。最大的特点在于快捷、准确，能够及时反映客户的意见。及时回复客户的电子邮件、满足客户的合理要求、提供优质的售后服务、努力改善与客户的关系，是每个厂商必须树立的电子营销新观念。

五、改变出行的智能交通

智能交通系统是目前交通系统的发展趋势，它把超前的信息技术、数字通信传输技术、电子传播技术、按键控制技术等集合在一起，从而变成了对于整个路面交通管理的系统，在整个交通系统中发挥着极其重要的作用。

智能交通系统中，公路上的车辆都是按照自己智能控制系统在道路上行驶。车辆可以按照自己路线的交通状态并结合交通系统提供的路况信息，帮助管理公路交通的工作人员及时更新路况信息。

自动路况是一个在现在电子信息时代，对于交通运行管理的报告情况。它最为突出的特点就是收集和处理信息以及发布信息，为参与到交通里的人们提供多种形式的服务。这样不管在哪里发生道路事件，都可以在第一时间知道。

目前，在信息技术领域，智能交通系统被称为信息物理系统。可以把汽车看成一个物理单元，今后，它需要实现车车互联、车路互联、车人互联。近年来，信息物理系统研究工程化成为行业研究的重大课题之一。

它的设想是，建立一套信息空间与物理空间之间数据自动流动的状态感知、实时分析、科学决策、精准执行的闭环系统。它将实现三大类系统的融合，即机器、物理系统、信息系统。对于电动汽车而言，要实现这样的智能系统，就需要联网、智能化，就需要解决以下四个问题：

第一，在多尺度下实现信息部件与物理部件的有效、深度融合。汽车用的是以太网，它能搜集各种物理信息，时间响应该是微秒级别的。我们希望以后智能汽车或者信息系统的响应时间，不能超过 20 微秒，否则，接到信息时，汽车就已经开到前面去了。

但是目前的公路是以千米作为里程单位的，汽车每小时开 100 千米还是 200 千米，这个在物理尺度上就有很大的差别。当很多汽车都在路上时，两辆车之间的距离最好不要低于 50 厘米，否则可能要碰撞。

第二，如何解决连续离散系统的时空特性？汽车行驶是连续动作，而计算机运行是离散动作，两个系统的融合并不是那么容易。

第三，汽车智能驾驶数据建模与仿真。汽车行驶在开放环境中，因此非确定情况下的智能驾驶数据建模和仿真是很难的。许多地方都在做与汽车相关的测试工作，旨在测试不同环境下无人驾驶汽车的安全程度，否则汽车就无法进入高速公路。

第四，多实体协同感知和交互。车与车之间的简单关联容易做到，但是要它和周围所有的汽车一起达到如此安全目标，将是一件非常困难的事情。

在“十二五”期间，国家科研自然基金委组织了无人驾驶汽车的专项研究，无人驾驶汽车从北京开到深圳，一路下来，很安全。

我们寄希望于一辆汽车能够掌控所有的环境信息，让它自身决定下一步该如何开，目前来说，这个要求还太高。若能实现，汽车的价格可能远高于我们能接受的价格。目前，我们看到电动汽车，除非享受政府资金补贴，否则在价格上，它的竞争优势并不是那么强。

我们要做智能网联汽车，要建立交通数据的分析平台。目前，交通数据的价值被挖掘得还比较少。我们相信，智能汽车对产业的一个重大贡献就是，它能够提供非常宝贵的大数据信息。

对于电动汽车企业而言，单单专注于电池还是不够的，企业应该有能力去搜集汽车的众多物理状态，有义务让这些信息被周围的网络搜集，有办法对这些数据进行分析，进而告诉车主汽车可能出现的问题，以及接下来如何决策。

从人、信息、物理三个领域之间的关系来看，每个单元尽管很简单，然而一旦联网，它与服务公司之间的联系，可能是一个主要增长点与新的发展方向。

从道路交通运控图来看，有两种道路：一是城市交通道路，关心车与车之间的互动；二是高速公路，注重车与路边通信装置之间的互动。

就该系统带来的好处而言，它至少有四个方面的好处：

第一，对政府来说，它有了一个更加明智的交通决策。城市如何缓解堵塞、减少交通事故、改变个人出行方式，对此，智能交通系统都会有所帮助。

第二，成本降低。我国的物流成本在国际上是属于比较高的，这与交通成本比较高有关。未来，将有三个方面的成本可以降低：一是人力成本；二是自动化水平提高之后，车辆使用效率提高；三是运营维修成本减少。

第三，增加经济活力。在大众创业、万众创新的时代背景下，我国实现了经济的逐步转型，经济收益向好。只有提高收益，才能真正满足老百姓生活水平不断提高的现实要求。

第四，对信息技术工作者而言，他们可以看到一批新的技术利用带来的价值。云计算、智能感知可以用于交通管理的时空数据分析，用于人工智能方面的机器学习、数据挖掘、强人工智能技术，用于汽车的设计。

关于智能交通带来的贡献，第一，我们可以产生新的数据行业。未来，我们在高速公路上，一旦装了网，每段高速公路其实都是有数据的。第二，它能促进传统行业改革。目前，我国的传统行业"尾巴"偏大，它能满足行业每年实现几百万辆车，甚至上千万辆车的产量，产值很高，利税也很高。但一个变动都将会给它们带来一些不确定性的变化。因此，在发达国家，做新车的一般不是原来的传统汽车行业。第三，促进世界新兴服务业的发展。目前的新服务业、高端服务业通常是指金融服务业，做汽车服务的产业并不多。然而未来，在智能汽车实现联网以后，我们相信，整个行业会诞生一大批新的服务业。

六、呵护健康的互联网医院

互联网医院，就是在线咨询、智能问药、药品快递到家。

互联网医院带有咨询、随访、慢病管理等功能，它有实体医院作强有力的支撑，线上方便病人，就是简单的问题不需要到医院，在网上就可以进行。

互联网医疗是指以互联网作为技术手段和渠道载体向消费者提供各类医疗健康服务，同时也涵盖面向医护人员及监管者的组织协调服务和监管辅助服务等，是互联网技术在医疗卫生领域的应用。互联网医疗内涵丰富，广义上，如在线问诊/远程医疗、处方外流/医药电商、医保支付/商保理赔、慢病监测/健康服务、网上挂号/体检预约、信息资讯/医学社区等内容均属于其范畴。

智研咨询发布的《2020—2026 年中国互联网医疗产业运营现状及发展前景分析报告》数据显示：互联网医疗已在国内发展多年，如互联网医疗平台好大夫在线早在 2006 年便已创立，另一领先平台微医成立于 2010 年。随后，春雨医生、平安好医生、阿里健康、京东健康等平台大批涌现，并且互联网医疗的服务内容也开始从挂号问诊为主向更加多元化的方向发展，典型如医联、健客网、叮当快药、1 药网、医脉通、健康界、丁香园等，均是专科慢病管理平台、医药电商、医疗资讯平台等细分领域的代表性企业。2011—2016年，国内互联网医疗行业整体处于野蛮生长阶段。与之相伴的是，在搜索引擎竞价排名、互联网健康咨询、医药交易平台等领域出现了不少乱象，如魏则西事件则是其中最为典型的体现。针对于此，国家医卫监管部门对互联网医疗加大了管制力度，2017年起其发展速度明显放缓，不少初创企业陆续裁员甚至倒闭，行业开始步入规范发展阶段。

互联网医疗意义重大，尤其有助于解决国内医疗资源分布不平衡与老龄化趋势下民众日益增加的医疗卫生需求之间的矛盾。第一，互联网医疗允许消费者借助网络享受挂号预约、诊疗咨询、线上支付、查看化验单、送药到家等服务，是一项便民措施；第二，借助互联网媒介，可获取居民健康状况、生活环境、人际交往等更多维度信息，并借此作出更准确的诊断；第三，汇集更多信息，有助于更及时、准确地开展公共卫生防疫活动；第四，借助互联网可获取更多的医疗健康资讯，亦可以促进患者、医生等之间经验交流；第五，借助互联网，医卫监管机构也可以获取更多、更准确、更及时的信息，透明度提升有助于提高监管水平。

除了上述优点外，对于中国而言，我们认为互联网医疗更大的意义在于有助于分级诊疗落实，提升医疗体系的运行效率。分级诊疗即是指按照疾病的轻重缓急及治疗的难易程度进行分级，不同级别的医疗机构承担不同疾病的治疗，逐步实现从全科到专业化的医疗过程。更为具体的，分级诊疗机制要求根据疾病类型及轻重缓急在不同级别或类别的医疗机构之间分配病人，根据病人病情的发展动态在不同医疗机构之间进行转诊，医疗机构之间需在一定程度上共享诊疗信息和医疗资源。在上述过程中，互联网医疗显然可在信息共享、资源分配、分工协作等方面提供不小的帮助。间接地，由于互联网医疗有助于实现分级诊疗，提升医疗资源利用效率，换个角度来看，成本的相对节约对医保控费也会产生帮助。未富先老是中国必须面对的长期问题之一，未来必将对医保基金收支平衡带来显著压力。一方面，老年人体弱易病，医护需求上升必将要求医保支出增加；另一方面，老年人占比上升，劳动人口占比下降，也意味着医保收入的相对下降。由于形势紧迫，医保控费已成为国家医卫工作的重点任务之一，互联网医疗的重要性也随之提升。

“互联网＋药品流通”管制大幅松绑。除了“互联网＋医疗服务”以外，“互联网＋药品流通”亦是现阶段互联网医疗工具箱中应用范围较广的服务内容。粗略分类来看，“互联网＋药品流通”可大致划分为药品生产企业、药品经营企业、医疗机构之间B2B的网络药品交易，以及药品零售单位面向消费者的B2C网络销售。总体上，由于B2C业务直接涉及消费者的合理用药与身体健康问题，因此受到的监管更为严格。

通过对历年“互联网＋药品流通”相关的正式政策文件进行梳理，可以看到国家医药管理部门对网络售药的管制趋于逐步放松，尤其近年起松绑速度明显加快。在国内互联网兴起的早期，2000年生效的《处方药与非处方药流通管理暂行规定》完全禁止药品网络零售。2005年，《互联网药品交易服务审批暂行规定》正式出台，除B2B药品网络交易被正式承认外，OTC药物的C端网络零售正式放开，但仍面临较多限制。2017年起，政府开始大幅放松对网络售药的限制，包括网售资质获取难度降低、认可第三方药品配送、解除处方药网售限制等。

我们将“互联网＋药品流通”视为互联网医疗的重要构成部分，尤其是处方药网络销售将成为未来数年医药业界的重要关注点。这不仅是因为“互联网＋药品流通”具有明显的便民属性，更是因为处方药网络销售与医疗机构处方外流紧密相关，是“医药分开”改革的重要一环。从商业视角来看，这还将对现有医药销售和流通体系形成明显冲击，孕育着巨大商机。

医保支持与疫情催化下，互联网医疗迎来拐点，新冠疫情加速互联网医疗推广普及化。在线诊断为医院减负分流，优化了医疗资源配置，完善病人分级，提高诊疗针对性。在医疗系统明显超负荷的地区，通过在线咨询专家来增加科学性指导和判断，既可以减少医疗系统压力，又可以帮助缓解普通呼吸道感染患者的心理焦虑，或者提升对疑似病例是否应该就诊的判断。

互联网医疗有助于突破时空限制，专注诊疗，效率得到提升。所有病人都可配备生命体征监测设备，借助5G或WiFi，实时反馈身体数据。在通信系统支持下，医护人员可以随时与外地专家进行远程会议、远程会诊甚至是远程手术。

数字化方式便于采集、归档，加速信息交换。所有诊疗数据实现无纸化传递，诊断结果、病人病历，现在都可以采用数字化系统进行采集和归档，通过这种方式可以降低纸张传递带来的病菌传播风险。所有医疗仪器都可以通过无线物联网技术，反馈数据给数据中心。用户也可以通过互联网医疗平台进行常用药的购买，足不出户，有助于隔离新冠病毒的传染。

疫情暴发使得广大群众认识并使用互联网医疗平台，互联网医疗普及度与大众认知大幅提升，推动行业在用户中逐步渗透。当下正处于互联网医疗行业快速增长阶段，此时互联网医疗产品的占据用户时长会得到较大提升，群众对各种互联网医疗产品的关注度和使用频率预期会创下纪录，有利于行业龙头的多个营运数据向好，从而有助于提升互联网医疗公司的估值水平，为行业整体迎来跳跃式增长奠定底层基础。

人口流动加速、疾病传播风险加剧、管理部门信息及时性与完备性需求助推互联网医疗高质量发展。2003年“非典”暴发期，受限于当时的信息化技术水平，卫生部门面对海量数据，难以第一时间处理信息。而现在高铁、飞机和自驾出行十分便利，人群可以快速流动。几个小时的信息滞后，就意味着传染体已在千里之外出现，波及更多的人，尤其“春运”时，这种传播风险就更突出。对信息及时性与完备性的要求提高了管理部门对互联网医疗建设的需求，有利于行业通过“自顶而下”的方式进行建设，并实现高质量发展。

移动互联网的普及创造远程医疗全新市场增长点，市场边界逐渐打开。目前远程医疗主要包括远程会诊、远程超声、远程手术、应急救援及远程示教等应用场景。随着网络连接的加速发展，智能手机的普及和保险业准则不断变化，越来越多的医疗服务提供者开始使用电子通信设备来完成工作，远程医疗行业得到前所未有的发展机遇。

模范企业率先带动成效初步显现，互联网医疗逐步深入人心。部分互联网医疗相关企业紧急支援实体医院，开通在线服务，缓解实体医院压力，为公众服务，减少恐慌情绪。截至2020年1月27日，在京东健康的在线问诊平台上，共有超过2 000位医生参与义诊，在支付宝、淘宝“问专家”等平台，义诊活动累计访问用户数已近40万。在新冠疫情的冲击下，绝大部分行业受到显著的负面影响，但对互联网医疗而言，疫情则产生了一定的正面推动作用。新冠肺炎潜伏期长，具有很强的传染性，且早期症状与一般感冒发烧类似，患者难以准确判断自身病情。在疫情暴发期间，如果贸然赶往医院，不仅加大聚集风险，并有可能加重医院负担；对于其他非急症患者，若此时前往医院看病，也存在被感染的可能。对于此类情形，互联网医疗是一种有效的解决方案。首先，新冠疫情暴发促使借助网络咨询病情的人数大幅增加，这在客观上产生了一定的用户教育效果。疫情高峰期间，全国至少有数百家公立医院开通免费的发热/新冠肺炎线上问诊咨询服务，阿里健康、平安好医生、微医、丁香园、春雨医生等第三方平台亦表现活跃，纷纷推出抗疫专区，访问和咨询量均大幅上涨。定性来看，尽管疫情期间绝大多数访问为健康咨询服务，并非可开具处方的在线诊疗，但这依然对培养用户在线就医的习惯大有益处。

互联网医疗已迎来拐点，在医保政策倾斜和疫情催化下，长期成长空间已经打开，未来数年应会看到一个渐进的加速过程：首先，医保支付纳入远程医疗及复诊，实际上是将“互联网+”从轻问诊扩展至复杂病症与慢性病的治疗，相比于前者以健康咨询为主、附加值低的特性，后者属于正规医疗性质，附加值更高；其次，复杂病症与慢性病的治疗往往衍生可观的处方药需求，尤其慢性病的用药周期长，若辅以处方外流政策进一步明确，将逐步带动“互联网+”处方药市场的发展；最后，无论是基本医保还是有待发展的商业健康险，面对愈发多样化的医药服务模式，科学运营及控费需求将明显增长，基于“互联网+”的第三方医保管理也有望渐渐兴起。

七、娱乐方式IT化

未来娱乐产业将是一个更能满足每个个体，同时具有更高效率的娱乐时代。那么，人工智能时代，人类的娱乐将呈现怎样的形式呢？

互联网的出现让人类娱乐方式再次进入了一个新阶段，在这个阶段，用户的自主权逐渐凸显，可以选择自己感兴趣的内容。从群体性到个性萌发，人类的娱乐方式正在出现全新的面貌。但这并不是终点，互联网带来信息爆炸，从另一个角度来说则是资源浪费。

人工智能在娱乐时代有很大的市场需求，目前该行业技术只是在萌芽阶段，零碎的技术探索及应用已经成熟，还没达到大规模成熟期，特别是受技术限制和材料限制，人工智能还有很长的路要走。在高度信息化的今天，我们可以获取到各种海量的文化产品和服务。不过，太多的选择也让我们无所适从。

人工智能的出现，很好地解决了这个问题。因为人工智能可以基于大数据来进行精准的个性化推荐，让每个人在同一个App上看到完全不同的内容。基于人工智能的个性化推荐系统，只是一个缩影，还有视频互动广告、内容实时审核等人工智能应用，都是在文化产品消费者和文化企业的需求推动下发展起来的。

以前，人工智能技术比较弱，图像识别、语音识别、自然语言理解的准确率不高，被戏称为“人工智障”，自然无法进行实际应用。现在人工智能的水平在很多方面都可以和人类一较高下，完全可以在文化领域的很多环节取代人工。

最近几年，人工智能技术突飞猛进，在很多方面已经超越人类的感知，因而可以很好地完成各项任务。例如，目前全球最好的人脸识别技术，识别准确率接近99%，误报仅有千万分之一。这就可以为短视频、新闻资讯等平台的实名认证、内容审核等业务提供强力支撑。2018年3月，微软亚洲研究院宣布，其研发的机器翻译系统在通用新闻报道的中译英测试集上，无论是翻译质量还是准确率都达到了人类专业译者水平。因而，人工智能翻译在旅游、文化产品引进和出口等方面将大规模应用。

人工智能+文化娱乐产业初步形成，基础支撑层以硬件为核心，主要是人工智能芯片、传感器和云服务。这些硬件为整个人工智能的运算提供算力，多为科技巨头把持。技术层依托基础层的运算平台和数据资源，进行海量识别训练和机器学习建模，开发面向不同领域的应用技术：个性化推荐、语音识别、图像识别、自然语音处理等。这一层面主要是算法，是人工智能发展的核心。应用层是人工智能和文化娱乐各个具体场景进行深度融合，实现不同场景的落地应用。应用层又可以分为面向企业的B端应用和面向消费者的C端应用。

新冠肺炎疫情期间，互联网文娱产业规模和消费增长显著，在提振经济方面发挥了重要作用，同时新基建的推进给互联网文娱产业发展带来新的机遇和挑战。党的十九届五中全会提出，要健全文化产业体系，提升产业链现代化水平。面向未来“十四五”，高质量发展成为新时代经济发展的基本特征，互联网文娱产业应如何践行高质量发展的要求，融入新发展理念、适应新发展格局，推动供给侧高质量发展是我们需要深入思考的问题。

2020年年初，新冠肺炎疫情冲击下，线下文化娱乐场所关停，消费的方式从线下转移到移动互联网云端。疫情催生了在线音乐会、云展览、线上博物馆、直播演唱会等新型文化娱乐消费形态，“宅经济”“云经济”活跃，互联网文娱消费蓬勃兴起。业内人士定义，互联网文娱产业是由文学、影视、游戏、动漫、音乐、演出、衍生品等多元文化娱乐形态共同组成的。依托互联网作为内容传播途径的泛娱乐内容服务构成互联网文娱的内容领域。艾瑞咨询数据显示，2020年第二季度，互联网文娱市场规模达到1 165.5亿元，环比增长8.1%。

互联网文娱产业的发展与科技工具的变革相辅相成，新科技一方面催生了文娱产业消费新场景、新业态以及新商业模式，另一方面，不断改变供给端的生产方式，降低成本，提高生产效率。可以预见的是，新科技与新业态的融合将会推动整个文娱产业发生颠覆式的变革。未来，互联网文娱生产端需要融入新发展理念、适应新发展格局，想要在产业大变局中突围，生产创新和供给侧改革显得尤为必要和迫切。

面向“十四五”，互联网文娱产业从内容、技术、人力资本三个核心生产要素层面着手，提升高度工业化集成生产能力，打造高效率的生产体系。未来以高科技为牵引、以创意内容为新资产、以IP塑造品牌形象为主的新型文娱产业生态链是互联网文娱产业供给端变革的趋势。

文娱产业发展的核心是内容创意，实现内容资源在产业内循环，能够促进文娱各门类的相容共生。“十四五”的发展目标是朝中等发达国家水平迈进，互联网文娱行业内容生产方式同样需要对标借鉴发达国家经验。

日本文创产业形成了以漫画为核心的庞大的生产供应链，将故事创意作为产业链的核心，围绕创意要素的拆分与整合实现内容的蔓生。各种衍生产品的大宗产值均来自漫画，形成了AGC（Animation Game Comic）产业体系，ABC文创经济学（Anime by Comic）给日本文娱产业的发展不断贡献力量。

美国好莱坞围绕剧本打造了一套成熟的内容生产体系，有健全的剧本内容分析辅助营运模式。好莱坞注重内容的跨界开发，依托跨媒体行业集团，利用各领域的版权资源，实现内容资源的循环利用。影视创作过程中围绕核心创意，建立一个框架式的故事模型，人物和情节用图表和数据的方式加以量化填充入框架，大大提高了创作的效率。

2019年，中国在线文化娱乐市场营收规模约8 335亿元，IP授权营收规模约1 093.5亿元，IP的生产开发具备充足的发展空间和良好的发展基础。IP产业链发展的关键是创造内容品牌，依靠优质的内容源吸引原始粉丝，基于泛娱乐生态链条，通过内容授权或者改编扩大 IP 的价值，并推动其持续变现。

在创意孵化期，文娱行业可以围绕 IP 的内容，根据项目的运作生命周期，探索各产业协同培育，网文、漫画、动漫、电影、影视剧、游戏等选择长线组合并行发展。实现高迁移度 IP 的创意联动，探索文改漫、漫转影、影拓游等多重形态的生产实践。推动影游联动、漫文结合，打通文娱上下游产品的生产链条，发挥 IP 的价值全产业叠加效应。

大数据是互联网文娱产业发展的重要引擎。文娱产业依托海量数据，根据用户的点击以及搜索行为建立大数据云图，用以预计目标用户的消费路径，对消费者画像进行精准定位，生产出更加适合用户需求的高质量内容。在项目运转层面，大数据辅助团队建立完备的文娱生产报表体系，智能化财务报表把控项目进度和质量，规避项目生产风险，项目工程报表动态化展示并优化推进流程，便于灵活开展生产业务，提高生产工作效率。

创新运用区块链内容技术，贯穿内容生产的全生命周期管理，通过加密算法，实现内容生产溯源，解决版权保护的注册、确权、验证和交易，以及集体创作下的版权定位问题，减少版权确认的周期与成本，提高内容创作效率。用区块链搭建数字版权管理市场，推动数字版权保护，使内容成为可以交易的文化资产，实现内容创作数字化变革。

随着新基建加速落地，5G 以低延时、高带宽和多链接的特征，助力高新技术在生产层面的应用。AI＋VR/AR 催生新的生产交互形态，在影视创作中，自然语言处理＋人工智能拆解创作影视剧本，通过 AI 自动生成搭建剧场场景。此外，云渲染技术的应用，使云端生产成为可能，减少创作传输的人力和时间成本。新技术推动文娱产业进入生产智能化时代，未来互联网文娱领域生产的效能将得到巨大释放。

新格局下，围绕个人创意，传统的生产模式已经落后于产业发展的需要，内容创意越来越需要依靠多人协同完成。未来行业和社会共创生产可能会成为文娱产业的两大新趋势。

一种是行业共创模式。好莱坞围绕剧本催生了众多的创意职业，如创意编剧、剧本分析师、剧本医生、剧本经纪人等制作辅助，充分发挥内容创作的集体创意效应。以网文和漫画的共创生产为例，基于行业分工思维，文字作者首先确定内容的体裁与主题，根据框架构思整个故事情节，架构完成后漫画作者介入创意过程，以“脚本”和“图文”双形式共创生产呈现初稿，再进行各自分工生产，提高文漫内容的糅合度。

另一种是社会共创模式。腾讯《王者荣耀》是共创生产的典型案例，其 IP 矩阵触及生活娱乐场景的各方面，以“国创”为价值核心配合“新文创”集结大众用户智慧。作为国民级游戏，2020 年 11 月 1 日，《王者荣耀》宣布日活跃用户数量达到 1 亿，成为全球第一个日均活跃用户亿量级的游戏。文娱行业的内容创制可以采用 PGC＋UGC

的模式，以数字文创社会赛事带动 IP 的衍生和孵化，以“共创”的形式引入更多的创作者，拓展 IP 的广度，发挥社会化创意的作用。

第四节 IT 强国的发展之路

现如今，中国已形成基础研究、前沿技术、应用开发、重大科技基础设施、科技创新基地等全方位、系统化布局；近年来产出了一批国际领先的重大科技成果；一些重要领域具备了厚实基础，经过努力，有可能实现跨越式发展；实现了主要领域在世界上“占有一席之地”的战略目标。但中国在 IT 强国的发展进程中，也会面临多方挑战、顺境或逆境，而面对复杂多变的外部形式，中国最重要的就是做好自己的事情，不断深化改革，扩大开放，科技强国梦必须实现。

一、面临的问题和挑战

（一）信息时代科技与网络安全日益凸显

随着科学技术日新月异地迅猛发展，科技安全对经济发展、社会进步产生着极其重要的推动作用，科技安全战略已经成为国家安全战略不可或缺的组成部分，是国家其他领域安全的技术基础，对国家安全发挥着关键作用。特别是在信息时代，科技竞争尤其是信息技术竞争已经成为国际竞争的焦点，科技安全问题日益凸显。

科学技术是现代政治经济发展的最关键因素，科技安全事关国家安全。由于科技安全是一个比较新的概念，目前国内外还缺乏一个较为权威的阐释。根据现有的文献来看，科技安全得到普遍认可的定义可以概括为狭义科技安全和广义科技安全两种。至于使用哪种定义，完全取决于问题研究的具体需要。

狭义的科技安全是指在一定的社会环境下，一个国家的科学技术系统运行良好并不断完善。科学技术健康发展，能够有力地支撑和保障国家综合安全，能够有效地应对来自内部和外部的威胁，维护国家利益的状态。狭义的科技安全立足于科学技术系统的安全性，表明国家科学技术发展的一种态势，这种态势体现了在国际大环境下，国家通过政治、军事、外交、经济、科技等手段，使国家科学技术系统既通过与国际环境的开放式作用和系统内部的协调运行达到功能优化，又保证该系统不招致来自内部和外部的威胁，并以此维护国家利益。这个定义是将科学技术作为一个特定的系统，以该系统自身的安全状态来确定科技安全内涵的。

广义的科技安全是指，在一定的社会环境条件下，特别是国际大环境中，以国家价值准则为依据的对科技系统与相关系统相互作用所决定的国家安全态势的一种动态描述。广义的科技安全是从国家利益分析的高度给出的一种定义，表示由科学技术因素以及科学技术与国家安全因素的相关性所构成的国家安全的一种状态，这种状态描述了国家利益免受国外科技优势（因素）威胁的能力、国家发展科学技术和依靠科学技术提高整体竞争力的能力、国家以科学技术手段维护国家综合安全的能力，以及健全高效的科技安全预警与防范系统。可见，一个国家的科技安全态势体现了该国国家能力的四个方面：一是国家利益免受国外科技优势威胁和敌对势力、破坏势力以技术手段相威胁的能力；二是国家利益免受科技发展自身的负面影响的能力；三是国家以科技手段维护国家安全的能力；四是国家在所面临的国际、国内环境中保障科学技术健康发展以及依靠科学技术提高综合国力的能力。

综合考察狭义和广义的科技安全概念我们不难看出，科技安全既是科技的问题，也是国家的问题，而且是一个动态的问题。国家科技安全涉及两个范围，一是科技，二是国家。科技是一个领域，国家是一个层级。科技安全是一个动态的概念，不同时代赋予其不同的内涵。首先，所谓安全，在主观上是指不存在对外在威胁的恐惧感，在客观上是指不存在或能够有效抵御外来威胁的状态。上述科技安全的定义主要是从安全的客观含义出发来定义的。其次，科技安全主要体现在科学技术系统安全、科技健康发展和科技对国家综合安全的有效支撑三个方面。科学技术系统是由科学技术活动的主体、科技基础设施，以及相关的制度、体制等构成的，这个系统运行的稳定性和效率是衡量科技安全的首要指标。科技能否健康发展包括国家能否提供或创造条件促进科技发展，以及科技进步所致结果反过来对科技发展的积极或消极影响；科技能否对国家综合安全提供有效的支撑和保障，是在一个更大的范围内衡量科技安全的指标。

根据以上定义，良好的国家科技安全状态体现在：国家科学技术事业不受外部科技优势的干扰、侵害、破坏、威胁、控制和制约，科学技术健康发展，具有较强的自主性和竞争力，科技水平居于世界前列，国家科技利益得到保护；科学技术能够有效支撑国家经济建设和国际建设，提高综合国力，维护国家安全，防范科技滥用和科技的负面影响。由此我们不难看出：第一，科技安全不仅是一个新的概念，也是一个复杂的系统，不同的人由于所关心的问题的不同，对科技安全的具体理解也不一样；第二，科技安全作为国家安全的重要组成部分，不能只考虑狭义的科技安全；第三，科技安全威胁不仅来自敌对势力的蓄意所为，科学技术自身在为人类造福的同时，也可能产生一定的甚至是严重的负面影响；第四，维护国家科技安全最终还是要靠科技实力，确保科技安全的根本在于发展科技，提高国家的科技安全水平。

“没有网络安全就没有国家安全。”2016 年 11 月 7 日，《中华人民共和国网络安全法》在第十二届全国人民代表大会常务委员会第二十四次会议上通过，标志着中国拥有了第一部全面规范网络空间安全管理方面问题的基础性法律，在网络安全上实现了“有法可依”。如今，网络和每个人的衣食住行紧密相连，一旦互联网基本服务遭到攻击，人们的生活乃至整个社会秩序都会被影响。根服务器的部署、安全防御能力的提升都将为关键信息基础设施安全保驾护航。

网络谣言从人的私生活到政府的公共行为，从衣食住行到就医养生，涉及各个方面。暴恐音视频、网络色情、“伪基站”等网上乱象扰乱了网络空间基本运行，治理网络空间刻不容缓。为此，“微信十条”“账号十条”“约谈十条”等管理规定相继出台，使网络空间规范、有序运行有章可循。网络乱象得到有效的治理，网络空间日益清朗。

近年来，网络诈骗甚嚣尘上，诈骗方式多种多样，诈骗金额从数百元到数百万元不等，维护网络安全必须重拳打击网络诈骗。从深化跨境跨区域警务合作，到建立诈骗电话通报阻断、被骗资金快速止付机制，中国正创新机制，治理网络电信诈骗。

（二）科技人才面临紧缺

发展是第一要务，人才是第一资源，创新是第一动力。人才对于一个国家的发展也起到非常重要的作用。改革开放以来，国家出台了各项政策措施，促进了人才资源结构的优化，科技人才断层现象基本得到解决，但分布和结构不够平衡，尤其是企业缺乏高水平的科研人员，产业人才存在结构性失衡，区域人才分布不平衡问题严重。从素质结构上看，我国中低级人才比例较大，高级别、复合型人才短缺，特别是高新技术、高级经营管理人才缺乏，如每年至少还要存在 20 万软件人才缺口，并且这个缺口还在以每年 20%左右的速度增长。

经过对世界 1 249 名杰出科学家获得的 1 928 项重大科学成果进行分析后得出结论，科学发现的最佳年龄区在 25～45 岁之间，峰值年龄在 37 岁左右。从国家和北京市的角度看，比较分析国家自然科学奖和诺贝尔科学奖的产出，国家自然科学奖科学发展最佳年龄是 45、46 岁；而北京市科技进步奖获奖者产出年龄大概在 51～55 岁。通过科技人才成长规律分析，国内科研人员出成果的黄金期在 45 岁左右，错过了重大发现和发明的最佳年龄阶段。

同时，我国科技人力资源总量居世界前列，但关键领域的高端人才比较匮乏，高精尖人才储备少。在 158 个国际一级科学组织及 1 566 个主要二级组织中，参与领导层的我国科学家仅占总数的 2.26%，在一级科学组织中担任主席的仅占 0.4%，在二级组织中担任主席的仅占 1.1%；从国际影响力来看，权威机构评选 300 多位对科学发展作出重大贡献的科学家中，我国入选的科学家不到 10 位；从国际性权威科学院外国会员人数的国别排序来看，我国处于第 18 位，低于主要发达国家。这也是当下我国 IT 发展过程中的一个硬伤。

二、中国的 IT 强国之路

中国要强大，就必须大力发展科学技术。早在 1988 年，邓小平同志就已高瞻远瞩地提出了“科学技术是第一生产力”的发展方向，随着世界的不断发展，科学技术越来越成为国家综合实力的重要体现和大国的标志。时光荏苒，新中国成立至今已过去 70 多个年头，在过去的 70 多年里，在党的领导和科学技术人员的不懈奋斗下，我国科学技术从弱小走向了强大，完成了一个跨越式发展，当今的中国，已傲然矗立在了世界科技强国的行列，综合国力不断地提升，世界地位也稳固向前，这是科技的力量，这是技术的成就。但科学技术的发展日新月异，犹如逆水行舟，不进则退，在新时代中国特色社会主义道路上，要保持科技大国的地位，要实现科技强国的目标，就必须始终坚持科学技术是第一生产力的发展方向，不断发展科技，不懈地创新技术，保持强劲的科学技术发展态势，为夺取新时代中国特色社会主义伟大胜利助力。

（一）从古至今，IT 强国梦是民族的美好夙愿

翻开中国的历史篇章，我们可以看到，古代的中国一直是世界的经济、文化、科技中心。古代中国科技进步，四大发明的出现，不仅使古代中国在世界科技史上熠熠生辉，火药和指南针传到欧洲后，也加快了人类现代化进程的步伐。但由于自负的天朝圣国思想膨胀，以及顽固的闭关守国理念的束缚，经济科学文化的发展一落千丈，且当时社会重农抑商。直至 1840 年鸦片战争以后，西方列强们用科技的力量撕开了中国的大门，从此中国进入了长达一个世纪的黑暗年代、半殖半封的社会现实，导致科技根本无法发展，这是伟大的中华民族最屈辱的一段历史。俗话说“落后就会挨打”，这是科技落后的必然结果。所以，民族的复兴与科技的发展息息相关，成为世界科学技术中心是中华民族伟大复兴的中国梦的重要组成部分。我们要铭记历史，从历史中找到发展的不足；我们要重铸辉煌，从科技中寻找强大的出路。我国科技人才层出不穷，我国科学技术日益先进，成为世界科学技术中心的道路上，我们燃料充足、动力强劲，民族的复兴指日可待。

百年激荡，恢宏壮阔，中国人民谱写了一部追求国家富强、民族复兴和人民幸福的伟大史诗。在这一震古烁今、扣人心弦的鸿篇巨制中，科技事业的发展壮大一直是激昂向上、催人奋进的主旋律之一。建设富强民主的新中国有赖于科技事业的发展进步，科技事业的发展又需要规模庞大、学有专长的职业科学家群体，需要他们的潜心研究与无私奉献。十九大报告中提出要建设网络强国，这为中国互联网的发展指明了方向。但如何在核心技术上取得突破，如何在国际竞争中占据领先，如何让互联网发展成果惠及更

多的民众，是建设网络强国之路上必须攻克的难关。中国从网络大国走向网络强国，需要在基础设施建设、数字经济发展、网络安全维护和治理理念创新等多个方面更加努力。

（二）让现代科学扎根中国

近代以来的中华民族复兴史，也是中国科学事业从无到有、从弱到强的创业史。20世纪10年代，在对“赛先生”的热烈欢呼声中，先师先圣的牌位渐次褪色，四书五经的琅琅读书声也日益远去，欧风美雨扑面而来，科学之路昌大光明，声势浩大的教育革命使国人的知识结构开始发生根本转变，雨后春笋般的新学堂把原来以科举入仕为唯一正途的旧士人阶层送入历史，汹涌澎湃的留学大潮则把现代知识分子群体推上了新世纪的舞台。

从传统社会向现代社会变迁的“时势”，造就了中国现代科技史上的一代“英雄”。在20世纪10年代到20年代登上历史舞台的中国第一代科学家，在致力提升科学教育水平的同时，也在不断借鉴西方先进国家经验，探索推进现代科学技术在中国实现本土化的道路，创建科研机构，组织科技团体，开展学术交流，推进制度建设，为中国现代科学事业打造了起步的基础。在社会各方的共同努力下，现代科学在中国社会开始扎下根来。

到了20世纪30年代以后，正值新生的科学事业在中国抽枝散叶之际，日本全面侵华，神州大地烽烟四起。国难当头，书生报国，有些人投笔从戎、身赴国难，令人肃然起敬；还有许多人秉持科学救国理念，着眼国家建设，继续从事学习和研究，在大后方保存并延续了中国文化传承与科学进步的火种。民族兴亡、国难家仇，最终都化作为民族争独立、为个体求发展的不竭动力。十几年战火淬炼，教授们在艰难困苦中刻苦攻关，为国效力；学子们也褪去了少年的青涩，成就为一批基础扎实、视野高远的科技英才。

抗战胜利后，在战火中成长起来的青年学子们内怀家国之忧、外受衣食之困，但他们没有灰心失望，仍着眼于战后重建，或远赴欧美、留学深造，或走向革命、投奔光明，或坚守岗位、弦歌不辍，道虽各异，却同是为了祖国的美好、文明和富强。

新中国成立后，百业待兴，人才为重。在中国共产党的号召和领导下，各路科技英才以强烈的使命感和赤诚的爱国心，义无反顾地投身社会主义建设事业，向现代科学进军，参与制定和实施十二年远景规划，瞄准国际前沿，填补空白学科，很快在积贫积弱的旧有基础上建立起相对完整的现代科学技术体系，以青春和热血见证并参与了新中国科技事业的奋进史，许多人由此成为共和国科技事业的开拓者和奠基人。

1978年召开的全国科学大会，宣布了科学春天的到来。面对滚滚而来的新科技革命大潮和日新月异的世界科技发展格局，科技工作者振作精神、奋起直追。老科学家们积极布局谋篇，调配人才，为党和国家发展科学事业献智出力。科学家们厚积薄发，向着世界科技前沿奋力攻关，更有得风气之先者勇于弄潮，投身经济建设主战场，奋力推进科技成果转化与应用。旅居海外的华人科学家们坚守家国情怀，奔走中西，提携后进、作育人才。年轻一代学子积极向学，形成了新一轮出国热潮，以期学成报国。一时间，几代科学家群英云集、老少同心，在更高的起点上，以更高的标准和要求，与时间赛跑、与西方同行争先，全力推进科学技术现代化、努力攀登世界科技高峰，取得了举世瞩目的科技成就，开创了中国科技事业发展的全新年代，为实施科教兴国战略描绘了浓墨重彩的一笔。

（三）新时代，IT 强国为世界贡献中国智慧

如今，中国特色社会主义已进入新时代，中国互联网发展迅速，技术和理念在多个方面都达到世界一流。与世界分享中国互联网发展的经验，让世界共享中国互联网发展的成果，成为中国迈向网络强国的重要一步。

在 2017 年的世界互联网大会上，“构建网络空间命运共同体”成为大会焦点议题。中国希望与国际社会一道，尊重网络主权，发扬伙伴精神，大家的事由大家商量着办，并就此提出了“四个共同”的新建议，即：发展共同推进、安全共同维护、治理共同参与、成果共同分享。这成为中国贡献给世界互联网治理的最新方案。如今的中国正在以更深远的眼光，更前沿的创新，更全面的防护，更开放的姿态，努力迈向网络强国。

从一曲星梦“东方红”，到嫦娥探月“鹊桥会”，我国在探索太空的星辰大海征途中从无到有，一往无前。载人航天、探月工程、移动通信、量子通信、北斗导航……中国科技的太空之路，前景广阔。

（四）筑起科技强国梦的人们

1. “中国航天之父”——钱学森

图 3－1　“中国航天之父”——钱学森

钱学森（见图 3－1）出生于上海，祖籍浙江省杭州市临安，毕业于国立交通大学（今上海交通大学）和加州理工学院。他是世界著名的科学家、空气动力学家，是中国科学院和中国工程院的院士，更是中国“两弹一星”功勋奖章的获得者，有着“中国航天之父”“中国导弹之父”“中国自动化控制之父”和“火箭之王”的美称。钱学森回国效力，使得中国的导弹、原子弹的发射向前推进了至少 20 年。他的代表作有《工程控制论》《物理力学讲义》《星际航行概论》《论系统工程》。

钱学森从小接受现代化教育，3 岁就来到北京，在北师

大附小、北师大附中接受了良好的中学教育。这一段经历，对他而言至关重要。钱学森从小就被誉为神童，长大后，更是表现出过人的天赋。高中毕业的时候，数学老师希望他成为数学家，国文老师希望他当作家，钱学森母亲希望儿子学教育，以后子承父业，而有的老师则认为他在艺术上有天赋，应该当音乐家或者画家。然而，生在内忧外患、饱受屈辱的中国，影响了钱学森的志向，他从心底渴望成为一名科学家。因为在当时，科学技术才是救国的利器。父亲认为，实业救国是条好出路，拿定主意要让儿子成为工程师，所以钱学森去了当时最好的工科学校——国立交通大学。本科毕业后，1935 年，钱学森考取了清华大学庚款留美名额。原本，父亲只是想让儿子有一份不错的差事。但"一·二八"事变刺激了钱学森：要想让祖国人民不受欺负，就必须先把航空工业发展起来才行。于是，钱学森来到了美国东海岸的麻省理工学院，就读航空系，然而他在这里的学习却并不顺利。当时，航空学领域的学术大师、美国空气动力学泰斗，正是加州理工学院的冯·卡门教授。仅用一年时间取得硕士学位后，钱学森决定到加州理工学院继续深造。初生牛犊不怕虎，从东到西跨越整个美国，钱学森直接来到西海岸的帕萨迪纳，当面拜见冯·卡门。钱学森本身更偏向理论研究，而麻省理工学院着重培养的却是动手能力一流的工程师。在冯·卡门的力荐下，钱学森顺利地来到加州理工学院攻读博士学位。在这里，钱学森终于开始如鱼得水，充分发挥了自己的专长。这其中，恩师冯·卡门的指引功不可没。

1950 年，钱学森开始争取回国，这种美好生活很快被打破。正值麦卡锡主义盛行的年代，他早就被怀疑是中共地下党，这即将归国的消息无疑给他雪上加霜。他被禁止参加任何机密研究，这是被变相剥夺了工作的权利，安全执照等特殊权利也随之被取消。从此，钱学森陷入了长达五年的软禁生活。正在一筹莫展之际，1955 年的一天，钱学森的夫人蒋英无意中从画报上看到了一张天安门广场上庆祝五一劳动节的照片。在照片中，钱学森发现了父亲的好友、时任全国人大常委会副委员长的陈叔通。钱学森立即想到，可以向这位中央高层写信求助。然而重重监视下，想从美国往中国寄信，简直比登天还难。尽管如此，钱学森仍然突破重重难关，向陈叔通寄出了这封信。信上这样写道："……被美国政府拘禁，今已五年，无一日一时一刻不思归国参加伟大的建设……"

信件被送到中南海，周恩来总理指示，立刻令外交部火速把信送到日内瓦会谈。正在举行的日内瓦中美大使级会谈中，中方代表王炳南出示了钱学森信件，美方哑口无言，只得同意钱学森回国。经历近一个月的海上颠簸，1955 年 10 月 8 日，在美国生活了 20 年的钱学森，终于回到了祖国。

1956 年年初，钱学森向中共中央、国务院提出《建立我国国防航空工业的意见书》。同时，钱学森组建中国第一个火箭、导弹研究所——国防部第五研究院并担任首任院长。他主持完成了"喷气和火箭技术的建立"规划，参与了近程导弹、中近程导弹和中国第一颗人造地球卫星的研制，直接领导了用中近程导弹运载原子弹“两弹结合”试验，参与制定了中国近程导弹运载原子弹“两弹结合”试验，参与制定了中国第一个星际航空的发展规划，发展建立了工程控制论和系统学等。在钱学森的努力带领下，1964年10月16日中国第一颗原子弹爆炸成功，1967年6月17日中国第一颗氢弹空爆试验成功，1970年4月24日中国第一颗人造卫星发射成功。

钱学森在20世纪40年代就已经成为航空航天领域内最为杰出的代表人物之一，成为20世纪众多学科领域的科学群星中极少数的巨星之一；钱学森也是为新中国的成长作出无可估量贡献的老一辈科学家团体之中，影响最大、功勋最为卓著的杰出代表人物，是新中国爱国留学归国人员中最具代表性的国家建设者，是新中国历史上伟大的人民科学家。钱学森一生默默治学，但无论在什么时代、什么地方，他所选择的，既是一个科学家的最高职责，也是一个炎黄子孙的最高使命。他一生的经历和成就，在中国的国家史、华人的民族史和人类的世界史上，同时留下了耀眼的光芒，照亮了来路。作为中国航天事业的先行人，他不仅是知识的宝藏、科学的旗帜，而且是民族的脊梁、全球华人的典范，他向世界展示了华人的风采。

2.“杂交水稻之父”——袁隆平

袁隆平（见图3-2），1930年9月生于北京，江西省九江市德安县人，中国杂交水稻育种专家，中国研究与发展杂交水稻的开创者，被誉为“世界杂交水稻之父”。他靠一己之力，解决了全球十几亿人的吃饭问题，一辈子专注着扮演一个角色：做好一个“农民”。大米，是中国人的主要食品。可长期以来，水稻产量不高，人口又那么多，农民们成年累月种田栽稻，还是满足不了“吃”的需要。粮食产量低，是我国经济发展的一个大障碍。农业科技工作者袁隆平决心为国攻关，解决这个难题。此时的袁隆平是湖南一个镇上的农校教员。虽然工作条件差，可他一心扑在科研工作上。每天除了教学外，就是在试验田里培育高产品种。在试验中，他发现天然杂交水稻穗大粒饱，产量高，但是第二年再种，就退化了，失去了优势。他就想进行一种试验，培育能保持高产的杂交水稻的种子。为了这个理想，袁隆平不知花费了多少精力，有时候在试验田里观察，连家也顾不上回。经过10年的艰苦努力，杂交水稻终于培育成功了。这种杂交水稻亩产达到500多千克，在全国推广后，我国稻谷在几年中增产了1 000多亿千克，真是一个飞跃！袁隆平获得了国家第一个特等发明奖。美国等国也引进了他的成果。他被称为“杂交水稻”之父，为改变我国粮食生产的落后状态打了一个翻身仗。

1974年的春天，那是一个灿烂的春天。袁隆平生命中的春天也随之到来。他亲自培育的中国第一个强优势杂交稻“南优2号”，在安江农校试种时，667平方米（即一亩地）产量628千克水稻。一石激起千层浪。此事引起湖南省委、国务院的高度重视。1975年冬，国务院决定大面积推广杂交水稻，1976年定点示范208亩获得大丰收。从

图 3-2　“杂交水稻之父”——袁隆平

1976 年到 1989 年，我国推广种植杂交水稻 35 亿亩，增产稻谷 3 500 亿千克，相当于解决了 3 500 万人口的吃饭问题，确保了我国以仅占世界 7%的耕地，养活了占世界 22%的人口。袁隆平终于实现了“农民不再挨饿”的梦想。

由于袁隆平的这一贡献，人们由衷地称他为“杂交水稻之父”，而一些地区的农民则称他为“当代神农氏”，国际同行则称他的研究是“带给全人类的福音”。

解决了中国人民的吃饭问题，自己的事业也达到前无古人、后无来者的高度，按理说袁隆平应该停下脚步休息休息了。实际上，袁隆平不但没有想过休息，反而把目光投向更远的地方。1980 年，世界性的灾荒来临时，刚过知命之年的他决定再次扬起理想的风帆：培育超级杂交水稻，造福全人类。当然，培育超级杂交水稻非一朝一夕之功，袁隆平更多的时间还是立足现实，把杂交水稻推广到各国。20 世纪 80 年代以来，袁隆平先后赴美国、菲律宾、意大利、日本等国进行杂交水稻的技术指导。推广的同时，袁隆平的超级水稻研究步伐一点也没停留。袁隆平凭着丰富的想象、敏锐的直觉和大胆的创造精神，认真总结了百年农作物育种史，于 1987 年提出了“杂交水稻育种的战略设想”，高瞻远瞩地设想了杂交水稻的两个战略发展阶段。这是袁隆平杂交水稻理论发展的又一座新高峰。

袁隆平说过，他还有两个梦想。一个是禾下乘凉梦：“我们的水稻有高粱那么高，穗子有扫帚那么长，颗粒有花生米那么大，我看着好高兴，坐到稻穗下乘凉。”另一个是：“我希望我的亩产 1 000 公斤早日实现，实现了以后还有没有更高的目标呢？我希望培养一些年轻人向更高的 1 100、1 200 公斤来奋斗。这就是我的梦，为我们国家的粮食安全作出我应有的贡献。”

3. “一眼万年”——南仁东

南仁东（见图 3-3），中国天文学家、中国科学院国家天文台研究员，曾任 FAST 工程首席科学家兼总工程师，主要研究领域为射电天体物理和射电天文技术与方法，负责国家重大科技基础设施 500 米口径球面射电望远镜（FAST）的科学技术工作。

图 3-3　“天眼之父”南仁东

FAST（见图 3-4），500 米口径球面射电望远镜（Five-hundred-meter Aperture Spherical Telescope），位于贵州省黔南布依族苗族自治州平塘县克度镇大窝凼的喀斯特洼坑中，工程为国家重大科技基础设施。500 米口径球面射电望远镜被誉为“中国天眼”，由我国天文学家南仁东于 1994 年提出构想，由中国科学院国家天文台主导建设，历时 22 年建成，于 2016 年 9 月 25 日落成启用，具有我国自主知识产权、世界最大单口径，是最灵敏的射电望远镜。其综合性能是著名的射电望远镜阿雷西博的 10 倍。“天眼”工程由主动反射面系统、馈源支撑系统、测量与控制系统、接收机与终端及观测基地等几大部分构成。

图 3-4　500 米口径球面射电望远镜（FAST）

当今的中国能成为世界强国，更多的是需要大国利器的支撑。然后，这些大国利器的背后又是一代代的大国工匠在付出着。南仁东博士毕业后，几乎全世界的天文台都想把南仁东教授留下，甚至想通过巨额工资来挽留。可南仁东还是毅然决然地回到祖国，加入北京天文台工作。回国后的工资待遇，拼命工作一年只抵外国工作一天的工资，而他的成就让中国先进了 20 年。自 1994 年起，他一直负责工程的选址、预研究、立项、可行性研究及初步设计，编订了科学目标，指导了各项关键技术的研究及试验。“中国天眼”工程核心团队的成员，大部分都是南仁东的学生。2016 年 9 月“中国天眼”落成启用前，南仁东已罹患肺癌，并在手术中伤及声带。他患病后依然带病坚持工作，尽管身体不适合舟车劳顿，仍从北京飞赴贵州，亲眼见证了自己耗费 22 年心血的大科学工程落成。2017 年 9 月 15 日，南仁东因肺癌突然恶化，抢救无效逝世。

“遵其遗愿，丧事从简，不举行追悼仪式。”在这则简短的讣告中，南仁东留给世界最后的背影如同他生前一般，低调而沉默。从高考状元，到改革开放“出国潮”中罕见的“海归”，南仁东本可以过一种常人看来更加体面的生活。然而，他却将自己生命中最珍贵的 20 年交给了祖国西南的大山，只为建起我国第一台射电望远镜。而当“天眼”横空出世之时，却鲜有人知道南仁东的名字。媒体形容南仁东 24 年专注做了一件事：将 FAST 变为现实，为后人建造了一代超级望远镜。

4.“三无”科学家——屠呦呦

屠呦呦（见图 3-5），女，药学家。1930 年 12 月 30 日生于浙江宁波，1951 年考入北京大学，在医学院药学系生药专业学习。1955 年，毕业于北京医学院（今北京大学医学部）。毕业后曾接受中医培训两年半，并一直在中国中医研究院（2005 年更名为中国中医科学院）工作，其间前后晋升为硕士生导师、博士生导师，现为中国中医科学院的首席科学家，中国中医科学院终身研究员兼首席研究员，青蒿素研究开发中心主任，博士生导师、药学家，诺贝尔生理学/医学奖获得者。

图 3-5　诺贝尔生理学/医学奖获得者——屠呦呦

屠呦呦多年从事中药和中西药结合研究，突出贡献是创制新型抗疟药青蒿素和双氢青蒿素。1972 年，屠呦呦成功提取到了一种分子式为 C15H22O5 的无色结晶体，命名为青蒿素。2011年9月，因为发现青蒿素——一种用于治疗疟疾的药物，挽救了全球特别是发展中国家数百万人的生命，所以屠呦呦获得了拉斯克奖和葛兰素史克中国研发中心“生命科学杰出成就奖”。青蒿素的发现，为世界带来了一种全新的抗疟药。如今，以青蒿素为基础的联合疗法（ACT）是世界卫生组织推荐的疟疾治疗的最佳疗法。

2015年10月8日，中国科学家屠呦呦获得2015年诺贝尔生理学/医学奖，成为第一个获得诺贝尔自然学奖的中国人。多年从事中药和中西药结合研究的屠呦呦，创造性地研制出抗疟新药——青蒿素和双氢青蒿素，获得对疟原虫100%的抑制率，为中医药走向世界指明一条方向。这种药品可以有效降低疟疾患者的死亡率。屠呦呦是第一位获得诺贝尔科学奖项的中国本土科学家、第一位获得诺贝尔生理学/医学奖的华人科学家。这些奖项是中国医学界迄今为止获得的最高奖项，也是中医药成果获得的最高奖项。

2011年9月，屠呦呦获得被誉为诺贝尔奖“风向标”的拉斯克奖。因为没有博士学位、留洋背景和院士头衔，屠呦呦被当时的媒体报道称为“三无”科学家。尽管如此，屠呦呦的学术水平和科学贡献依旧不可忽视和否认。中共中央总书记、国家主席、中央军委主席习近平这样评价：以屠呦呦研究员为代表的一代代中医人才，辛勤耕耘，屡建功勋，为发展中医药事业、造福人类健康作出了重要贡献。屠呦呦为青蒿素治疗人类疟疾奠定了最重要的基础，得到国家和世界卫生组织的大力推广，挽救了全球范围特别是广大发展中国家数以百万计疟疾患者的生命，为人类治疗和控制这一重大寄生虫类传染病作出了革命性的贡献，也成为用科学方法促进中医药传承创新并走向世界最辉煌的范例。屠呦呦获诺贝尔奖是空前的，但也一定不是绝后的，随着民族复兴中国梦的逐步实现，相信今后会有更多中国科学家的优秀成果得到国际学术界的认可和尊重。

回首百年，峰回路转，几代科学家的多彩人生和鲜活经历，从不同角度展现出20世纪中华民族伟大复兴特别是科技发展史上的重大事件，展示了中国科学技术发展的曲折和辉煌，更让我们看到了明天的希望。通过了解不同时期科学家们的人生轨迹和百年来中国科学技术的发展历程，我们切身感受到严谨求实、开拓创新的科学精神的光芒，感受到科学家们立业报国、无怨无悔的赤子之心。科学技术并不仅仅存在于远离日常生活的实验室里，而是与社会建设、国家富强息息相关，科学家们的个人学术生涯与人生际遇同国家、民族、社会、科研交织融合，为我们谱写了一曲感人至深的爱国敬业交响曲。溯往知来，有这样的科学精神和爱国情怀，我们的科技事业和国家发展必将赢得更加美好的未来！中国梦，是人民的梦，更是科学家们的梦，是科技强国的梦！

参考文献

1. 周武，夏丹，陈彩连．东方红一号上天记实．太空探索，2010（4）．

2. 央视播出“新中国第一个计算机中文信息处理系统—汉字激光照排”．（2019-07-22）．https://www.sogou.com/link?url=hedJjaC291PVFuRT4c2bleiYlLL9LDh7bHeEXHoRSJKwJifPDAJlXHYfdS8MScfH9u3jWvSGoTU.

3. 生活发明家 时代弄潮儿．（2017-04-11）．http://newpaper.dahe.cn/dhjkb/html/2017-04/11/content_135497.htm.

4. 历史上的今天，“银河-Ⅰ”计算机横空出世！．（2019-12-06）．https://www.nudt.edu.cn/zjkd/kdgs/b45a347ebbe1482291c7ef2879164100.htm.